河南省社会科学院哲学社会科学创新工程试点项目

中原学术文库 · 青年丛书

我国城市群运行效率的综合测度与高质量发展研究

RESEARCH ON COMPREHENSIVE MEASUREMENT AND HIGH
QUALITY DEVELOPMENT OF URBAN AGGLOMERATIONS IN CHINA

主 编 / 杨兰桥

副主编 / 王洪星 周朝晖 彭俊杰

经济管理出版社
ECONOMY & MANAGEMENT PUBLISHING HOUSE

图书在版编目（CIP）数据

我国城市群运行效率的综合测度与高质量发展研究/杨兰桥主编 . —北京：经济管理出版社，2020. 12
ISBN 978 – 7 – 5096 – 7718 – 6

Ⅰ . ①我… Ⅱ . ①杨… Ⅲ . ①城市群—发展—研究—中国 Ⅳ . ①F299. 21

中国版本图书馆 CIP 数据核字（2020）第 163705 号

组稿编辑：申桂萍
责任编辑：杜羽茜
责任印制：黄章平
责任校对：王淑卿

出版发行：经济管理出版社
　　　　　（北京市海淀区北蜂窝 8 号中雅大厦 A 座 11 层　100038）
网　　　址：www. E – mp. com. cn
电　　　话：（010）51915602
印　　　刷：唐山昊达印刷有限公司
经　　　销：新华书店
开　　　本：710mm × 1000mm/16
印　　　张：14. 25
字　　　数：251 千字
版　　　次：2020 年 12 月第 1 版　　2020 年 12 月第 1 次印刷
书　　　号：ISBN 978 – 7 – 5096 – 7718 – 6
定　　　价：78. 00 元

前　言

城市群是最有效的空间组织形式，也是世界各国或者地区推进区域发展和城镇化建设的主体形态。20 世纪 80 年代以来，随着我国经济社会的快速发展，城市群在我国逐渐兴起，各地基于城市群整体效益的认识和国外城市群发展的成功经验，纷纷组建规模不等、大小不一的城市群、都市圈、城镇密集区和经济带等，能否构建或融入城市群一时成为国内各省份或地区区域发展的追求目标。特别是党的十八大以来，以城市群为主体形态的新型城镇化战略的实施，使城市群建设再次成为热点。据统计，全国 31 个省（自治区、直辖市）中（不包括港澳台），有 29 个省（自治区、直辖市）提出以城市群为主体推进新型城镇化发展。面对新一轮如火如荼的城市群建设，中国城市群是否实现了理想中的 "1 + 1 > 2" 效果，我国城市群的运行效率究竟怎样？是否陷入了个别学者所说的规模集聚的"效率陷阱"？影响城市群运行效率的关键因子是什么？提升城市群运行效率应从哪些方面着手？尤其是在深化改革、高质量发展和加快推进新型城镇化发展的大背景下，如何进行有效的制度供给和政策创新，从而提高我国城市群的运行效率，促进城市群的理性健康发展？深入研究和科学回答以上问题，对于实现我国城市群的高质量发展，有效推进我国新型城镇化进程，完善我国区域发展的战略格局，具有极其重要的战略意义。同时，有利于健全城市群运行效率的评价方法和评价模型，丰富城市群运行效率评价研究，拓展深化城市群和城镇化发展理论；有利于充分认清我国城市群的整体发展状况和运行效率情况，找出影响我国城市群运行效率的关键因素，有针对性地制定提升我国城市群运行效率的实施路径和对策措施；有利于为我国"正在建设"和"潜在的"城市群提供重要经验和启示，有效避免其沿袭国内外城市群发展中"走过"的弯路和老路；有利于为政府决策部门制定城镇化和城市群发展政策、明确发展思路和发展重点等提供重要参考和有益借鉴。

围绕这一重大问题，本书以我国长三角城市群、珠三角城市群、京津冀城市群、山东半岛城市群、辽宁半岛城市群、长江中游城市群、中原城市群、成渝城市群、关中城市群等 11 个城市群为研究对象，以城市群理论、复杂系统理论及自组织理论为基础，沿着"理论分析—现状描述—经验借鉴—综合测度—影响因素分析—提升路径—政策建议"的技术路线，建立城市群运行效率测度评价的逻辑架构，构建城市群运行效率的计量模型；深入剖析我国城市群的演变历程、发展特征，切实掌握我国城市群整体运行情况；总结国外发达国家提升城市群运行效率的成功经验，为提高我国城市群运行效率、促进我国城市群高质量发展提供有益借鉴；构建综合评价指标体系，对我国 11 个城市群进行综合评估、排序和层级划分，找出我国城市群运行效率的区域分异规律；构建面板数据模型，对运行效率的影响因素进行实证分析，识别影响城市群运行效率的主要因素；给出我国城市群运行效率的提升思路、基本原则和提升路径；提出提升我国城市群运行效率、促进我国城市群高质量发展的政策建议。

本书共分为十三章：第一章，主要以城市群发展国内外研究文献为基础，科学界定城市群运行效率的基本概念、科学内涵、基本特征和构成要素，在此基础上提出总体研究思路和方法模型。第二章，主要对我国城市群发展的历史考察和运行现状进行分析。第三章，主要将美国大西洋沿岸城市群、日本太平洋沿岸城市群、法国大巴黎都市区、英国伦敦城市群等国外较为成熟的城市群作为研究对象，总结国外城市群提升城市群运行效率、促进城市群高质量发展的成功经验借鉴。第四章，主要根据第一章提出的方法模型，从经济运行效率、社会发展效率、资源利用效率、生态环境效率四个维度，对我国 11 个城市群的运行效率进行评估和综合测度。第五章，主要对我国 11 个城市群中每个层级城市群的运行效率影响因素进行深入系统的分析，提炼归纳影响我国城市群运行效率的关键要素。第六章，根据我国各层级城市群运行效率的影响因素分析结论，遵循"和谐、共生、协同、高效"的思路，坚持统筹推进、优势互补、链式整合、集约高效的基本原则，提出提高我国城市群运行效率的提升路径。第七章，主要分析中原城市群高质量发展的思路举措。第八章，主要论述中原城市群核心城市郑州市国家中心城市高质量发展的思路举措。第九章，主要论述中原城市群副中心城市洛阳市高质量发展的思路举措。第十章，主要论述中原城市群地区性中心城市南阳市高质量发展的思路举措。第十一章，主要论述中原城市群县级城市偃师市高质量发展的思路举措。第十二章，主要从强化制度供给、科学规划引导、建立协调机制等方面，提出提升我国城市群运行效率的政策建议。第十三章，主要是本书的结论。

　　本书重点研究和回答了四个问题：第一，我国城市群的运行效率究竟怎样？第二，影响城市群运行效率的关键因子是什么？第三，提升城市群运行效率应从哪些方面着手？第四，怎样促进城市群高质量发展？在研究和回答四个问题的过程中，旨在通过科学建立我国城市群运行效率评估模型和指标体系，在分析我国城市群运行效率影响因素的基础上，提出提升我国城市群运行效率，应遵循"和谐、共生、协同、高效"的思路理念，坚持统筹推进、优势互补、链式整合、集约高效的基本原则，并提出构建"五大网络"、推动"两个优化"、构建"四大体系"耦合联动的提升路径，在丰富完善我国城市群发展理论的同时，为新时期政府决策部门制定城镇化和城市群高质量发展政策、明确发展思路和发展重点等提供重要参考和有益借鉴。

目　录

第一章　城市群运行效率测度评估的逻辑架构

理解和研究我国城市群的运行效率，首先要明确城市群发展的理论基础和文献研究现状，其次在此基础上，明确城市群运行效率的科学内涵和理论模型。

第一节　城市群运行效率研究现状

城市群作为一个国家或地区的发展中枢、空间主导和战略支撑，其发展质量和运行效率的高低，影响着一个国家（地区）的经济命脉、区域地位乃至国际话语权。关于城市和城市群运行效率的研究，成为国内外学者关注和探讨的焦点。

一、国外学者的研究

国外学者的研究主要集中在城市最优规模界定、城市集聚效应、提升城市和城市群运行效率的治理措施等方面。Alonso（1964，1971）利用边际成本曲线和边际收益曲线建立了城市最优规模理论模型。Duranton 和 Puga（2004）运用单中心城市模型研究了城市规模与城市聚集经济之间的关系，认为最优城市规模与城市聚集效应呈倒"U"形关系。Chun－Chung 和 Henderson（2006）研究认为中国城市普遍存在着规模相对较小、效率不足的问题。Henderson 和 Wang（2007）研究发现中国的城市规模不仅普遍偏小，而且存在"规模均等化"现象。Yusuf 和 Saich（2008）、Fuand（2011）等研究了中国户籍制度以及人口流动限制对城市规模的影响。Allen（1988）基于北美大都市区空间结构与形态的研究与分析，提出了功能分区调控的提升思路。Fujita 和 Thisse

（1997）认为从单中心结构向多中心结构的转化是城市群降低聚集不经济的有效途径。Cervero（2001）认为更紧凑、更集中的空间结构有助于提高城市群的生产效率。

二、国内学者的研究

国内学者的研究起步较晚，早期的研究主要侧重于对单个城市最优规模的界定以及对运行效率的评价。近年来，随着我国城市群的快速发展以及产生的一些突出问题，对城市群运行效率的研究日益增多。总的来说，国内学者研究的重点主要集中在以下几个方面：①城市和城市群经济效率的评价。杨开忠和谢燮（2002）、方创琳和关兴良（2011）从投入产出视角、陈章喜和徐通（2011）、李胜会和冯邦彦（2012）等运用数据包络分析（Date Envelopnent Ancdysis，DEA）模型对我国城市和城市群经济效率进行了测度分析。李胜会和冯邦彦（2012）研究发现京津冀城市群综合效率水平最高，珠三角城市群综合效率水平最低；在效率变化上，京津冀城市群和长三角城市群的效率改善均优于珠三角城市群。李红锦和李胜会（2011）运用 DEA 模型，选取国内生产总值、城市建成区面积、固定资产投资额、从业人员人数、人口规模、产业结构和交通网络密度等指标，从城市经济发展水平的维度，比较分析珠三角城市群与广东省其他非城市群城市和长三角城市群，指出珠三角城市群效率较高，但仍有一些城市的效率有待提高，并指出提高这些城市效率的关键所在。②城市和城市群规模效率的评价。王小鲁和樊纲（2005）、鸿鹰和武康平（2007）等构建了城市最优规模模型；金相郁（2006）运用 Carlino 模型、王小鲁和夏小林（1999）采用生产函数方法对我国城市和城市群规模效率进行了分析；刘爱梅和杨德才（2010）从城市群和城市规模理论、日本城市群发展的经验，分析了过度发展城市群可能导致"效率陷阱"，并从不同城市居民个人生活的成本—收益分析了居民的效用，得出了要关注城市群的扩张和过度集聚产生的负外部性，促进城市经济均衡化发展等结论。③城市和城市群土地利用效率的评价。周跃云等（2009）构建了模糊评价模型，徐美等（2009）采用多目标线性加权函数法，张晓冬等（2010）和许新宇等（2012）运用 DEA 模型，史进等（2013）基于规模、结构和集约三维视角，对我国长三角、珠三角、京津冀、长株潭、中原等典型城市群的土地利用效益进行了研究。宋国军等（2005）运用 DEA 模型对成都市部分地区小城镇土地利用效率进行了实证分析，并利用 Kruskal–Wallis 秩和检验对 DEA 分析结果进行检验，最终得出所研究地区小城镇土地利用效率相当的结论。④城市和城市群生态环境效率的评价。张庆民等（2011）、杨青山等（2012）采用 DEA 模型对我国城市群生态环境效率进行了评价；袁东霞（2012）从投入产出视角对长三角、珠三角、京津冀三大城市群环境效率进行了测度与分析；唐莹（2012）运用 DEA 模型，并利用武汉城市圈近几年的相关数据，对武汉城市圈低碳经济发展效率进行评价。⑤城市和城市群空间结构效率的评价。刘耀彬和杨文文（2012）、王伟和吴志强（2013）运用 DEA 模型对长三角、珠三角、京津冀等城市群的空间结构效率进行了测度与比较；钟业喜和文玉钊（2013）从城市群规模效益、城市群距离效益、城市群空间联系效益三个维度，对环鄱阳湖城市群和大南昌城市群空间结构效益进行了实证考察。

三、研究述评

综观已有的研究可以发现：①大多数文献侧重于单个城市最优规模的界定和运行效率的评价，而对于城市群运行效率的评价研究关注较少，尚未形成有效的评价分析方法与数理模型，缺乏强有力的理论支撑和文献支持。②对城市和城市群运行效率的评价研究，大多都是从经济运行效率、资源利用效率、生态环境效率、空间结构效率等单一角度进行研究，缺乏集经济效率、社会效率、资源利用效率、生态环境效率等于一体的系统研究。③在评价指标的选取上，往往更加关注经济指标，而对于社会发展、资源集约利用、空间结构等方面的指标关注较少，尤其是常常忽视生态环境对城市群运行效率的约束作用。④在研究对象的选择上，对我国东部地区相对成熟的城市群运行效率的研究较多，而对于中西部地区正在成长中的城市群运行效率的研究较少。

第二节　城市群运行效率的科学内涵

理解城市群运行效率的科学内涵，可以从理解"效率"的内涵开始。一般来说，"效率"指的是"最有效地使用社会资源以满足人类的愿望和需要"。按照这个理解，城市群运行效率应该是判断城市群投入产出能力的指标，即提供更多有限资源（主要包括土地、资金、劳动力、能源、信息等）的产出（包括经济发展、公共服务、人民生活、生态环境等），其内涵可以表述为城市群范围内单位投入的产出最大化。这个产出最大化不仅包括硬指标（经济性产出），还包括软指标（服务性产出）。综上所述，城市群运行效率涉及结构的协调性和资源的匹配度，结构的协调性包括交通、经济、社会、生态等，资源匹配度包括人力资源、能源、信息等。

从经济视角看，城市群的形成是经济集聚产生的规模效应与拥挤效应权衡的结果，从这个意义上来说，城市群运行效率表现为在规模效应与拥挤效应相互权衡下的资源配置的效率问题。对于城市群来说，只有把资源配置到回报更高的地方，其运行效率才能持续提升并达到最优状态。但实际上，如果资源都能向回报更高的地方优化配置，城市的地理分布就会呈现金字塔分层结构，少数大城市在上层，周边中小城市在中层，无数小城镇在底层，形成城市群发展格局。

城市群运行效率可以理解为城市群发展阶段的函数，在城市群发展初级阶段，自然资源、普通劳动力、基础设施等更加重要，资源的稀缺性决定了城市之间竞争大于合作，交通等基础设施滞后也导致交易成本偏高，地方保护和城市边界效应普遍存在，城市群运行效率偏低，甚至在某种意义上真正的城市群并不存在。而随着城市群发展，产业、创新、人才等具有的集聚效应、规模效应、网络效应等逐渐显现，城市群从依赖稀缺的自然资源转向利用创新、人才、数据等内生性资源，大城市经济集聚产生的分工和网络效应，大大提高了产出效率，效率外溢带动周边城市发展，城市群之间形成现代分工体系，城市群整体运行效率进入提升阶段。

基于以上对城市群运行效率基本内涵的分析，城市群运行效率的构成要素应包括经济运行效率、社会发展效率、资源配置效率、生态环境效率等，并且是一个相互促进、相互制约、相互联系的整体，但是在城市群演进中存在着先经济、再社会、后生态的发展次序问题。

城市群经济运行效率指的是在当前科技水平和资源配置下的经济产出效率。经济运行效率体现出一个城市群的投入产出组合能力，是衡量城市群运行效率的一个关键指标，更是城市群发展质量的基础支撑。城市群运行效率主要受分工水平和产业结构影响，分工水平低和产业同构是制约城市群运行效率提升的重要因素。城市群内部大中小城市之间如果形成"大城市研发创新与现代服务""中型城市制造加工""小城镇原料供应初级加工"的产业分工格局，经济运行效率将会大幅提升，但是由于各类城市都想发展所谓的高端产业，造成资源错配，大城市效率和中小城市效率都明显压低。

城市群社会发展效率指的是当前经济发展水平下城市群公共服务产出效率，关注的是城市群中人的生活水平。城市群社会发展效率绝不是公共服务的平均化和同样化，而是根据人的需求差异提供使用效率最高的社会服务，通过城乡一体化、公共服务一体化等同城化举措，使人的不同需求可以在城市群内部得到最大满足——高端需求在大城市满足，中低端需求在中小城市满足，实现公共服务配置效率最大化。

城市群资源配置效率指的是资源在城市群内部与外部的优化配置，单位资源通过在城市群内部的自由流动和组合实现产出最大化。从内部看，由于地方竞争，稀缺资源往往并没有配置到最佳位置，如受政策优惠入驻县级层面的高技术产业大多数并没有获得好的发展空间；从外部看，城市群尤其是中西部的城市群内部核心城市在全国范围内配置能力偏低，对高端要素的吸引力和承载力不高，制约了内部资源配置效率。

城市群生态环境效率指的是生态环境对城市群经济社会发展的促进作用和效率。这与发展阶段相关，在发展初期，为提高对中低端产业的吸引力，往往以牺牲生态环境为代价提高经济效益。但是，随着城市群不断发展，高端产业与高端要素对生态环境的要求逐渐提高，好的生态环境成为城市群发展新的竞争优势。当前，伴随着我国产业结构高级化，我国城市群发展已经进入更加注重生态环境的阶段。

需要再次强调的是，经济运行效率、社会发展效率、资源配置效率、生态环境效率等是一个有机的整体，相互促进、相互支撑，共同促进城市群运行效率的提升，尤其是随着经济社会发展阶段的演进，不同构成要素之间的协调性和匹配度就更加重要。

党的十九大报告提出，我国经济已由高速增长阶段转向高质量发展阶段，我国社会的主要矛盾已经转化为人民日益增长的美好生活需要和不平衡不充分的发展之间的矛盾，并强调"以城市群为主体构建大中小城市和小城镇协调发展的城镇格局"，一系列重大战略判断对城市群运行效率提出了更高的要求，也赋予了更加丰富的内涵。高速增长转向高质量发展表明我国运行逻辑发生变化，由依赖要素投入和投资驱动转向更加依靠创新驱动，城市群发展阶段也发生了巨大变化，粤港澳、环杭州湾、环渤海湾三大湾区逐渐显现，世界级城市群逐渐形成，中西部地区多个城市群初步呈现，城市群之间以及城市群内部城市之间的合作逐渐大于竞争。同时，数字经济蓬勃发展，产业智能化与城市智慧化进程加快，数据成为最重要的生产要素，为资源配置效率优化提供了新支撑、新平台，城市群运行效率提升迈入新阶段。

第三节 城市群运行效率方法模型

我们主要运用超效率 DEA 模型、Malmquist 指数模型、Tobit 模型和投入产出模型四个方法开展城市群运行效率的研究。

一、超效率 DEA 模型

城市群可以看作是一个经济系统，其运行效率会受到各种投入要素，以及包含各种基于地域特征、人文特征等无法评估的因素影响，且各种因素之间的影响机制较为复杂，因此其具体函数关系难以确定。数据包络分析是常用于评估多指标投入产出系统的一种非常有效的非参数统计分析方法。这种分析方法的最大优点在于无须设定函数的具体形式，也无须设定任何权重，只需要对实际的投入产出数据进行分析就可以得到同类决策单位的不同效率值，同时也不会受到单位量纲差异的影响。

DEA 分析法假设存在 n 个决策单元（Decision Making Units, DMU），每个决策单元中有 m 个生产要素和 n 个产出，其中第 i 个决策单元的投入产出向量分别是 $x_i = (x_{1i}, x_{2i}, \cdots, x_{mi})^T > 0$ 和 $y_i = (y_{1i}, y_{2i}, \cdots, y_{mi})^T > 0$，$i = 1, 2, \cdots, n$，$m \geqslant s$。然后，构建一个阿基米德无穷小的变量 ε，以所有决策单元的效率指数都不超过 1 为约束条件，使第 i_0 个决策单元的效率指数达到最优，从而得到一般意义上的 VRS 的 DEA 模型：

$$\begin{cases} \min[\theta - \varepsilon(\hat{e}^T s^- + \hat{e}^T s^+)] \\ \text{s. t.} \sum_i^n \lambda_i x_i + s^- = \theta x_0 \\ \sum_j^n \lambda_j y_j - s^+ = y_0 \\ \sum_j^n \lambda_j = 1 \\ \lambda_j \geqslant 0, s^+ \geqslant 0, s^- \geqslant 0 \end{cases} \quad (1-1)$$

其中，$\hat{e}^T = (1, 1, \cdots, 1) \in R^s$，$\lambda_j$ 是第 j 个决策单元的权重，s^+ 和 s^- 分别是投入和产出的松弛变量。例如，式（1-1）的最优解能够满足 $\theta^* = 1$，$s^{+*} = s^{-*} = 0$，则该单元为 DEA 有效，说明该决策单元的所有要素投入实现了最优组合，所有资源都得到了有效利用，能够实现产出的最大化；如果 $\theta^* < 1$，则该决策单元是非 DEA 有效的，说明该决策单元的投入产出结构不够合理，技术效率未实现最优，因此需要对投入或产出结构进行调整。

但是，上述传统的 DEA 模型只能说明决策单元是有效还是无效，无法对所有单元的效率程度进行排序和评价。为弥补这一弊端，Andersen 和 Petersen（1993）建立了超效率 DEA 模型，他们把所有被评价的决策单元排除在所有决策单元之外，并用所有决策单元的线性组合作为替代。转换之后，之前效率值未实现最优的决策单元的生产前沿面不会发生变化，而对于之前效率值达到最优的决策单元来说，可以使其投入或产出按比例增加或者减少，从而使其效率值保持不变，并得到一个大于 1 的超效率值，效率值越大，说明效率越高。比如，当效率值为 1.46 时，则表明该决策单元即使比例增加 46% 的成本或者较少 46% 的产出，该决策单元都会保持相对有效状态，即效率值仍能在 1 以上。因此，本书将利用超效率 DEA 模型对我国城市群经济运行的静态效率进行测算。

二、Malmquist 指数模型

在研究不同决策单元在不同时期的运行效率如何演化时，文献中经常采用的方法是生产率指数理论。当前应用最为广泛的就是 Malmquist 指数，和其他方法相比，它只需要纳入相应的投入、产出数量或产值，而无须考虑相应的价格变量，所以获取投入产出变量的数据相对容易。同时，不用考虑决策单元的行为及目标，还能够将该指数分解为几个很有意义的指标，一同纳入系统进行深入分析，以更综合地了解其动态演变过程。Malmquist 指数模型由 Malmquist（1953）于 1953 年首次提出，当前常采用 Fare 等利用 DEA 构建的 Malmquist 指数，它可以对面板数据进行分析，研究动态全要素生产率。结合 Fare 等提出的 Malmquist 指数计算公式，在规模报酬（CRS）不变的假设条件下，从 t 到 t+1 时期，可把 Malmquist 指数分解为技术进步变化指数和技术效率变化指数：

$$M\ (x_t,\ y_t,\ x_{t+1},\ y_{t+1})\ =\left[\frac{D_c^t\ (x_{t+1},\ y_{t+1})}{D_c^t\ (x_t,\ y_t)}\times\frac{D_c^{t+1}\ (x_{t+1},\ y_{t+1})}{D_c^{t+1}\ (x_t,\ y_t)}\right]^{\frac{1}{2}}=$$

$$\frac{D_c^{t+1}\ (x_{t+1},\ y_{t+1})}{D_c^t\ (x_t,\ y_t)}\times$$

$$\left[\frac{D_c^t\ (x_{t+1},\ y_{t+1})}{D_c^{t+1}\ (x_{t+1},\ y_{t+1})}\times\frac{D_c^t\ (x_t,\ y_t)}{D_c^{t+1}\ (x_t,\ y_t)}\right]^{\frac{1}{2}}=$$

$$\text{EFFEC}\times\text{TECH} \tag{1-2}$$

其中，EFFEC 表示全要素生产率中的技术效率变化，TECH 表示全要素生产率中的技术进步变化；D_c^t，D_c^{t+1} 分别表示在规模报酬不变的条件下，参照第 t 期的基准技术所得到的第 t 期和第 t + 1 期的距离函数；$(x_i,\ y_i)$ 表示第 i 期的投入和产出向量。

另外，当考虑可变规模报酬（VRS）时，技术效率变化指数还能够进一步分解为纯技术效率变化指数和规模效率变化指数：

$$M\ (x_t,\ y_t,\ x_{t+1},\ y_{t+1})\ =\left[\frac{D_c^t\ (x_{t+1},\ y_{t+1})}{D_c^{t+1}\ (x_{t+1},\ y_{t+1})}\times\frac{D_c^t\ (x_t,\ y_t)}{D_c^{t+1}\ (x_t,\ y_t)}\right]^{\frac{1}{2}}=$$

$$\frac{D_c^{t+1}\ (x_{t+1},\ y_{t+1})\ /D_v^{t+1}\ (x_{t+1},\ y_{t+1})}{D_c^t\ (x_t,\ y_t)\ /D_v^t\ (x_t,\ y_t)}\times$$

$$\frac{D_v^{t+1}\ (x_{t+1},\ y_{t+1})}{D_v^t\ (x_t,\ y_t)}=$$

$$\text{TECH}\times\text{SECH}\times\text{PECH} \tag{1-3}$$

其中，SECH 表示规模效率变化指数，PECH 表示纯技术效率变化指数，D_v^t，D_v^{t+1} 分别表示在规模报酬可变条件下，把第 t 期的前沿技术作为参照的第 t 期和第 t + 1 期的距离函数。

Malmquist 指数反映了经济活动效率的动态变化大小和趋势，若指数大于 1，表示决策单元向前沿面靠近，经济活动效率提高，反之则表示经济活动远离生产前沿，经济活动效率有所降低。当技术效率指数 EFFEC 大于 1 时，说明经济主体的管理方式或决策推动其发展，技术效率提高，反之说明经济主体的管理方式不当。当技术进步指数 TECH 大于 1 时，说明经济主体的整体发生技术进步，生产边界外移，反之说明存在技术衰退的趋势。

三、Tobit 模型

在某些情况下，被研究对象的取值范围可能会受到限制，称为"受限被解释变量"。在对这类数据进行实证研究时，如果仍采用传统的 OLS 回归，将很难构建出合理的模型，并得到精确的模型参数。Tobin（1958）对归并数据结构进行研究后，认为应该用极大似然法进行回归，这样得到的结果会比较精确，即 Tobit 回归模型，该模型主要解决的就是因变量取值受限或被截断的问题，其公式为：

$$Y_i = \alpha + \beta_i X_i + \varepsilon \tag{1-4}$$

其中，Y_i 表示因变量；X_i 表示自变量；α 表示截距项；β_i 表示待估计参数；ε 表示残差项，需要符合正态分布。

由于利用 DEA 分析得到的效率值大都属于归并数据，所以在利用该方法进行影响因素的研究中，经常和 Tobit 模型结合进行影响因素分析。

四、投入产出模型

国家（地区）的经济发展归根结底取决于生产要素的投入程度，古典经济学中最为关注的两种生产要素是土地和劳动，这才有了威廉·配第所提出的"劳动是财富之父，土地是财富之母"的说法。当然，随着财富的积累和人类技术水平的提高，资本、科技等生产要素变得越来越重要，逐步替代了传统的土地和劳动等简单生产要素的作用。但由于边际报酬或边际收益递减规律在经济空间中普遍存在，因此单一重视某一种或某几种生产要素就显得较为片面，结构的问题和优势开始日益变得突出，这就有了配第—克拉克定理、钱纳里的工业化阶段论、霍夫曼比例等发展经济学和产业经济学理论的出现。虽然理论界已基本认同在经济发展的初级阶段，生产要素的投入是推动经济发展、提高经济运行效率的关键，而到了经济发展的中后期，生产要素的投入比例、组合以及上升到中观层面的产业结构的协调才是实现经济高质量发展、高效运行的关键。但是，从投入产出的角度来看，一个经济体运行效率评价的核心依然是尽可能投入更少的资源要素，尽可能获取更大的经济发展成果。另外，科学计算经济运行的效率高度依赖于对样本和评价指标的选取上，结合 Charnes 等（1989）的研究，投入指标的选取应遵循投入数值越小越好的原则，产出指标则应遵循产出指标数值越大越好的原则。同时，投入和产出的指标数量也不宜过多，以两者数量之和小于评价单元总数的 1/3 为宜，对投入和产出指标的量纲、单位都可不做要求，也可以同时采用比例和非比例数据进行实证研究（黄金川等，2017）。按照上述理论基础和简单化的经验原则，结合对城市群发展的认识，本书将资本、劳动和土地作为投入要素指标，把经济总量作为产出要素指标，各指标的含义及数据来源如表 1 - 1 所示。

表1-1　投入产出指标选取及来源说明

指标类型	具体指标	指标含义	数据来源及说明
投入指标	资本	固定资产投资	来源于相关年份《中国城市统计年鉴》，统计口径为固定资产投资
	土地	城市建成区面积	来源于相关年份《中国城市统计年鉴》
产出指标	劳动	年末单位从业人员数	来源于相关年份《中国城市统计年鉴》
	经济总量	地区生产总值	来源于相关年份《中国城市统计年鉴》

第四节　研究范围及数据来源

明确界定城市群研究范围，才能获取更加充足的研究数据，使研究更有针对性。

一、研究范围界定

为了更好地对不同城市群的运行效率进行测度和比较，必须对城市群的研究范围进行界定。一般来讲，研究城市群时，可以采用两种界定方式：一种是把涉及的城市群中的所有城市都作为个体单元，这在研究两个或三个城市群之间的比较时是较为常见的做法；另一种是随着城市群数量的增加，为了更有效、更直观地对不同城市群进行比较分析，可以将每个城市群中的个体城市单元分别进行汇总，即把每个城市群都作为一个经济整体，然后进行比较分析。由于本书的研究涉及我国11个城市群，因此本书将采用第二种界定方法对城市群运行效率进行评估及其影响因素分析。

本书涉及的城市群包括京津冀城市群、长三角城市群、珠三角城市群、关中城市群、中原城市群、山东半岛城市群、辽宁半岛城市群、长江中游城市群、成渝城市群、海西城市群、哈长城市群共11个城市群。另外，结合国家或地方出台的相关文件，本书对每个城市群的地理范围也进行了界定，其中，京津冀城市群包括北京、天津、石家庄、张家口、秦皇岛、唐山、保定、廊坊、邢台、邯郸、衡水、沧州、承德13个城市；长三角城市群包括上海、南京、无锡、常州、苏州、南通、盐城、扬州、镇江、泰州、杭州、宁波、嘉兴、湖州、绍兴、金华、舟山、台州、合肥、芜湖、马鞍山、铜陵、安庆、滁州、池州、宣城 26 个城市；珠三角城市群包括广州、深圳、珠海、佛山、江门、东莞、中山、惠州、肇庆 9 个城市；关中城市群包括西安、宝鸡、咸阳、铜川、渭南、商洛、运城、临汾、天水、平凉、庆阳 11 个城市；中原城市群包括郑州、开封、洛阳、平顶山、新乡、焦作、许昌、漯河、济源、鹤壁、商丘、周口、晋城、亳州、安阳、濮阳、三门峡、南阳、信阳、驻马店、邯郸、邢台、长治、运城、宿州、阜阳、淮北、蚌埠、聊城、菏泽 30 个城市；山东半岛城市群包括济南、青岛、烟台、威海、潍坊、淄博、日照、东营 8 个城市；辽宁半岛城市群包括沈阳、鞍山、抚顺、本溪、营口、辽阳、铁岭、阜新 8 个城市；长江中游城市群包括武汉、黄石、鄂州、黄冈、孝感、咸宁、仙桃、潜江、天门、襄阳、宜昌、荆州、荆门、长沙、株洲、湘潭、岳阳、益阳、常德、衡阳、娄底、南昌、九江、景德镇、鹰潭、新余、宜春、萍乡、上饶、抚州、吉安 31 个城市；成渝城市群包括重庆、成都、自贡、泸州、德阳、绵阳、遂宁、内江、乐山、南充、眉山、宜宾、广安、达州、雅安、资阳 16 个城市；海西城市群包括福州、厦门、泉州、莆田、漳州、三明、南平、宁德、龙岩、温州、丽水、衢州、上饶、鹰潭、抚州、赣州、汕头、潮州、揭阳、梅州 20 个城市；哈长城市群包括哈尔滨、大庆、齐齐哈尔、绥化、牡丹江、长春、吉林、四平、辽源、松原 10 个城市。

二、数据来源

本书所用到的数据，均来自于《中国城市统计年鉴》（2001～2017）、《中国统计年鉴》（2001～2017）和各城市的统计公报，有些数据是笔者统计汇总各城市的数据。

第二章 我国城市群发展的历史考察和运行现状

城市群是指在城市化道路上不断发展进步，最终形成成熟稳定的繁荣阶段的城市地域空间组织的重要形式，已经成为发达国家城市化的主体形态。城市群从发展到成熟主要经历了三个阶段：第一阶段是凝聚了城市化特点的以一些大城市为首的渐变转化阶段。在这一阶段，城市中的人口数量及产业化发展不断地被大城市的力量所吸引，渐渐聚集到一起，通过人口集中、产业资本骤升和科学技术汇聚等将大城市的能级逐步扩大。因此，这一阶段也称为能量核心化时期。第二阶段是聚集与扩移共同存在的时期。一方面，人口数量继续增加、产业资本不断扩大，它们同时持续向大城市核心力量聚拢；另一方面，城市中的人口、商业和产业等不断从拥挤的城市中心逐步向周边郊区转移，致使郊区的各行业及人口不断增加从而快速发展。至此，"郊区化"的情况出现在人们的视野当中。这一阶段也被认为是大城市化过渡时期。第三阶段是指某些地域中的一群有着相互关联的大城市彼此靠拢相接，共同发展，形成了在区域上相连的一个群体，该群体拥有庞大的地域区间及先进的科学技术能力。此阶段是区域性城市化相连接的时期，也即城市群形成阶段。基于此，本章系统阐述我国城市群发展的演进机理、动力机制，深入剖析我国城市群的发展现状和区域特征，并从交通基础设施、生态环境、行政壁垒、法规掣肘等方面找出影响我国城市群运行效率的深层原因和关键障碍。

第一节 我国城市群发展的演进机理

演进机理是城市群评估的关键环节，我国城市群演进机理主要包括城市群演化的动力机制以及城市群演化的基本模式等。

一、城市群演化的动力机制

综观国内外城市群的演化历程，主要是内部动力系统和外部动力系统两大动力系统促进其发展演化。内部动力系统是基于城市群内部各城市的自身发展需要而形成的推力，是城市群发展的内因。外部动力系统是通过基础设施互联互通、生态环境共创共治、公共服务共建共享以及深度融入全球化发展空间等城市群外部条件改善而形成的促进城市大发展、大融合的拉力，是城市群发展的外因。

（一）内部动力系统

工业化是城市群形成的原生动力。城市群是工业化纵深推进的必然产物，工业化则是城市群形成和演进的原动力。工业革命后，以聚集为特征，以高效为目标的工业化浪潮席卷各地，人流、物流、资本流向较早工业化的城镇，形成"增长极"。随着工业化的不断推进，城镇体系的形态也由小镇逐步向城镇、都市、都市圈、城市群、大都市带演变。世界城市格局也由"散点状"分布向"点轴状"分布，再向"圈状""带状""网格状"分布递进。可以说，城市化是工业化在空间形态上的拓展，城市群是工业发展到一定程度后逐渐形成的具有一定特点的产物。当前，我国正在向新型工业化发展的道路迈进，与现有的传统工业相比，新型工业为城市群的形成和不断发展注入了了新的能量。在工业产业的不断发展中，将产业化的结构改进完善作为重点，将产业链的汇集形成群体化的共同发展作为关键，重视科技创新的高新产业的引入，培养具有战略性特点的新的产业，新形势下的工业化逐渐给各个企业注入新的科技与信息知识，并且为经济能够循环发展提供持续的力量，最终促进城市群的进一步发展（见图2-1）。

城市化是城市群拓展的巨大张力。一个国家的工业产业的发展一定会带动这个国家的城市化不断演进，然而城市化道路的发展又会引起原有城市的不断扩大和能量聚集，从而引起空间上的变化和结构上的完善。伴随工业化进程的不断深入，城市地区的人流、物流、资本流、信息流受利益和效率的驱动，不断向城市的"核心区""增长极"聚集。但城市的发展和扩张不能漫无边界，要受城市土地利用、资源禀赋、发展速度、工业化进程、行政体制等多重因素的影响。如果一个城市在空间上的发展已经完全达到饱和状态，那么只靠它自己的能力很难继续完成其空间上的扩展。这时，饱和的城市在其空间分布上已经完全没有多余能力支持工业产业化进展，这时就需要其他与之空间相近的大城市来帮助该城市改善其自身的结构及弥补其能力上的缺陷，同时它们可以分享这个城市流出的人口、物资、产业资本、信息流。于是，产业化完成了由城市向城市群空间的跨越式扩张（见图2-2）。

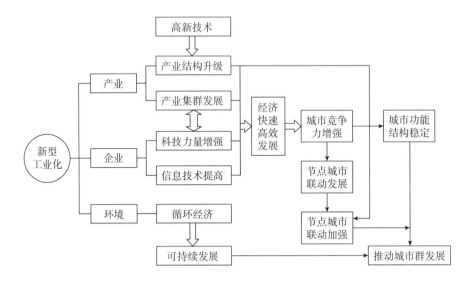

图2-1　新型工业化对城市群发展的作用机理

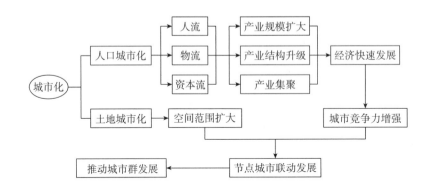

图2-2　城市化对城市群发展的作用机理

　　市场化是城市群融合的重要矢量。当工业化、城市化满足了城市群形成和发展的动力需求时，城市群内部各城市的结构优化和功能分区需要靠市场化来完成。在城市化进程中，城市与城市之间如何跨越地理空间的边界实现人流、物流、资本流的流动，一座城市如何确定自身在城市群中的功能和地位，正是市场的力量完成了城市群的结构化和系统化。通过市场化，经济规律得以在空间上发挥作用，完成市场要素在城市间的配置，实现价格机制、竞争机制、风险机制等市场机制在各城市间的发挥。其中，市场化程度决定着城市群的形成速度和融合程度。我国各大城市在不断形成城市群的过程中，对于一些地域划分及政策上垄断的市场机制就需要打破其作用的束缚重新进行分配，进行市场要素的自由分配，渐渐走向一体化的人力、土地和资本市场体系，为区域范围内资源的合理利用和配置提供可能，为企业优化区位选择创造有利条件，带动整个城市群内的要素和企业进行合理的流动调整与重新组合分配，最后在横向与纵向两个方面推动城市化进程不断发展，促进各大城市之间的相互协助，创造合作共赢的新局面，从而推动整个城市系列的完善和城市群体的改进及发展（见图2-3）。

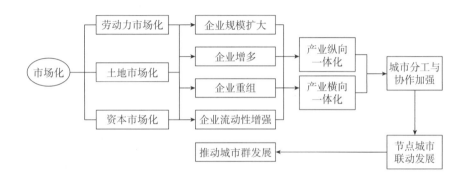

图2-3 市场化对城市群发展的作用机理

（二）外部动力系统

全球化加速城市群的融合速度。全球化加速世界分工，使得资源和资本重新在世界范围内分配。同时，也使得各城市在全球不同层次区域范围的职能发生转变，每一个城市因其发展目标和资源禀赋的差异而成为世界分工体系的一个节点。地理相邻、职能各异的城市聚集在一起组成城市群，从而成为世界城市体系中一个更大的节点，全球化从四大方面（资本流通、技术转化、对外交易、产业迁移）来推进城市群向前发展。在全球化背景下，全球产业相连的整体市场环境促使资本大规模相互流动。同时，将全球资源作为分配目标的跨国资本的涌动使得大量的外部资金不断流入城市群，有助于提升各企业融资的基本能力，完善资本的流动层次，且带有溢出效果，进而促进城市经济不断扩增。在全球化产业链中，对外贸易是销售商品、技术服务和劳务付出等共同进行交换的一种活动，它带动城市加入到国际市场贸易分配中，与国际市场中的商品贸易广泛接触，进而加快社会经济扩大再生产的步伐，并逐步向国际市场迈进，促进出口贸易往来的增加。全球产业转移与技术转移是经济全球化带来的世界经济发展的必然现象，产业转移使全球大型企业入驻，技术转移促使技术的层次得到完善，技术的创新能力也在不断进步中得到提高，这些因素最终都促使区域产业化结构改善，进而增强城市竞争力，最终推动城市群快速发展（见图2-4）。

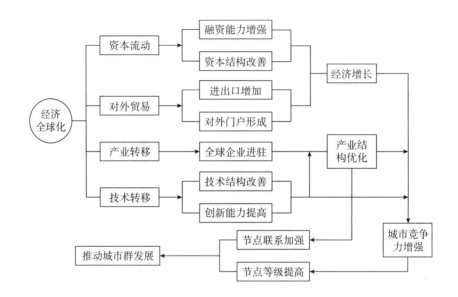

图 2-4 经济全球化对城市群发展的作用机理

基础设施改善突破城市间的有形边界。城市群的形成是因空间、技术、行政等因素限制，使单个城市无法突破其内部发展的边界而实现的城市间跨界式、组团式、互补式、联动式发展。而城市群空间结构和产业结构的演化需要通过人流、物流、信息流来实现。高铁、高速公路等城际交通基础设施的改善，以及光纤、宽带等通信基础设施的完善，使得人流、物流、信息流能够突破城市间的有形边界，提高其在城市间的流动能力，进而增强城市的集聚与扩散效应。交通基础设施和通信基础设施是信息知识、物质资本和人口能源的交流载体，它们的迅速崛起带动了整个城市群体空间上广泛、迅速的连接，从而推动社会市场经济的迅速发展，带动整个城市群体向高集聚密度的市场经济大环境发展，进而推动城市群持续性地向前发展（见图2-5）。

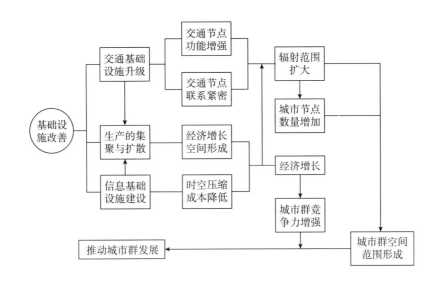

图2-5　基础设施改善对城市群发展的作用机理

信息化构建城市间融合的无形通道。如果说基础设施改善突破了城市间的有形边界，那么以互联网为特征的信息化发展则为城市间的融合打开了无形通道。两次工业革命后，世界经济的增长陷入停滞状态，世界城市群的发展也无法在空间上实现更大的突破。信息化不仅让世界经济寻找到新的增长点，还让城市化发展实现了由物理空间向虚拟空间的跨越式发展，从而为城市群的内部融合搭建了一条新的桥梁。信息化使社会群体相互关注，相互交流。市场经济的递增方式从传统的增量模式逐步进化到现代的效益模式，潜移默化地将城市文化慢慢融合，这些都让城市产业整体布局及城市建设的整体规划分布安排更加合理化，同时也加速了各企业内部的物质及信息交流。因此，信息流高度集中的大城市，在互联网的协助下信息传播速度成倍增加，大大增加了社会、文化、经济之间的相互作用及关联性，促使各种关联演变得更复杂。与此同时，城市竞争能力得到了提升及改进，各城市之间的联系不断增加，最终形成城市群共同发展成熟（见图2-6）。

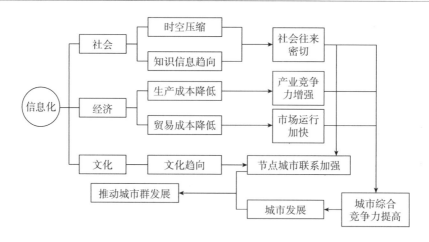

图 2 - 6 信息化对城市群发展的作用机理

二、城市群演化的基本模式

（一）产业结构模式

从横向看，城市群的产业结构演化模式可分为城市内部产业结构演化模式和城市间产业结构演化模式。城市内部产业结构演化模式主要通过平衡驱动模式、倾斜拉动模式、协调跨越模式三种模式实现城市三次产业及主导产业和非主导产业的结构升级。平衡驱动式模式是城市产业结构演化的主要模式，主要依靠市场力量，遵循市场规律，实现城市产业结构升级，优化产业结构比例。该模式的优点是城市产业基础牢固，产业发展合理；缺点是产业升级周期较长。倾斜拉动式模式主要通过政府行政力量集中拉动城市某一主导产业的发展，从而实现城市产业结构调整。我国计划经济时期城市产业发展以该模式为主。该模式的优点是周期短、见效快；缺点是容易导致城市内产业结构失调，以及城市间产业同质化、同构化严重。协调跨越式模式是在遵循市场规律和产业发展规律的基础上，通过政府的行政推力实现城市产业结构协调发展的模式。城市间的产业结构演化模式主要是指城市间的产业转移对接模式，包括梯度转移对接模式和跨界转移对接模式。梯度转移对接模式主要是指遵循区域产业升级规律，实现由中心城市向邻近的外围城市依次更新的产业转移模式，它是目前城市间产业结构演化的主要模式。跨界转移对接模式主要是指城市根据自身发展实力和目标定位，跨越地理的界限，越级实现产业转移对接的模式。比如深圳、温州、义乌等沿海城市在发展早期就通过承接国际加工业的转移实现城市产业的跨界对接。

从纵向看，城市群产业结构演化模式可分为传统产业结构演化模式和战略产业结构调整模式。传统产业结构演化模式主要是指遵循城市产业结构演化规律实现三次产业、主导和非主导产业的结构更替的模式。战略产业结构调整模式是指城市间根据各自产业特点、经济实力、资源禀赋，以及在城市群中的发展定位和国际产业形势变化等情况，重点选择、扶持一部分产业作为自身发展的战略主导产业的模式。例如，目前许多城市开始选择光伏、节能环保、高端制造等新兴产业作为自身的战略主导产业。又如，中原城市群主要发展先进制造业和现代服务业，定位于打造重要的先进制造业和现代服务业基地。

（二）空间结构模式

从横向发展历程看，城市群的空间结构大致经历"点—圈—网—带"四个发展阶段。"点状"空间结构主要出现在城市群形成的早期。这一时期，城市群内各城市因发展实力和发展空间的限制，呈散点状分布，城际间只能通过城际主干道（国道、省道）实现连接。同时，由于城市群内各城市发展不均衡，从而形成实力相对较弱的城市围绕实力较强的城市组团式发展的"圈状"结构，比如京津冀城市群以北京、天津为中心，中原城市群以郑州大都市区为核心，辽中南城市群主要以大连及沈阳作为中心点聚集。然而，不是所有城市群都是非均衡发展的，有的城市群因其内部城市实力相当、功能各异、错落有致，如山东半岛城市群内部的济南、青岛、烟台等城市发展实力相当，或是"圈状"城市群在更大范围内组成新的城市群，从而形成"网状"城市群，如长三角城市群、珠三角城市群。多个中小规模的都市圈、城市群组合在一起形成更大规模的"带状"城市群，比如长江中游城市群包括武汉城市圈、长株潭城市群、环鄱阳湖经济圈；山西中部城市群包括太原都市区、太原都市圈以及晋北、晋南、晋东南三大城市群。

从纵向发展层级来看，城市群空间结构演化大体可分为内聚和外扩两个层面。内聚层面主要是指城市群内部空间结构的演化状态，主要包括核心—放射、核心—圈层、双中心和多中心网络化四种模式；外扩层面主要是指城市群系统作为一个子系统与外部其他城市系统实现交流、融合、扩展的空间演化模式，大致可分为团状、带状、星状层以及多中心网络化四种模式。

（三）人口结构模式

城市群人口结构演化模式主要分为集聚模式和分散模式。在单个城镇形成阶段，城镇内人口以农业人口为主，呈散点状分布。在快速发展阶段，城镇内的工业人口逐渐向中心区聚集，城镇间的工业人口开始向优势产业城市聚集，工业区周围开始出现服务业人口，农业人口开始扩散到外围区。在都市发展阶段，工业人口分布区域稳定，基础服务业人口开始在人口聚集区聚集，以获得更多的利润。这一阶段，农业人口增长趋于零，或转化为工业劳动力和服务业劳动力，或已迁移到周边地区。在都市圈或城市群形成初期阶段，城市间的工业劳动力和服务业劳动力以产业分布为主导，向优势产业区域和城市聚集。在城市群发展阶段，其核心城市以高端服务业人才聚集为主要特征，产业工人逐渐转移到非核心城市，形成人口纵横交错的特征。

（四）功能结构模式

城市群功能演化阶段是其演化模式在时间节点上的静态体现。目前，国内关于城市群在其各种功能不断进化的过程中，借助雏形（起步）—发育（发展）—稳定（成熟）的划分模式对产业循环性进行划分。但是，这种方法比较笼统，难以区分城市群功能演化的阶段特性，也不利于对城市群发展状态的测度。因此，本章按照城市群演化的特点将其分为破界阶段—组接阶段—交融阶段—融合阶段四大进化阶段。每个阶段都有其独特的产业特征、空间特征、人口特征、基础设施及紧密度（见表2-1）。

表2-1　城市群功能演化阶段性特征

阶段	类型	空间特征	产业特征	人口特征	基础设施	紧密度
破界阶段	单城市	典型的"中心—外围"结构，以空间聚集为主，聚集力大于分散力，城市边界持续扩大	产业结构较为完善，产业聚集力较强，中心城市以第二产业为主，以第三产业为辅，外围区域以第三产业为主	主城区人口聚集力较强，人口密度较大，以第二产业人口为主。城市化率在30%以下	中心区交通、通信、能源等基础设施完善	城乡"二元"结构较强。紧密度较弱
	城市群	城市群"核"状结构初具雏形，形成区域"增长级"，但聚集力很弱，总体处于"散点"状态	产业结构趋同，产业规模效应较弱。城市间开始出现一定的产业聚集，但联系度较弱，产业链不清晰	城市间人口流动速度较慢，多以短期流动为主。城市间交界处人口密度低，多以第一产业人口为主	城市间基础设施薄弱	城市间紧密度处于松散状态，多以城际边界联系为主

续表

阶段	类型	空间特征	产业特征	人口特征	基础设施	紧密度
组接阶段	单城市	"中心—外围"结构开始弱化。中心城区聚集力开始减弱，城接合部辐射力增强。卫星城"雏形"初现	部分城市第二产业比例降低，部分城市开始增强。第三产业发展势头强劲	常住人口增长率趋缓，人口流动性增强。城市化率为30%~50%。以第三产业流动人口为主。第一产业人口持续降低	中心区基础设施老化，外围区基础设施建设步伐加快	城乡"二元"结构依然明显，但开始相对弱化
	城市群	城市间出现"点轴"结构和"单核"结构，开始对周边城市要素产生磁极作用	产业结构差异化趋势增强，初步形成区域性产业联盟	整体城市化率提高，人口流动性增强，活动范围扩大	连接城市间的"主动脉"（城际铁路、高速公路、光纤等）设施形成	紧密度增强，连接城市的"主动脉"区域人流、物流开始增强，但其他区域联系依然较弱
交融阶段	单城市	空间结构开始两极分化。中心城区聚集力增强，外围区辐射力增强。卫星城增多	产业更新节奏加快。第二产业比例持续降低，第三产业比例持续增长，第一产业比例最低	常住人口增长率持续下降，流动人口增长率加快。非核心区第一产业人口降至最低，核心区第二产业人口显著下降，对高端人口吸引力增强	中心区基础设施更新速度提高，"卫星城"设施日趋完善	城乡边界淡化，紧密增强
	城市群	内部圈层结构增强，并形成一定的层级结构。"单核"趋势扩大，并出现"双核"结构。城市间边界交融面积增大，边界范围开始淡化	产业更新节奏加快；产业结构错落有致；产业链清晰；产业群规模扩大，形成区域优势	人口分布错落有致，城际人口流量显著增加。"核心"城市第三产业人口快速增长，第一产业人口增长趋于零	连接城市的主动脉设施由"点轴状"向"辐射状"演化	城市间"通勤率"增强；人流、物流、资本流、信息流畅通，流量增大

阶段	类型	空间特征	产业特征	人口特征	基础设施	紧密度
融合阶段	单城市	由"单核"结构向"多核"结构转化,"网络状"结构明显	第二产业退出中心区,高端产业聚集于中心区,第一产业人口增长趋于零	城市化率达到70%以上。核心区高端人口显著增加,第二产业人口降至最低;非核心区人口素质显著提高,第一产业人口降至最低	中心区基础设施更新换代率高。"卫星城"设施完善	实现出行、生产、生活无障碍化
	城市群	内部由"单核"(或"双核")结构向"多核"结构转化,由"圈层"结构向"网络"结构转化。城际边界淡化。趋于同城化。对外聚集力很强,形成更高层次区域聚集中心	产业链很清晰,产业融合度、转移率很高,产业国际竞争优势明显	核心城市世界人口、高端人口比例增加;非核心城市人口素质显著提高	连接城市的主动脉由"辐射状"向"网络状"演化	城市间"通勤率"很高;基本实现要素流动同城化、无障碍化

第二节　我国城市群发展的运行现状

改革开放以来,我国城市群发展质量和效益显著提升,城市群的数量与规模不断增加,城市群和城市体系的整体竞争力不断增强,城市群综合交通网络体系不断完善,与城市群相关的区域规划陆续出台,城市群高质量发展呈现出又好又快的新局面。

一、城市群的数量与规模不断增加

根据《全国主体功能区规划》和"十三五"规划，目前我国已经形成了包括长三角城市群、珠三角城市群、京津冀城市群、山东半岛城市群、辽中南城市群、东陇海城市群、宁夏—沿黄城市群、武汉城市群、天山北坡城市群、鄱阳湖城市群、成渝城市群、中原城市群、哈长城市群、滇中城市群、呼包鄂榆城市群、关中—天水城市群、北部湾城市群、江淮城市群、海峡西岸城市群、太原城市群、兰州—西宁城市群、长株潭城市群、黔中城市群、藏中南城市群24个不同层次的城市群。截至2018年3月，国务院共先后批复了8个国家级城市群，分别是：长江中游城市群、哈长城市群、关中平原城市群、中原城市群、北部湾城市群、成渝城市群、长江三角洲城市群和兰州—西宁城市群（见表2-2）。在这些城市群中，长三角城市群、珠三角城市群、京津冀城市群是中国城市群的三大龙头，经过多年的发展和国家政策的扶持，已经成为发展较为成熟的城市群；而山东半岛城市群、辽中南城市群、江淮城市群、哈长城市群、兰州—西宁城市群、成渝城市群、东陇海城市群、长株潭城市群、海峡西岸城市群、武汉城市群、关中—天水城市群、中原城市群等城市群，从整体进化阶段上来划分，仍是处于发展阶段的城市群；鄱阳湖城市群、兰州—西宁城市群、呼包鄂榆城市群、滇中城市群、宁夏沿黄城市群、北部湾城市群、天山北坡城市群、黔中城市群及中南城市群，是处于正在形成过程中的城市群或城镇密集区。

表2-2 获批的国家级城市群（截至2018年3月）

获批国家级城市群	国务院批复时间	文件印发时间	国务院批复和国家发展改革委印发资料文件
长江中游城市群	2015-03-26	2015-04-13	《国务院关于长江中游城市群发展规划的批复》《国家发展改革委关于印发长江中游城市群发展规划的通知》
哈长城市群	2016-02-23	2016-03-07	《国务院关于哈长城市群发展规划的批复》《国家发展改革委关于印发哈长城市群发展规划的通知》
成渝城市群	2016-04-12	2016-04-27	《国务院关于成渝城市群发展规划的批复》《国家发展改革委关于印发成渝城市群发展规划的通知》
长江三角洲城市群	2016-05-22	2016-06-01	《国务院关于长江三角洲城市群发展规划的批复》《国家发展改革委关于印发长江三角洲城市群发展规划的通知》
中原城市群	2016-12-28	2016-12-29	《国务院关于中原城市群发展规划的批复》《国家发展改革委关于印发中原城市群发展规划的通知》

获批国家级 城市群	国务院 批复时间	文件印发时间	国务院批复和国家发展改革委印发资料文件
北部湾 城市群	2017 - 01 - 20	2017 - 02 - 10	《国务院关于北部湾城市群发展规划的批复》 《国家发展改革委关于印发北部湾城市群发展规划的通知》
关中平原 城市群	2018 - 01 - 09	2018 - 02 - 02	《国务院关于关中平原城市群发展规划的批复》 《国家发展改革委关于印发关中平原城市群发展规划的通知》
兰州—西宁 城市群	2018 - 02 - 22	2018 - 03 - 20	《国务院关于兰州—西宁城市群发展规划的批复》 《国家发展改革委关于印发兰州—西宁城市群发展规划的通知》

二、城市群和城市体系的整体竞争力不断增强

以珠三角、长三角和京津冀三大城市群为代表的中国城市群，发展规模不断扩大，人口流动速度加快。当前以上海为中心的长三角城市群已跻身世界第六大城市群，并且发展速度较快，未来极有可能成为全球重要的资源配置中心，上海也将成为全球最具竞争力的城市之一。珠三角城市群是我国甚至是整个亚太地区活力最充沛的经济发展区域之一，它仅以广东省70%的人口，创造出了广东省85%的GDP产值。京津冀城市群区域面积为18.34万平方公里，人口8500万人，以北京和天津为核心，以及河北的石家庄、邯郸、保定、廊坊、秦皇岛、唐山、沧州和承德8座城市（见表2-3）。珠三角、长三角、京津冀三大城市群已经成为引领中国经济发展的三大重要引擎。其中，珠三角地区的整个城市群GDP产值范围已经高达5.8万亿元，长三角地区的整个城市群GDP产值高达12.7万亿元，京津冀地区的整个城市群GDP产值高达6.1万亿元，这三个城市群创造的GDP总值占据了全国36.2%的经济总量。

表2-3　国内主要城市群的基本情况

城市群	简介	范围
长江中游 城市群	长江中游城市群，国土面积约31.7万平方公里 战略定位：中国经济新增长极，中西部新型城镇化先行区，内陆开放合作示范区，"两型"社会建设引领区	武汉、黄石、鄂州、黄冈、孝感、咸宁、仙桃、潜江、天门、襄阳、宜昌、荆州、荆门、长沙、株洲、湘潭、岳阳、益阳、常德、衡阳、娄底、南昌、九江、景德镇、鹰潭、新余、宜春、萍乡、上饶、抚州、吉安

城市群	简介	范围
哈长城市群	哈长城市群，国土面积约26.4万平方公里 战略定位：东北老工业基地振兴发展重要增长极，北方开放重要门户，东北老工业基地体制机制创新先行区，绿色生态城市群	哈尔滨、大庆、齐齐哈尔、绥化、牡丹江、长春、吉林、四平、辽源、松原、延边
成渝城市群	成渝城市群，国土面积约18.5万平方公里 战略定位：全国重要的现代产业基地，西部创新驱动先导区，内陆开放型经济战略高地，统筹城乡发展示范区，美丽中国的先行区	成都、重庆、自贡、泸州、德阳、绵阳、遂宁、内江、乐山、南充、眉山、宜宾、广安、达州、雅安、资阳
长江三角洲城市群	长江三角洲城市群，国土面积约21.17万平方公里 战略定位：最具经济活力的资源配置中心，具有全球影响力的科技创新高地，全球重要的现代服务业和先进制造业中心，亚太地区重要国际门户，全国新一轮改革开放排头兵，美丽中国建设示范区	上海、南京、无锡、常州、苏州、南通、盐城、扬州、镇江、泰州、杭州、宁波、嘉兴、湖州、绍兴、金华、舟山、台州、合肥、芜湖、马鞍山、铜陵、安庆、滁州、池州、宣城
中原城市群	中原城市群，国土面积约28.7万平方公里 战略定位：中国经济发展新增长极，全国重要的先进制造业和现代服务业基地，中西部地区创新创业先行区，内陆地区双向开放新高地，绿色生态发展示范区	郑州、洛阳、开封、南阳、安阳、商丘、新乡、平顶山、许昌、焦作、周口、信阳、驻马店、鹤壁、濮阳、漯河、三门峡、济源、长治、晋城、运城、聊城、菏泽、宿州、淮北、阜阳、蚌埠、亳州、邢台、邯郸
北部湾城市群	北部湾城市群，陆域面积约11.66万平方公里 战略定位：面向东盟国际大通道的重要枢纽，"三南"开放发展新的战略支点，21世纪海上丝绸之路与丝绸之路经济带有机衔接的重要门户，全国重要绿色产业基地，陆海统筹发展示范区	南宁、北海、钦州、防城港、玉林、崇左、湛江、茂名、阳江、海口、儋州、东方、澄迈、临高、昌江
关中平原城市群	关中平原城市群，国土面积约10.71万平方公里 战略定位：向西开放的战略支点，引领西北地区发展的重要增长极，以军民融合为特色的国家创新高地，传承中华文化的世界级旅游目的地，内陆生态文明建设先行区	西安、宝鸡、咸阳、铜川、渭南、商洛、运城、临汾、天水、平凉、庆阳部分地区

续表

城市群	简介	范围
兰州—西宁城市群	兰州—西宁城市群，国土面积约 9.75 万平方公里 战略定位：维护国家生态安全的战略支撑，优化国土开发格局的重要平台，促进我国向西开放的重要支点，支撑西北地区发展的重要增长极，沟通西北西南、连接欧亚大陆的重要枢纽	兰州，白银市白银区、平川区、靖远县、景泰县，定西市安定区、陇西县、渭源县、临洮县、临夏市、东乡族自治县、永靖县、积石山保安族东乡族撒拉族自治县，西宁，海东，海北藏族自治州海晏县，海南藏族自治州共和县、贵德县、贵南县，黄南藏族自治州同仁县、尖扎县
珠江三角洲城市群	珠江三角洲城市群是中国城市群中经济最有活力、城市化率最高的地区，是中国乃至亚太地区最具活力的经济区之一，它以广东 70% 的人口，创造着全省 85% 的 GDP	广州、香港、澳门、深圳、佛山、东莞、中山、珠海、江门、肇庆、惠州、清远、云浮、阳江、河源、汕尾（待定）
京津冀城市群	京津冀城市群区域面积占全国的 2.3%，人口占全国的 7.23%。整体定位是"以首都为核心的世界级城市群、区域整体协同发展改革引领区、全国创新驱动经济增长新引擎、生态修复环境改善示范区	北京、天津、石家庄、唐山、保定、秦皇岛、廊坊、沧州、承德、张家口（待定）
辽中南城市群	辽中南地区工业化起步已近 70 年，在工业化推动下形成了中部城市密集圈和沈大城市走廊。逐步形成了以沈阳、大连为中心，以长大、沈丹、沈山、沈吉和沈承五条交通干道为发展轴线的城镇布局体系，提高了地区城市化水平	沈阳、大连、鞍山、抚顺、本溪、丹东、辽阳、营口、盘锦（待定）
山东半岛城市群	山东半岛城市群是山东省发展的重点区域，是中国北方重要的城市密集区之一，是黄河中下游广大腹地的出海口，同时又是距离韩国、日本地理位置最近的省份，地处我国环渤海区域	济南、青岛、烟台、淄博、潍坊、东营、威海、日照（待定）
海峡西岸城市群	海峡西岸城市群与台湾隔海相对，既是开展对台合作，促进和平统一的基地，又可在合作中加快发展。加快海峡西岸经济区建设，将进一步促进海峡两岸经济紧密联系，互利共赢	福州、厦门、泉州、莆田、漳州、三明、南平、宁德、龙岩、温州、丽水、衢州、上饶、鹰潭、抚州、赣州、汕头、潮州、揭阳、梅州

续表

城市群	简介	范围
呼包鄂 城市群	呼包鄂城市群地处鄂尔多斯盆地腹地，是沟通华北和西北的重要枢纽，也是我国向北对外开放的主要桥头堡和中蒙俄经济走廊主要产业聚集区，这里汇聚了中国最为丰富的稀土、钢铁、铝业、煤炭、石油、电力、天然气等重要能源矿产，并形成了以包头为驱动核心，呼和浩特、鄂尔多斯、榆林为产业辐射的地区经济合作区	呼和浩特、包头、鄂尔多斯、巴彦淖尔、乌海、阿拉善盟、银川、榆林、石嘴山、吴忠

调查显示，在人口流动方面，中国市级以上（包括市级）的 295 个城市化进程中，其中 116 个城市中的常住人口数量不少于户籍人口数量。然而北京、深圳、上海不是本地的常住人口总数分别是 818.6 万人、745.7 万人和 987.3 万人，这三大城市的人口流入密集程度最大。179 个城市中的人口外流，导致常住人口比户籍人口总数少。其中，商丘、周口、重庆这三个城市中的人口流出数量最大，分别是 34.5 万人、35.64 万人和 38.38 万人。这些流动人群大多数向珠三角、京津冀和长三角等城市群汇集的地区流动。珠三角城市群共包含有 9 座城市，常住人口约 57.6 万人，占全国城市总体常住人口数量的 4.5%；长三角城市群包括 26 座城市，常住人口总数约 0.15 亿人，占全国城市总体常住人口数量的 11.8% 左右。京津冀城市群包括 10 座城市，常住人口总数是 895 万人，占全国城市总体常住人口的 7.0% 左右。这三个城市群的常住人口总数约占全国市级以上总常住人口的 23.4%。通过以上对比分析可知，全国 295 个市级及以上城市中常住人口数量大于户籍人口数量的前 30 个城市中，有 17 个是这三个城市群中的主要城市，北京、上海、天津、东莞、苏州、佛山、深圳、广州位列前 8 名，且均是这三大城市群体中的一员。这三个城市群体现在的非本地常住人口已经逐渐变成 257 万人、218 万人和 126 万人，流入人口总数已经大于 600 万人。

对于中部地区城市群体来说，长江中游城市群、山西中部城市群、中原城市群和皖江城市带四个城市群体目前是中部地区产业最集聚、人口数量最大、城镇密度最高的城市群体。2017 年长江中游城市群 GDP 突破 8 万亿元，达到 80018.81 亿元，位居中部地区城市群之首，中原城市群 GDP 达到 66255.26 亿

·27·

元，皖江城市带 GDP 达到 18904.60 亿元，山西中部城市群 GDP 达到 14926.18 亿元。这四大城市群 GDP 占全国 GDP 总量的 21.7%，超过 1/5。在经济总量不断发展壮大的同时，随着新型城镇化和农业转移人口市民化的不断推进，中部地区人口逐渐向城市群集聚。2017 年，中部地区城市群人口已经达到 36687.17 万人，占全国总人口比重的 26.4%。其中，中原城市群人口总量达到 16495.26 万人，长江中游城市群人口总量达到 12982.14 万人，皖江城市带人口总量达到 3545.65 万人，山西中部城市群人口总量达到 3664.12 万人（见图 2-7、图 2-8）。

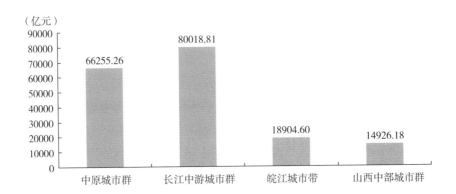

图 2-7　2017 年中部地区四大城市群经济发展水平比较

资料来源：2018 年中部地区各城市政府工作报告。

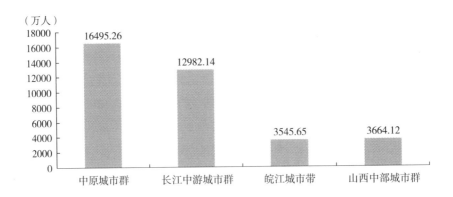

图 2-8　2017 年中部地区四大城市群常住人口比较

资料来源：2018 年中部地区各城市政府工作报告。

三、城市群综合交通网络体系不断完善

综合交通网络体系的建设对城市群的形成与区域经济的快速发展至关重要。交通是城市经济发展的前提，也是城市群间实现商品货物流通和交易成本的下降、要素的自由流动和高效配置的基础。随着国民经济的不断发展，城市对交通网络的要求也越来越高，交通网络的完善不但可以助推中国城市化的进程，而且对我国人口的长距离迁移也起到了带动作用。近几年，我国不断地增加轨道交通、跨江跨海大桥、高速公路等基础交通设施的大量投建，长三角城市群、京津冀城市群、珠三角城市群的城市交通网络布局逐渐扩增升级。尤其是以高铁为代表的经济效应已经成为当前和未来中国城市群发展的重要增长点，连接长三角和京津冀的京沪高铁、连接京津冀和珠三角的京港高铁均已开通，中国正在加快建设的"四纵四横"铁路快线将中国多数城市群贯穿其中。这些线路的开通必将推动城市群的大发展。目前，长三角、珠三角、京津冀三大城市群的中心城市上海、广州、深圳、北京和天津已经是中国大型交通综合性枢纽。三大城市群已经初步形成了集铁路、航空、公路、水运四位一体的综合交通运输体系。例如，以上海为中心的长三角城市群拥有沪宁、沪杭、沪甬、浙赣、宣航等铁路线，沪杭和沪宁城际铁路已经开通；拥有沪太、沪宁、宁杭等20条高速公路；在民航方面，上海虹桥和浦东机场均跻身全球巨型机场之列，长三角城市群一共有12个民航机场；上海依托上海港正在建设国际航运中心，货运集装箱吞吐量进入全球前列。

四、与城市群相关的区域规划陆续出台

党的十九大报告提出，以城市群为主体构建大中小城市和小城镇协调发展的城镇格局。国家发改委和地方政府为了促进城市群的快速发展纷纷出台了以城市群为基础的区域发展规划。在国家层面上已经陆续批复了《成渝经济区区域规划》《长江三角洲地区区域规划》《海峡西岸经济区发展规划》《珠江三角洲地区改革发展规划纲要》《促进中部地区崛起规划》《黄河三角洲高效生态经济区发展规划》《广西北部湾经济地区的发展规划》等。这些区域不断重新分配资源、合理规划，为城市群带来了无限的发展时机，城市群在区域发展规划中成为主角。与此同时，国内专门的城市群规划也纷纷出台，如《中原城市群发展规划》《长江中游城市群发展规划》《北部湾城市群发展规划》《皖江城市带承接产业转移示范区规划》等，为城市群的未来发展指明了方向。

第三节　影响我国城市群运行效率的制约因素

影响和制约城市群运行效率提升因素有很多，只有识别关键因素，发现关键问题，对症下药，采取有效举措，才能更好地促进城市群高质量发展。

一、一些城市群未形成合理的圈层结构

目前我国东部三大城市群发育较为成熟，已经具有相对合理的城市圈层结构，但是中西部地区的城市群还存在圈层结构不合理，甚至存在断层的情况。国际经验说明，一个成熟的城市群不但要有良好的自然和经济条件，也应当具有合理的城市能级梯度，以便首位城市与次级城市之间的要素自由流动和产业转移。因此，城市群本身的内在属性就决定了城市群内城市间要存在一定的发展层次。从经济规模上看，当前不少还处在发展初期的城市群存在"一城独大"现象，首位城市与次级城市之间不能有效对接，首位城市的辐射能力有限，而次级城市的接受能力也很低，具体表现为城市群发展的辐射带动作用较弱。这种"一城独大"或者是所有城市都发展不足的现象在中西部城市群中普遍存在。例如，中部地区的武汉城市群占湖北省 1/3 的土地、1/2 的人口，创造了全省近四成的经济总量。以 2017 年为例，2017 年湖北省完成生产总值 3.6 万亿元，其中武汉市地区生产总值就突破了 1.3 万亿元，位居全国城市经济总量十强，武汉城市群内的黄冈、孝感、黄石等城市的地区生产总值也突破千亿元。再如，四川省成都市，2017 年 GDP 达到 13889.39 亿元，占全省 GDP 总量的 37.56%，但广元、巴中、雅安、甘孜、阿坝五个市（州）GDP 尚未超过千亿元。此外，很多城市群内的首位城市在进行产业转移时并不是按照邻近的空间梯度来进行的，而是直接跳过邻近城市而选择城市群内空间距离更远的城市，甚至将产业直接转移至城市群外的城市，并未按照合理圈层结构的梯度进行产业转移，交易成本不仅未减少反而增加，最终不利于城市群的整体联动发展。

与欧美等西方发达国家的城市群相比，我国城市群无论是从规模还是质量上均较为落后，还处于城市群发展的初级阶段。即使是与美国或日本三大城市群十多年前的发展水平相比，目前我国三大城市群对国家 GDP 的贡献率仍然过低，

在全国经济中的带动作用不明显。根据 2016 年世界银行发布数据，我们可以看到美国三大城市群的 GDP 总量达到 6.7 万亿美元，约为美国 GDP 总量的 65%。日本大东京区、大阪神户区、大名古屋区的 GDP 分别占日本全国 GDP 总量的 26%、23%、20%，这三个城市群创造的 GDP 总价值高达 2.86 万亿美元，占日本 GDP 总量的 69% 左右。与之相对应的是，2016 年我国长三角城市群、珠三角城市群、京津冀城市群的 GDP 占全国 GDP 总量的 36.2%。我国的三大城市群对于全国 GDP 的贡献率明显偏低，在经济贡献率中比美国和日本三大城市群对全国 GDP 的贡献率分别低约 28.8 个和 32.8 个百分点。

二、半城市化给城市群的发展带来负效应

改革开放后，我国开始走向城市化的道路，且发展速度惊人，是人类历史上的一次伟大壮举，强有力地将我国的市场经济与社会文化等推向了一个崭新的时期，但同时也面临着"半城市化"特征突出、城市形态和布局不均衡、资源和环境约束严峻等问题的挑战。此外，长期的城乡二元发展格局、巨大的人口规模、快速的人口老龄化等因素也使我国的城市化进程充满艰难性和复杂性。城市化的实质是以农业生产为生存基础的农业人口逐渐向非农业人口转化，使进城务工的农业人口能够在城市安定居住，并且与城市居民一起享有相同的待遇，不能一边职业是工人，而另一边身份是农民；也不能居住在城镇，职业却仍然是农民，更不能让大量的农业人口不定期地代代流动寻找工作。在我国，农民外出务工的同时也将其家庭带入城市，形成了半城市化的现象；他们的未来生活与户籍制度及一些社会待遇和公共服务分配都息息相关，这样的城乡划分户籍制度开始于经济改革时期，最终要利用不断进行的城市化及相关政策的升级来解除。这个过程至少要持续 20 年，在这一过程中，会为城市群的发展带来负面效应。例如，中部城市群的城镇体系发展还不够完善，城镇化水平和质量存在较大差距，整体水平和质量不高。河南省作为中原城市群的主要组成部分，2017 年常住人口城镇化率达到 50.18%，实现了跨越式发展，但是与全国平均水平（58.52%）相比还存在一定差距，户籍人口城镇化率与全国的平均水平差距更大，城镇化的水平和质量整体不高。各个城市群普遍还存在城镇体系发展不完善的问题，大多数城市群的城乡二元结构特征非常明显，与城市的基础设施相比，农村的交通、信息、教育水平和卫生服务等都还不够完善。另外，除武汉外，各城市群的中心城市辐射带动作用整体不强，属于"弱核牵引"的模式。中心城市与周边地区争

夺资源、资金、人才和市场，对周边的虹吸效应远远大于辐射带动作用，导致中部城市群整体竞争力不强。

三、城市病、生态环境和资源性约束日益凸显

我国自改革开放以来，经济发展迅速，已经成为带动世界经济发展的引擎，同时城市的集聚效应也非常明显。但是，繁荣的背后各种不利于城市群发展的因素也在不断积累，"城市病"愈演愈烈。城市化在不断向前发展的过程中，使得人与人、自然环境与人文、精神层次与物质需要等方面处于一种长期的病态失衡的条件下，最终形成了"城市病"。长期处于病态发展中，必然会使整个城市居民的生活水平下降，甚至使城市文明不能良好发展。当前，我国城市人口占总人口的比例已经超过了50%，达到58.52%，这足以说明我国已经进入了"城市型社会"。随着城市群规模的不断扩大，大中型城市中出现人口增加、水电供应紧张、交通越来越拥挤、环境遭到破坏而变得恶劣等社会问题，这些问题和矛盾严重地约束了城市向前发展的脚步，加重了城市及政府的重担，迫使城市的发展走向进退两难的岔路口。

按照世界城市群发展的基本过程，其发展阶段可用四个互相交错的时期来表示，即城市化—郊区化—逆城市化—再城市化。在城市群体不断向前发展的时期，假如外来人口的数量过于集中，超出了工业化发展及城市经济的承受强度，就会引发"过度城市化"，造成一系列社会矛盾和经济问题。目前我国城市群的"城市病"主要体现在以下四个方面：

一是城市人口数量过快增长。城市群一般对流动人口有着很强的吸引力，而人口数量的迅速增长也是城市群能够顺利发展的强大动力。但是，如果人口的增长速度大于城市的承载能力，就会导致城市的基础设施和制度管理等不能满足人们的大量需求，从而引起一定的社会矛盾，造成不同程度的环境污染、治安管理混乱、流动人口就业困难等"城市病"。

二是交通基础设施供不应求导致道路拥堵。交通拥堵一直是制约城市群发展的重大问题。快速发展的城市以及人口的急剧增长导致各类交通需求过大，而原有的交通供给跟不上发展的步伐，从而导致新的矛盾愈演愈烈。这主要通过交通的拥堵及交通污染、安全等一系列问题体现出来。交通拥堵不但会造成经济社会中很多功能的倒退，还会引起城市环境污染，进而演变成一种妨碍城市发展的"顽疾"。交通拥堵最直接地表现为严重阻碍了人们的正常生活，使出行时间和出行成本不断

提高。从而间接影响到人们的工作效率，也会给人们的日常活动带来诸多不便，严重降低了城市的活力，导致人们的生活质量逐步降低。此外，交通拥堵会引发交通事故的增加，而事故的增加又会使拥堵更加严重，这便形成了恶性循环。

三是环境污染越来越严重。近一个世纪以来，全球变暖明显地表现出气候与环境的严重变化，比如臭氧层遭到破坏、生态系统功能衰退、水资源供应不足、生物多样化迅速减少、土壤被侵蚀程度愈加严重、大气层中的化学成分发生变化等。依据联合国环境署的预估检测，未来全球变暖的步伐会更加快速，以后每 100 年平均温度将升高 1.4℃ ~5.8℃，会给全球环境造成不可挽回的严重影响。例如，农作物产量会大大降低，水资源供应不足的情况会愈加严峻，病虫害发生的频率和危害会更加显著。环境的破坏及污染迫使城市公共健康（如营养不良、水源性疾病、医疗服务不足等）逐渐向现代健康危机转变，这些还包含工业生产和交通过密带来的空气污染、震动、噪声及精神压力引发的疾病等。例如，在研究中原城市群气候环境变化时，发现 1951 ~2015 年中原城市群气候变化特征明显，主要表现为年平均温度升高，年降水量、年干旱指数呈减小趋势，且年平均温度、年干旱指数变化趋势比较明显。各气象要素的变化倾向率分别为 0.21℃/10a、－6.72mm/10a 和－0.35/10a，并且气温、降水和干旱指数等气象要素都经历了不同时期的波动变化。根据 Mann - Kendall 气候突变分析，年平均温度发生突变的年份为 1988 年，年降水量在 1973 年前后，年干旱指数在 1976 年前后（见图 2 - 9、图 2 - 10）。

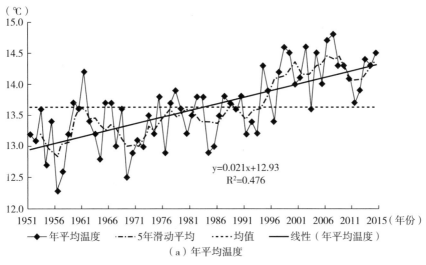

图 2 - 9　1951 ~2015 年中原城市群城市各气象要素变化、
5 年滑动平均和线性拟合方程

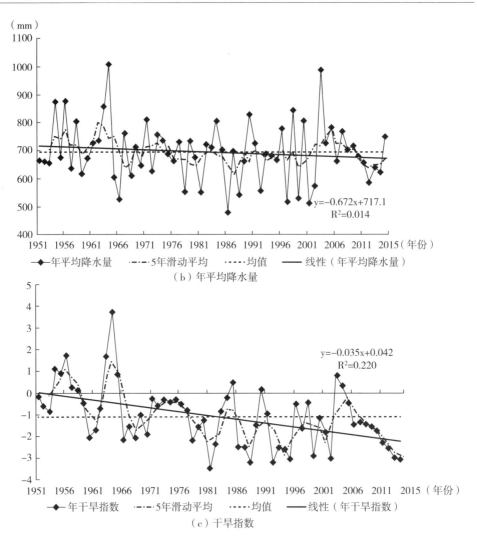

图 2 - 9 1951~2015 年中原城市群城市各气象要素变化、
5 年滑动平均和线性拟合方程（续）

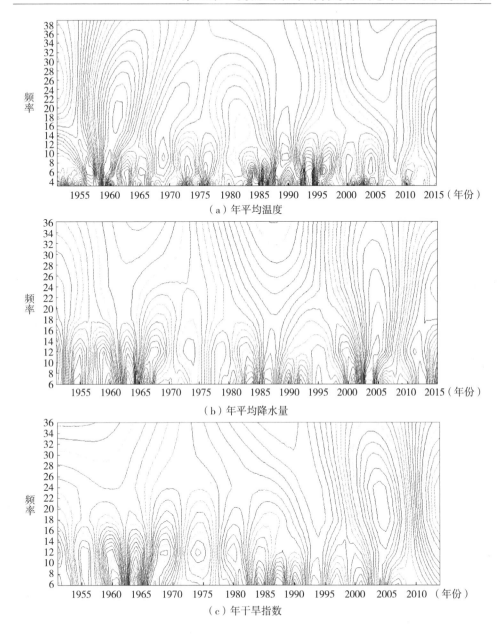

（a）年平均温度

（b）年平均降水量

（c）年干旱指数

图 2－10 中原城市群各气象要素 Morlet 小波功率谱分析图

四是资源短缺。水资源供应不足已经是世界上公认的目前及未来很长一段时间里人类面临的最严峻的挑战之一。联合国环境署在《全球环境展望》中提到："现在全球的河流有近一半的水量很大程度上的锐减或是被严重污染，世界上有

80 多个国家或者是全球 40% 的人口面临水资源供应不足的状况。如果这种状况持续发展，那么今后的 30 年里，全球缺水的人口数量比例将提升到 55%。"在水资源短缺的国家或地区中，缺水问题最严峻的便是大城市。另外，土地资源供应不足的问题也是国际化大城市发展过程中所遇到的必然问题。土地的紧缺是绝对的。大量的人口及各种产业不断向中心城市（北京、上海）靠拢的同时，土地紧张问题尤为突出，土地是否充足对于现代化城市的可持续性发展有着至关重要的决定作用。怎样创造更大的发展空间、开拓更广的领域范围已经是城市化发展道路上必须解决的严峻问题。

四、城市群内部和城市群之间的协调度有待提高

城市群是由多个城市构成的，一些城市发展水平相似，因此不可避免地会出现城市间的竞争和资源争夺日趋激烈的现象。当前，我国城市群之间、城市群内部各城市之间在产业布局和招商引资方面存在较大冲突的情况并不少见。比如，在产业布局上，长三角城市群、珠三角城市群、京津冀城市群各城市的产业结构类似，产业分工不明晰。同时，城市群发展的协调性还不够好，各地区发展不平衡。在这方面，很多城市群都在发展战略中给予重视，通过出台政策、法规等形式协调城市群内部的发展。比如，广东省提出的"双转移、双提升"发展战略，旨在促使珠三角地区的密集型制造业向本省西北部韶关、云浮等人口稀少的欠发达地区转移，而不是转向劳动力充裕的中西部地区城市群。近年来上海为了构建科学的城市结构和城市功能，大力推动郊区新城建设，在郊区建立了九大工业园区，以便接受市区的产业转移和辐射。湖北作为全国的老工业基地之一，钢铁、汽车、石化等行业仍然是支柱产业。2016 年湖南规模工业增加值居前五的产业中，高能耗、高排放产业有三个。中部城市群的资源型城市的城镇化与生态环境的协调度大多数仍处于初级阶段，亳州、南阳、滁州、宜春、郴州、赣州、邵阳等部分城市的协调关系甚至恶化。同时，城市群内各个城市之间以及各个城市群之间的产业同构问题较为突出，发展的关联性有待提高，存在一定程度的低水平同质化竞争。不少产业还集中在产业价值链的中低端，没有形成具有竞争力的产业基础和特色，加之企业自主创新能力不强，现代物流和服务业发展较为滞后，城市配套功能不足，缺少在国际国内市场上有影响力的自主品牌。如何加快转变经济增长模式，摆脱传统增长模式的路径依赖，增强可持续发展的能力，是中部城市群发展面临的严峻挑战。

五、城市群综合交通体系建设和社会公共服务一体化有待完善

虽然当前我国城市群已经初步建立起铁路、公路、水运和航空"四位一体"的交通网络格局，但是同我国城市化发展的速度和交通需求的增长速度相比，城市群的综合交通体系建设仍然不能满足需求的快速增长。尤其是从长时间段的视角来看，交通问题仍然会成为制约我国城市群发展的重要因素。主要表现在以下几个方面：

一是城市群间的交通发展水平层次不一。以当前我国的铁路为例，我国的铁路密度虽然居世界之首，但是铁路干线和铁路网高度集中在东南部地区，一方面是由于该地区经济发达，人流密集；另一方面是因为该区域的人口较为集中，这些地区基本都是东南沿海地区的城市群。这些发达地区的城市拥有更多的铁路线路，铁路密度较高。相反，西部欠发达地区的城市群铁路线路单一，密度相对较低，有些地方甚至还没有铁路。

二是城市群的大区域交通体系规划有待进一步统筹，要加强地区间的交通联系。各城市在规划交通体系时往往考虑的是本地区的利益，忽略了交通对其他城市的影响，不同城市间的交通规划往往难以形成有效衔接。从城市群战略的高度来看，交通不够便捷是阻碍人流和物流交往的主要因素。

三是各种交通运输方式间缺乏有效衔接，影响综合运输的整体效率。主要体现在城市交通枢纽、城市间交通和市内交通干线的衔接不够通畅，各种运输方式之间未形成有效的协调和配合，造成运力效率上的损失，也给人们的出行造成诸多不便。

四是交通密度与城市经济发展水平不相匹配。以长三角地区为例，由于部分城市间被江河湖水所阻隔，至今仍未与主要的铁路货物运输网接轨，为了避开江河湖的高额成本，不少线路均选择了绕行，从而使得不少经济发达的城市出现综合交通网络与城市经济发展水平不匹配的局面。

五是城市群的主要交通枢纽运能与需求依然不匹配，长三角城市群、珠三角城市群、京津冀城市群是农民工最集中的地区，季节性"迁徙"现象比较普遍，节假日时往往出现车票紧张的局面，出行高峰期一票难求的现象仍然十分突出。另外，随着城市群间和城市群内部同城化趋势加强，各种经济、社会、文化交流更加频繁，现有的运输方式和运能已不能满足不同人群的需求。

除了城市群的综合交通体系建设之外，城市群内部的社会公共服务一体化也

有待提高。目前，国内各地方政府主要通过地方财政来建设本地区的社会公共事业，因此绝大多数城市群内部并未实现社会公共服务的一体化，各城市群间存在各类社会服务难以对接的情况，如在教育、社保、就业、医疗、电网、燃气等公共服务方面几乎是一个城市一个政策，具体的价格、服务、技术标准等均未统一。各城市的社会公共服务水平存在较大差异，同时各城市政府在对待经济效益和社会民生领域的关注度存在差异，这些差异均给城市群内部社会公共服务一体化的实现设置了障碍。

第三章 国外提升城市群运行效率的成功经验借鉴

美国大西洋沿岸城市群、日本太平洋沿岸城市群等世界上发展比较成熟的城市群，在发展过程中既有成功的经验，也有失败的教训，总结其发展过程中的经验教训及启示，对于有效推进我国城市群的发展及提高我国城市群运行效率，具有重要的现实意义和深远的历史意义。

第一节 国外典型城市群的发展历程及现状

总结梳理国外典型城市群的发展历程、发展成效，以及发展中存在的不足，才能为我国城市群的高质量发展提供有效的经验借鉴。

一、美国大西洋沿岸城市群

美国大西洋沿岸城市群又称"波士华"城市群，是第一个被认可，也是目前世界上公认综合实力最强的城市群。大西洋沿岸城市群北起缅因州，南至弗吉尼亚州，沿大西洋海岸绵延长达 600 多公里，总面积约 13.8 万平方公里。城市群里除了纽约这个核心城市外，还包括波士顿、费城、巴尔的摩和华盛顿等中心城市，以及将近 200 个中小城市，总人口约 6500 万，城市化率高达 90%。大西洋沿岸城市群的制造业比较发达。2016 年，城市群 GDP 达 4 万亿美元（约合 26 万亿元人民币），占全美国 GDP 的比重超过 20%。

（一）发展历程

第一阶段（1850～1945 年）。工业化的迅速发展成为推动城市群建设的主要动力。在此期间，纽约、波士顿、费城等五大中心城市交通网络发达，劳动力相对充裕，在全美国率先启动工业化进程。随着工业化的迅猛发展，五大中心城市迅速集聚了大量的人口和资本。1840～1860年，美国大西洋沿岸城市群的城市化率从18.5%攀升至35.7%，五个中心城市吸引了越来越多的人口，各自形成了以制造业为主的经济活动中心。

第二阶段（"二战"结束至20世纪70年代）。城市化成为此阶段推动城市群发展的主要动力。1950年，美国大西洋沿岸城市群的城市化率已将近80%，大城市的吸引力大幅提升，交通等城市基础设施快速发展，大都市区开始逐渐形成。城市群的概念也在此阶段被提出，并得到了有意识的规划和建设，城市群的发展从"自发"状态走向了"自觉"状态。同时，由于城市规模逐渐扩大，人口日益密集，很多地区的城市病日益凸显，逆城市化现象开始出现。但总体来看，区域城市化率仍在不断提高，城市群发展仍然是横向蔓延的模式。

第三阶段（20世纪70年代至今）。该阶段城市群发展的主要驱动力由城市化转化为逆城市化。在此期间，中心城市的人口比重开始下降，城市群整体呈现出多极发展的态势。同时，城市的主导产业出现了根本性变化。这主要是因为随着世界经济新秩序的逐步确立，美国的主导产业从制造业向资本和技术密集型产业转变，金融等服务业成为城市发展的主要产业，生产服务业就业人数大幅增长。20世纪90年代，仅纽约专业服务业的就业贡献率就达44%。2000年以后，服务业呈现出更加明显的集群化发展趋势。

（二）发展现状

目前，美国大西洋沿岸城市群已经形成了产业结构互补、城市化高度发达、集聚效应极高、竞争力超强，各级别城市相互交织的金字塔形有机城镇体系。其中，人口大于100万的城市有9个，人口为50万～100万的城市有29个，这两类城市的总人口占区域总人口的65%。五大中心城市的功能定位各具特点，实现了错位发展，避免了同质化倾向。其中，华盛顿市是美国的政治中心，纽约是金融中心和商贸中心，波士顿形成了与"硅谷"齐名的高科技聚集地，费城发达的交通运输业使其成为城市群的核心交通枢纽，巴尔的摩不仅国防工业发达，同时也是美国南部的卫生服务基地。而且，城市群的增长开始由传统的几个中心城市逐步向外辐射和扩展，形成了纽瓦克、卡姆登、安纳波利斯等次级中心城市，城市网络体系得到了进一步的完善。

1. 核心城市纽约稳居城市群产业结构顶层

美国大西洋沿岸城市群的核心城市纽约是美国人口密度最大的城市，不仅是全球的金融中心，在商业、文化、娱乐、科技、教育、科研等领域也在世界上具有举足轻重的地位。目前，纽约集中了众多全球性跨国公司的总部，是联合国等重要国际组织所在地，聚集了各类专业管理机构和服务部门，形成了强大的全球服务、管理控制中心，处于城市群层级结构的顶层。

发达的海陆空交通体系为纽约充分发挥辐射带动作用提供了重要支撑。第一，纽约港作为世界上最大的天然港口之一，极大地便利了货运发展。第二，纽约通过航空交通满足长途客运的需求，肯尼迪国际机场等大型机场航空线路繁忙，通达世界各地，与城市群内部各中小城市之间也形成了发达的航空交通网络体系。第三，密集的铁路网、公路网可以使人员、货物在一天之内运达城市群各地，特别是高速公路几乎遍布城市群内部所有的城市，不仅加强了各个城市之间的连接，还有效促进了短途客货运的发展。第四，城市发达的轨道交通主要用于负责中心城市与远郊地区、周边城镇等的短途客运，有效扩大了中心城市的辐射范围，带动了城市周边的发展。

金融、创意等产业的高度发展使得纽约享誉世界。目前，纽约拥有以金融业为主的专业服务业集群和创意产业集群，以及纽约证券交易所和纳斯达克交易所这两个世界第一大和第二大证券交易所。2008 年底，纽约都会区掌控了全球 40% 的金融资金，纽约成为了全球最大的金融中心。纽约发达的经济和高度集聚的金融业为文化创意产业的发展提供了有力的支撑条件。起初，一些艺术家将纽约苏荷区的空置厂房改造为艺术工作室，吸引了大批艺术家前来集聚，逐渐呈现出群落状的发展态势，久而久之发展成为艺术集聚区，形成创意产业集群。目前，纽约的电影电视产业仅次于好莱坞，居于全美第二位。新媒体、广告、时尚、设计和建筑等创意产业也具有强大的竞争力。

2. 中心城市发挥好承上启下重要节点功能

波士顿、费城、华盛顿、巴尔的摩这四座中心城市处于美国大西洋沿岸城市群层级结构的中间层，发挥着承上启下的重要节点作用。一方面与纽约在产业发展上齐头并进，另一方面辐射带动周边中小城市的产业发展。

（1）高科技中心波士顿机器人健康医疗产业发达。波士顿以突出的创新能力和先进的健康、医疗产业等著称。一方面，波士顿境内汇集了哈佛大学、麻省理工学院、塔夫茨大学等众多顶尖高等院校，是美国重要的高科技中心，也是全球创新创业的引领者。早在 20 世纪 60 年代，位于马萨诸塞州的麻省理工学院就成立了人工智能研究小组，随着技术的不断发展进步，马萨诸塞州早已实现机器人产业集群化发展，在机器人产业方面具有强劲的竞争力。2016 年初，波士顿被《彭博商业周刊》评为"最具创新州"，其创新能力在全球最具活力城市榜单中位列第五。另一方面，波士顿医疗、健康产业发达。第一，波士顿拥有医院数量较多且医疗水平高，2012～2013 年美国最佳医院排行榜中的顶尖医院，有两家就位于波士顿。第二，医疗服务业发展注重研究支撑和分工细化，其收入占波士顿总收入的 1/5 以上，连续十多年保持增长态势。第三，世界上很多知名的医药公司在波士顿建立基础研究基地，全球约有 8% 的新药研发线的总部也设在波士顿，波士顿已成为美国顶级的制药中心。

（2）政治中心华盛顿旅游信息等第三产业繁荣。华盛顿作为美国的首都和政治中心，是美国联邦政府以及各国驻美大使馆所在地，及世界银行、国际货币基金组织、美洲国家组织等国际组织的总部所在地。华盛顿市区内基本没有工业，由于在美国独立过程中留下大量历史遗迹，吸引了大批的国内和国际游客，旅游业非常繁荣。同时，华盛顿的信息技术产业集群实力雄厚，信息技术产业的员工数量占全部科技行业的 70%，是全市重要的主导产业之一。在过去的五年里，华盛顿有计划地增加了科技类的工作者及投资总额，着力建设东海岸最大的科技中心。除此之外，华盛顿的房地产、信息服务、金融保险服务、酒店传媒等第三产业也比较发达。

（3）历史名城费城是美国最重要的制造中心。美国第五大城市费城是著名的历史名城，是美国承担近海航运的主要港口，也是美国重要的钢铁、造船基地以及炼油中心，是大西洋沿岸城市群，也是全美最重要的制造业中心。随着经济的增长和产业的多元化发展，费城的金融服务业、医疗健康产业、生物科技产业、信息技术产业和旅游业也势头强劲。目前，费城拥有分布在宾夕法尼亚大学、天普大学、托马斯·杰弗逊大学以及德雷克塞尔大学的四家医学研究中心，美国国立卫生研究院，以及强生、默克、辉瑞等全球顶级的制药公司总部及数百家生命科技公司。

（4）"世界基因之都"巴尔的摩产业转型成功。巴尔的摩是产业转型比较成功的城市之一，从之前主要发展钢铁加工和汽车制造的工业城市转型为人才、资金、技术等科技创新资源集聚程度较高的"世界基因之都"。目前，巴尔的摩与华盛顿之间的高速公路沿线分布有超过 200 家的全美最重要的科研机构和实验室，有十多万专业技术人员聚集在大都会区，促使该区域形成了以科技创新驱动的经济增长模式。

3. 众多中小城市积极发挥了腹地支撑作用

分布在纽约、波士顿、费城等五座中心城市周边的众多中小城市，既是中心城市的重要腹地，又是城市群的黏合剂，为五大中心城市提供了生产和生活上的服务与便利。

总的来说，美国大西洋沿岸城市群采用的是"核心带动"发展模式。一是充分发挥纽约这个世界金融中心的辐射带动作用；二是其他城市错位发展，尽力发挥各自的优势，促进协作互补，形成最大合力，最终发展成为一个多元化、协同发展的城市群。

二、日本太平洋沿岸城市群

日本太平洋沿岸城市群是从千叶开始，经东京、横滨、静冈、名古屋、岐阜，再到京都、大阪、神户等太平洋沿岸的城市化程度很高的连绵带状区域，约占日本国土总面积的6%、总人口的61%。

（一）发展历程

日本太平洋沿岸城市群所在区域，在明治维新前就是全国重要的政治文化中心，也是日本近代最早开放的地区。该城市群的形成具有较浓的政府主导色彩，比较重视科学规划的作用，曾先后四次调整实施大东京都市圈建设规划，不断优化城市群产业空间布局，并且注重市场调节与政府宏观调控结合，促进区域内的协调发展。日本太平洋沿岸城市群的发展历经中心城市膨胀、中心城市多核化及中心城市发展成熟三个阶段。

（1）中心城市膨胀阶段（1950年之前）。该阶段依靠工业化发展实现经济快速增长，中心城市由于会聚了大量人口而日趋膨胀。

（2）中心城市多核化阶段（1950~1990年）。在20世纪50年代中叶，提出以东京为中心、在半径100公里范围内建设"首都圈"。之后的30多年里，先是为缓解交通拥堵、环境恶化、房价攀升等城市病开展了"首都圈整备计划"，建设了新宿、池袋、涩谷三个副中心；随后，为发展市中心的商务功能、疏解居住和科研教育等压力进行"东京都长期计划"，建设了大崎、上野—浅草、锦糸町—龟户三个副中心；为了进一步拓展商务活动空间，制定"临海副中心开发基本构想"。

（3）中心城市发展成熟阶段（1990年至今）。房地产泡沫破裂后，该区域进行了深度的结构调整，采用了多核分散、职住平衡的思路。产业分工的细化逐步打破了城市之间的界限，城市之间的协作与联系日益紧密。

（二）发展现状

目前，日本太平洋沿岸城市群已被新干线串联起来，成为空间布局适度集中、疏密相间，工业化水平较高的经济发达区域，囊括东京、大阪—神户和名古屋三个优势突出、错位发展的都市圈，全日本80%以上的金融、教育、研发、出版等机构均坐落于该城市群内。

1. 东京都市圈

东京都市圈是指位于关东平原的，以东京为中心的连片城市，总面积达3.7万平方公里，占日本国土面积的3.5%。都市圈自内至外由内核区、中层区、外层区组成，中心城市与其他城市通过市场机制和区域竞争合作机制的调节，实现了错位竞争、差别化发展，形成了和谐有序的竞争合作态势。如今，这里不仅是日本最大最重要的综合工业带，还是闻名世界的经济、金融、贸易中心。

（1）核心城市东京交通和第三产业发达。东京作为日本的首都和最大的城市，集中了全国绝大部分的政府、行政、文化、管理等机构，发挥着重要的中枢功能。同时，东京拥有发达的第三产业，特别是金融保险业、批发零售业等主导产业在世界范围内的排名均比较靠前。值得注意的是，东京是世界上典型的以轨道交通为主的国际大都市，轨道网络从中心区一直延伸至半径50公里的范围内，覆盖面积约1.5万平方公里。

（2）其他城市错位发展、优势互补。东京都市圈里的其他城市基于各自的优势，发挥了不同的功能。其中，埼玉县承接了都市圈部分政府职能转移，政府机关的集聚促进了该地商业、居住功能的完善与发展。茨城县的南部集中了筑波大学等45个研究教育机构和230家研究开发型企业，是日本的重要学术研究基地。此外，茨城县农业比较发达，在东京都市圈里仅次于千叶县，在全国也位于前三名。神奈川、千叶、横滨和川崎着重发展工业。其中，神奈川和横滨均是日本重要的港口，分别发展机械、电子产业、重化工和精密制造业。川崎是日本最大的重工业城市，主要发展钢铁、石化和船舶制造业。千叶除了发展机械工业外，旅游资源开发也取得了骄人的成绩。

（3）形成若干特色明显的产业集群。主要包括：一是知识密集型服务业集群。东京的主导产业主要是金融、信息、批发零售等专业服务业，如在东京最核心的区域里，丸之内是东京金融业集聚之地，新宿和临海分别为商务办公型副中心区和商务信息区。目前，东京的知识密集型服务业集群呈现出明显的网络化发展态势。二是中小企业制造业集群。东京大田区汇集了5000余家拥有高精尖技术、从事机械或金属加工业的中小企业，这些中小企业多为大企业提供新产品的研发工作，以精细化、个性化产品的研发和生产为主。地缘相近、产业趋同的众多中小企业逐步产生集聚效应，形成了具有竞合关系的产业集群，在全球的金属加工业中占据了核心位置。三是出版印刷产业集群。高度集聚的出版印刷业已经成为东京重要的支柱产业，目前，印刷出版业从业人员占东京制造业从业人员的比重已经超过了25%。

2. 名古屋都市圈

名古屋都市圈是位于浓尾平原，以名古屋为中心的都市圈。其主导产业以汽车制造、半导体、钢铁、石化、陶瓷等传统工业为主，目前以汽车、航空航天、精密陶瓷为主要发展方向，是日本最大的重化工业基地。拥有的产业集群主要有：一是汽车产业集群。位于名古屋市东南方向约30公里处的丰田市，是著名的汽车城，丰田公司20%的供应商总部均设在这里，协作厂家有上千家，可以生产出钢铁、有色金属、化学制品、纤维制品等与汽车相关的一切部件。二是航空航天产业集群。在爱知县及其周边区域聚集了包括川崎重工和富士重工在内的研发、设计、飞行试验、生产销售、维修管理等航空相关企业，形成了比较完善的航空产业链。三是精密陶瓷产业集群。以名古屋为中心的中部地区是日本的陶瓷重镇，其产业可将精密陶瓷应用于生物、能源、电子工业、医疗及建筑等广泛领域。

3. 关西都市圈

关西都市圈是指位于畿内平原，以京都、大阪、神户为中心的都市圈，拥有2000多万人口，经济总量达8000亿美元，是日本第二大都市圈。该区域通过四通八达的交通网将高度发达的城市联系在一起，培育了电池、生物、化工等产业集群，形成了以生产消费品为主的大工业地带，在日本西部发挥着重要的龙头作用。形成的产业集群主要有：一是电池产业集群。以大阪港湾为中心，汇集了大批从事电机、电池研究的基地、大型电机机械总公司、大量从事环保、能源产业的企业。目前，该区域的太阳能电池组件产量占日本的60%，在日本国内市场的锂电池占有率逐年升高。二是生物产业集群。以大阪北部的彩都生命科学园为中心，聚集了大批从事生物医药、食品、保健品等生命科学产品研发基地。三是化工产业集群。大阪化工企业总数位于全日本前列，从业人员排名第一。其化工园区集中设立在便于油轮停靠和原料、产品进出的太平洋沿岸地区。

三、法国巴黎城市群

法国巴黎城市群是指沿塞纳河下游，以巴黎为核心，囊括鲁昂、勒阿弗尔等城市，由 8 个县区、5 个新城和 1200 个自治公社组成的带状城市群。该城市群占法国国土面积的 27.8%，容纳了全法国 24% 的人口。

（一）发展历程

法国巴黎城市群的发展，主要表现为人口资源不断向巴黎集聚，以及有计划地调整疏散的过程。

第一阶段（核心城市巴黎发展壮大）。早在 19 世纪初，巴黎就已经发展成为世界著名的贸易和金融中心，城区集聚了大量的人口和企业。第二次工业革命完成以后，越来越多的工业企业在巴黎近郊汇集，巴黎逐步成为法国最重要、最完备的工业区之一。随着城市规模逐步扩大，各类城市病开始日益凸显，为了保持巴黎的国际城市地位，政府通过规划调整等手段展开了积极的干预。

第二阶段（整体谋划力促巴黎城市群成长）。1932 年，法国以法律形式打破行政区域壁垒，根据区域发展需要制定了一系列规划性质的法律文件指导巴黎城市群的发展。一是实施"工业分散"战略，通过限制中心区企业迁入、组织工业企业外迁、鼓励服务业向中心城区聚集、淘汰低端落后产业等，有效解决了"大城市病"，促进了巴黎西郊至法国西部现代化制造业带的形成与发展。二是沿城市主要发展轴和交通干道建设卫星城市，转移部分城市功能，建成"多中心巴黎"，有效降低中心城区人口密度，遏制巴黎恶性膨胀。三是在巴黎大区总体规划以及整治计划的引导下，城市群划分出建成空间、农业空间和自然空间，并采取一系列措施促进三类空间协调发展。城市之间也重视并建立联合协调机构，力求城市间资源的共享与协调发展。正是这一系列措施的有力实施，促进了法国经济的发展和巴黎大都市圈的最后建成。

（二）发展现状

当前，巴黎作为处于西欧顶端的全球化城市，首位度高、现代化基础设施与管理体系完善，在联系全法国重要的公共与私人机构、银行、法院中发挥着主控作用。近郊重点发展的九座副中心——德方斯、圣德纳、博尔加、博比尼、罗士尼、凡尔赛、弗利泽、伦吉和克雷特伊，对维持巴黎的生存和繁荣发挥了非常重要的作用。

巴黎城市群主导产业突出且分工多样化，技术创新氛围浓厚，是全球最富有竞争力的城市群之一。一是巴黎市区中心四区已经成为金融、保险、科研机构、信息咨询等产业的集聚地；二是市区的内外环集中分布了政府机关、教育、纺织服装、出版印刷等机构；三是巴黎西郊重点发展工业带。其中，东北部主要发展化学、制药业和物流配送，南部发展航空和电子产业，西部郊区重点发展汽车工业，产业的集聚程度与专业化程度得到进一步提升。

目前，巴黎城市群形成了生物工程、信息与通信技术、图像和数码产业等重要产业集群。一是生物工程产业集群。目前，300余家中小企业和各大跨国公司的子公司多集中在巴黎医药竞争力园区，园区集中了以居里研究所为代表的七家著名公共研究中心和欧洲最大的医药网络。二是信息与通信技术集群。大巴黎地区拥有欧洲信息与通信技术领域第一大集群，被定位为欧洲云计算的首段，全法国近四成的数据中心均设在此地。三是图像和数码产业集群。法国90%与电影、音响有关的业务均集中在大巴黎地区，包括马克—古夫、米格罗斯等世界知名的动漫、特效、视频制作工作室。其中，Cap Digital产业集群支撑大巴黎地区成为世界范围内数码产业及发展战略领先的地区之一。

四、英国伦敦城市群

英国伦敦城市群由中心城市伦敦，伯明翰、利物浦和曼彻斯特三个大城市，以及十多个中小城市组成，占地约4.5万平方公里，人口约3700万，分别占英国国土面积的18.4%和总人口的62.7%。

（一）发展历程

英国的城市化在工业革命的推动下发展迅速，伦敦集中了大量的资本和人才，对周边城市的辐射带动作用不断提升，伯明翰、利物浦和曼彻斯特等一批工业城市也快速崛起。1800年，由伦敦和伯明翰、利物浦和曼彻斯特等城市及郊区组成的伦敦经济圈，拥有约200平方公里的土地和260万人口。在城市群的发展过程中，英国政府十分重视发挥宏观调控作用，通过规划、财政、金融、法律等综合手段，力促以城市群的健康发展推动区域的协调发展。

第一阶段（形成伦敦都市经济圈）。英国伦敦城市群的核心城市伦敦，位于泰晤士河出海口，海运便利，是英国产业革命的发祥地。1957~1971年，伦敦进行了多轮的结构调整和重组，通过成立负责区域协调发展的总体管理机构——大伦敦议会，通过法案设立大都市县等，形成了由内伦敦、大伦敦、标准大城市劳务区、伦敦大都市经济圈四个圈层构成的都市经济圈，总面积达1.1万平方公里，总人口达1200万人。

第二阶段（构建伦敦多中心城市格局）。21世纪初，伦敦成立"大伦敦市政府"，研究制定了伦敦的发展战略规划，并于2004年新编制了伦敦空间发展战略规划，提出在东部的泰晤士河口地区建设新的城市中心，以及在20年里新增住宅及工作机会的目标，要将其发展成为区域经济增长与复兴的重要增长极，推动伦敦多中心城市格局的形成。

第三阶段（城市空间高质量发展）。2004 年制定的"市域发展战略"提出，要加强对中心区，尤其是中央活动区的开发力度，并结合伦敦实际划分了"有开发机会的地区""需要加大开发强度的地区"和"需要进行城市振兴的地区"。通过实施"强化中心、照顾东部、侧重交通走廊"的空间发展战略及相关的配套政策措施，伦敦城市空间布局得到进一步优化。特别是坚持以交通为先导，修建多条轨道交通干线、海峡铁路隧道线等，使中心城区、副中心和新城之间建立了有效快捷的连接，为城市人口与产业空间布局的进一步调整优化创造了良好的基础设施条件，伦敦逐步发展成为了紧凑型增长的城市。

（二）发展现状

英国伦敦城市群目前形成了分工明晰、相对完备的产业体系，集中了英国八成的经济总量。一方面，核心城市伦敦的银行保险等金融服务业和创意、文化、教育、旅游等第三产业发达。其中，金融业汇集了以英格兰银行为代表的一批历史悠久、实力雄厚的金融机构，市场规模堪称世界第一。同时，伦敦的保险市场也是世界上最大的保险业中心。另外，实施"创意伦敦"战略，伦敦大力度扶持高附加值的创意产业发展，将其打造成为仅次于金融业的第二大支柱产业。另一方面，三大城市产业发展各具特色。伯明翰是英国重要的重工业中心，承接了大批伦敦及其他城市转移的工业产业，着重打造英国的现代化制造业中心。利物浦是英国重要的客货运港口，造船业发达，轻工业和通信产业也发展迅速。曼彻斯特是英国主要的工业中心和商品集散中心，电子、化工和印刷业比较发达，同时也拥有发达的金融业。

第二节 国外城市群运行中存在的突出问题

国外典型城市群在发展过程中存在着跨区域协调面临重重困难、制度性障碍制约规划实施、各类"大城市病"日益凸显等问题，只有积极吸取其发展过程中出现的教训，才能有效避免我国城市群高质量发展走国外典型城市群发展走过的"老路"。

一、跨区域协调面临重重困难

包括美国大西洋沿岸城市群、法国巴黎城市群和英国伦敦城市群等在内的城市群在运行过程中均面临着跨区域协调难度大的问题。为有效应对这一难题，英国伦敦城市群主要依靠加强顶层设计，由中央政府发挥牵头作用，组建高层次的行政协调中心，自上而下实现对其他地方行政中心的指导。但在实际运作中，政府主导的协同模式并不意味着政府是唯一的治理主体，伦敦城市群的协调过程中，英国民间社会组织也是重要的参与主体；法国巴黎城市群采取独特的自治协同模式，即在政府现有组织架构的基础上，由城市群各主体自主协商建立半官方性质的协同管理机构市（镇）联合体委员会及配套的体制机制。市（镇）联合体委员会通过平等磋商、有效对话等措施，推动城市群各项政策的执行，促进区域内部的利益平衡及协调发展。美国多是通过组建地方政府联合组织或设立功能单一的特别区管理机构来解决跨区域协调问题。其中，地方政府协会等地方政府联合组织是半官方性质的城市联合管理体系，而特别区管理机构则是各主体之间的一种松散联合。

二、制度性障碍制约规划实施

日本太平洋沿岸城市群运行中存在的突出问题，是日本土地私有的制度限制了城市规划的顺利实施。尤其是1985年，日本首都圈建设委员会在学习借鉴大伦敦区规划的基础上，制定出第一轮首都圈建设规划。其中，一项重要建设内容是环绕东京建设一条5~10公里的绿化带，用于控制城市的无序蔓延，改善市区的人居和生态环境。但由于日本土地是私有制度，导致绿化带的构想未能得到贯彻实施。因此，在日本城市群的建设发展过程中，如何处理公权与私权的冲突是一个亟待解决的问题。如果对私权的理解过于狭隘化、绝对化，必定会对妨碍规划的顺利实施，会对城市群整体利益产生一定的负面影响。

三、各类"大城市病"日益凸显

城市群日益壮大后，中心城市在空间上对外部区域产生超强的虹吸效应，引发一些长期存在的"大城市病"，成为影响城市群运行的突出问题。例如，"二战"后的法国巴黎城市群，传统的同心圆发展模式导致巴黎中心城区过度集中，产业、人口的持续集聚，引发严重的交通拥堵、住房短缺、地价攀升，规模庞大的重工业导致城市生态破坏、环境污染问题突出。同时，巴黎与城市群其他城市之间的经济发展不平衡问题也日益凸显，为城市群的管理和区域协调发展带来较大困难。针对这些突出问题，法国政府先后采取"工业分散""反磁力中心"及建设卫星城等策略，疏解中心城区人口和产业压力。伦敦的过度膨胀也成为英国伦敦城市群发展过程中面临的突出问题。伦敦城市空间结构长期采用单中心为主的模式，在历次规划调整时，为分散市中心人口与就业压力，均尝试建设新的城市中心，但由于目标不明确未得到有效实施。直到 2004 年，由大伦敦政府主导编制的伦敦空间发展战略规划，提出在泰晤士河口地区建设新的城市中心，提供新建住宅和新的就业机会，才促使伦敦多中心发展格局的逐步形成，疏解了中心城区的巨大压力。

第三节　国外城市群建设发展的经验借鉴

从国外著名城市群的发展历程与现状来看，城市群是多城市聚集产生的形态，是城市发展到成熟阶段的产物，城市群的形成需要较高的工业化水平作为动力，发达的交通网络设施作为支撑，核心城市的辐射效应作为带动，政府的规划和政策支持作为保障。

一、充分发挥科学规划的指引作用

要促进城市群的健康持续发展，需在综合考虑城市群的发展定位、发展目标、功能布局、产业分工、基础设施建设及生态环境保护等问题的基础上，做好城市群发展的总体规划和顶层设计。坚持在科学规划的指引下，调整和协调城市群内部各个城市的行动，打破城市群内部行政区划的局限，通过市场机制调节和政府调控，促进城市之间分工明确、错位发展，在凸显各个城市特色的同时，避免资源浪费和无序竞争，发挥整体的优势，实现共享共赢。

（一）成立专门组织负责规划制定

由于城市群包含若干个城市，且城市的行政级别可能会存在差异，需要在省级政府（省内城市群）或国家发改委等部门（跨省城市群）的指导协调下，建立市长联席会议制度，研究城市群发展的一系列重大问题，成立专门组织或委托某一机构负责城市群规划的编制问题。同时，在规划的制定过程中要鼓励社会各界和企业等积极参与。例如，美国大西洋沿岸城市群早在 20 世纪上半叶就成立了独立的非营利性质的地方规划组织——纽约区域规划协会，在规划制定过程中发挥了重要的作用。该学会在与政府部门保持密切联系的同时，还与美国规划学会、美国公共管理学会、林肯土地政策研究中心等学术团体或研究机构广泛交流，确保了规划制定的科学性和可行性。法国政府则通过制定《巴黎国土开发计划》《巴黎地区整治规划管理纲要》《巴黎大区国土开发与城市规划指导纲要》《大巴黎计划》等一系列规划性质的法律文件来指导巴黎城市群的发展。

（二）建立相关规划协调衔接机制

为促进城市群规划的顺利实施和城市之间的协调发展，政府要着手建立相关的协调机制，做好规划之间的衔接工作。一是要做好上位规划与下位规划的衔接。做到省级规划和各市规划协调统一、各有侧重、相互不同。二是要做好城市之间规划的衔接。各个城市在城市群总体框架下，按照平等协商的原则，加强城市间总体规划及有关重大专项规划之间的衔接。在编制规划可能对相邻城市造成影响的，应当充分征求这些城市的意见，并对意见采纳情况作出说明，尤其还是城市相邻的边界地区的开发建设问题。可结合实际，引导城市群内部城市沿轴带状发展，形成经济走廊。要注重生产空间、生活空间、生态廊道的科学布局，改善区域生态环境，提升周边城市承接核心城市生产、生活功能转移的能力。三是要做好各类规划之间的协调。各级政府要处理好上级规划和本级规划、近期与长远、经济建设与城市发展、生态环境保护等一系列问题。

（三）加强规划的硬性约束作用

发达国家普遍具有深厚的法治基础，一些国家通过制定专项法律，保障区域规划机构的法定地位和规划的权威性，避免一些行政短期行为或人为因素破坏城市群的协调发展。我国现行与城市规划相关的法律《城市规划法》，部分规定是原则性要求，缺乏可操作性。因此，把城市群建设纳入正式的法治轨道，以立法的方式确保城市群规划的一系列谋划布局得以顺利实现，是推动城市群协同治理的当务之急。例如，通过立法手段强化一些区域协调机构的法律地位，明确其决策权限及运行规范等；制定城市群发展条例等区域一体化的合作规则；运行法律手段保障城市群总体规划的有效落实，约束城市群内部各个城市在区域合作中的一些非理性行为，促进整体合力的发挥等。

二、构建有效的区域协调发展机制

国外城市群长期建设发展的经验表明，在行政分割的背景下，协调机制缺失是阻碍区域一体化发展的关键因素。因此，众多发达城市群都在试图打破行政壁垒，建立协调机制促进一体化发展，提高城市群的整体竞争力。

（一）市场机制和政府调控有机结合

城市群各城市间的资源禀赋不同，在交通优势、技术优势等多方面存在差异，要充分发挥市场机制的作用，驱动各城市的人才、科技、资金等要素自由流通，促进各类资源的合理配置及区域的协同发展。但在市场难以发挥的领域，需要政府进行合理的宏观调控。结合国内外城市群的经验，政府调控要将重点放在共同行为规则的制定、跨地界的基础设施建设、共有资源的利用、生态环境保护等方面，可结合实际采用经济、法律、政策和社会等多种手段，要注意强制性、指导性和协商性等不同层次、不同力度的调控方式的综合运用。

（二）加快城市群公共服务一体化发展

发达国家城市群的发展经验表明，相近城市间可以分享劳动力、技术和市场的最终产品，区域内部基础设施互联互通、资源利用和环境保护措施相衔接等，能有效地推动内部企业和行业的正外部性转移为城市群正外部性。一是做大做强做优核心城市。集中城市群的总体优势，将中心城市打造成区域高质量发展的重要增长极、深化开放合作的战略高地、转变发展方式的先导区和体制机制创新与自主创新的示范区。二是积极培育节点城市。打造梯次结构合理的城镇体系，加快培育节点流通城市，提升城市群腹地城市的实力，促进区域内部均衡发展。三是推进基础设施共建共享一体化。按照"体系统一、无缝衔接、公平高效、共享发展"的原则，以多元投入机制、合理的利益平衡机制为支撑，整合内部公共服务的优质资源，推进资源互通共享、生态环境保护与公共服务对接，促进产业、人口和创新要素在区域内自由流动，推动城市群内各类配套设施与服务一体化。

（三）构建科学有效的利益协调机制

城市群通过打破行政区划的局限，促进要素和产品市场一体化、基本公共服务和社会管理一体化、产业空间布局一体化、生态建设和环境治理一体化等，使得城市之间合作的整体利益大于局部利益之和。但行政区划带来的城市间相对独立和利益分割，导致城市群内部的协调管理面临较大困难。在国外城市群的发展实践中，多是通过设置高于城市群内部区域行政级别的机构，在更高层次上构建协调机制，常见的协调方式主要有"双层行政式"和"府际联席式"。例如，美国通过成立城市政府协会，制定城市政府协议来确保城市群协调发展；英国则是有大伦敦行政机构协调等方式。

具体到我国的城市群，可探索建立纵横结合的区域协调管理体制。一方面，纵向对于跨省的城市群治理，可考虑建立由国务院领导和有关省份主要领导组成的协调领导小组作为最高决策机构，负责城市群各省份之间的横向协调与联系，共同商定分工定位、产业布局、基础设施建设、环境保护等重要问题。另一方面，横向针对重要的协调领域，可成立各种专业委员会和工作小组。例如，针对重大基础设施建设、生态环境保护等领域组建跨部门、跨地区的工作小组，由各城市相关部门的主要负责人组成，并邀请高校、研究机构的专家学者广泛参与，针对特定的公共事务问题进行决策研究与落实协调。

（四）建立健全社会公众参与机制

城市群发展涉及政府、企业、社会公众等多元利益群体，其利益诉求既有重叠又有冲突。这些利益群体能否在符合城市群整体发展目标的前提下，通过对话协调达成共同决议，对城市群的发展起到至关重要的作用。国外发达国家充分发挥非政府组织的力量，参与到城市群的建设发展当中。其中，民间社会团体是非常重要的公众参与主体，它们通过成立区域联盟、发展协会、城市论坛等方式，在推动城市群达成共识、深化交流、促进区域一体化方面发挥着重要的作用。我国城市群的发展，要增进地方政府与企业、民间社会团体等非政府组织的良性互动，通过社会主体的广泛参与，有效提高城市群治理的效率，协调各方的合理利益诉求，形成政府、市场和社会广泛参与的区域协调发展新格局。

三、引导各城市合理分工错位发展

城市群内部的各个城市均有自我发展的强烈冲动，如果不进行合理引导和有效调控，高涨的投资热情、重复性建设和恶性竞争，会削弱区域的整体竞争力。因此，政府要引导城市发挥自身优势，合理分工、错位发展，实现城市群整体利益最大化。

国外城市群发展的经验表明，城市群内部进行合理的产业分工，在整体协调的前提下各城市基于自身资源和产业基础，专注于培养自身核心竞争力，有助于推动整个城市群成长为富有竞争力的区域。一是城市群结合国家战略实施，根据自身资源、产业等优势及周边区域的发展情况，制定具有前瞻性、科学性的产业发展规划，即在充分分析区域及国内外的资源与市场，对产业类型进行优化筛选的基础上，对城市群内部各个城市进行专业分工、产业融合和技术联动，推进城市群产业一体化发展。要引导城市群各城市主动对接城市群产业发展战略，专注于自身优势主导产业的发展，提高产业的集聚度和规模效益，形成合力推动城市群产业优势的不断提升。二是加大城市群主导产业关键技术与核心技术的投入，突破关键环节的技术瓶颈，带动城市群整个产业链的创新。要促进技术创新要素合理流动、技术成果共享、区域协同创新及科技创新评价等机制体制的创新，搭建以城市群为载体的区域创新平台，为技术外溢与扩散创造良好条件，推动协同创新与技术成果的共享，推动城市群技术创新资源的集聚与积累。

四、多措并举综合防治"大城市病"

（一）合理疏解中心城市非核心功能

从国内外城市群的发展历程来看，针对大城市高度发展以后，人口密度过大、产业过剩、交通拥挤、环境恶化等"城市病"凸显的问题，多是通过逐步向腹地城市、卫星城疏解部分人口和产业、强化核心功能的发展等，在促进中心城市继续做大做强做优的同时，推动城市群多中心格局的发展。疏解中心城市非核心功能的关键，除了要加强城市群内部公共服务一体化发展之外，还要不断完善交通网络体系，打通中心城市与副中心城市、其他城市的空间连接，方便人口、资源、产业的进出；构建利益补偿或共享机制，即通过制定专项政策、财政转移支付等手段，给予承接核心城市转移功能、利益受到影响的城市一定的补偿，如洛杉矶探索建立了次中心城市的税收共享机制。

（二）坚持绿色发展强化生态建设

加强城市协作，探索建立环保一体化机制。探索资源环境承载能力监测预警、自然资源资产负债表等重点改革。探索建立以成本为导向的有效疏解机制与生态补偿机制，建立包括核心城市发展所增加的跨区域调水、关停周边企业与生态建设等在内的成本核算与补偿机制。借鉴英国伦敦城市群的成功经验，以一套合理的制度安排保障区域内城市的绿色空间，建立起生态补偿机制。政府建立"绿色基金"，用于生态防护林、节水农业、退耕还林还草等生态项目的建设，构筑绿色生态屏障。地方政府横向财政转移支付制度，用于扶持因保护上游水源损失产业发展的机会成本。利用大数据建立动态监测体系，严密监控诸如土地资源的合理有效利用、生态环境保护等措施的实施，及时发现一些违法违规问题，有效破解城市群内部土地浪费、城市无序扩张、生产生活空间混乱、生态环境恶化等一系列问题。

第四章　我国城市群运行效率的
评估体系和综合测度

建立我国城市群运行效率的评估指标体系，构建评估综合测度模型，才能更好地发现我国城市群运行效率的真实状况，识别关键影响因素，才能更好地提出我国城市群运行效率提升、高质量发展的实施路径。

第一节　效率评估方法选择

效率评估方法主要有数据包络分析法、Malmquist 生产率指数、TOPSIS 综合评价法等方法。

一、运行效率评估方法

（一）数据包络分析法

效率评估方法分为非参数方法和参数方法两大类。其中，数据包络分析属于非参数方法，利用线性规划的数学过程评价决策单元的相对效率。随机前沿分析（Stochastic Frontier Analysis，SFA）属于参数方法，利用生产函数精确模拟评价对象的绝对效率。综合来看，DEA 通过比较决策单元偏离 DEA 前沿面的程度来评价其相对有效性，建模的灵活性更大，是处理多投入和多产出决策单元效率问题的有效方法，较适用于城市群这类复杂经济系统的效率评价。其中，投入导向 CCR 模型的线性规划如下：

$$\begin{cases} \max \sum_{r=1}^{q} u_r y_{rk} \\ \text{s. t. } \sum_{r=1}^{q} u_r y_{rj} - \sum_{i=1}^{m} v_i x_{ij} \leqslant 0 \\ \sum_{i=1}^{m} v_i x_{ik} = 1 \end{cases} \quad (4-1)$$

$$v \geqslant 0; \ u \geqslant 0$$

$$i = 1, \ 2, \ \cdots, \ m; \ r = 1, \ 2, \ \cdots, \ q; \ j = 1, \ 2, \ \cdots, \ n$$

产出导向的 SBM 模型的线性规划如下：

$$\begin{cases} \min \rho = \dfrac{1}{1 + \dfrac{1}{q} \sum_{r=1}^{q} s_r^+ / y_{rk}} \\ \text{s. t. } X\lambda \leqslant x_k \\ Y\lambda - s^+ = y_k \\ \lambda, \lambda, s^+ \geqslant 0 \end{cases} \quad (4-2)$$

综合技术效率又可分解为纯技术效率×规模效率，即：

$$TE = PTE \times SE \quad (4-3)$$

其中，TE 为综合技术效率，PTE 为纯技术效率，SE 为规模效率。

（二）Malmquist 生产率指数

DEA 方法只能在同一时间截面对各城市群的投入产出效率进行比较，基于 DEA 的 Malmquist 生产率指数方法，可对各城市群投入产出效率的历史演化作更深入的分析，还可大大减轻数据质量对计算结果的影响。其计算表达式为：

$$MI_{t+1} = \sqrt{\frac{D_{t+1}(x_{t+1}, y_{t+1})}{d_{t+1}(x_t, y_t)} \times \frac{D_t(x_{t+1}, y_{t+1})}{d_t(x_t, y_t)}} \quad (4-4)$$

其中，$D_{t+1}(x_{t+1}, y_{t+1})$ 表示 $t+1$ 期的决策单元与 t 期生产前沿面的距离，即以 t 期的所有决策单元构造生产前沿面来衡量 $t+1$ 期某一决策单元的效率。$MI_{t+1} > 0$，$MI_{t+1} > 1$，表示效率提高；$MI_{t+1} < 1$，表示效率降低；$MI_{t+1} = 1$，表示效率不变。其中：

$$TFPC = EC_{CRS} \times TC_{CRS} \quad (4-5)$$

TFPC、EC、TC 分别为全要素生产率、综合技术效率变化、技术变化，根据效率的关系，式（4-5）又可分解为：

$$TFPC = PTEC_{VRS} \times SEC_{CRS, VRS} \times TC_{CRS} \quad (4-6)$$

其中，PTEC、SEC 分别为纯技术效率和规模效率在时间 t 和 t + 1 之间的变化指数，下标为 VRS 表示规模报酬可变，下标为 CRS 表示规模报酬不变。

TFPC、EC、PTEC、SEC 和 TC 分别代表全要素生产率变化指数、综合技术效率变化指数、纯技术效率变化指数、规模效率变化指数和技术进步变化指数，各指数均以 1 为分界线，大于 1 表明效率上升，小于 1 则效率下降。TFPC 主要受效率和技术水平的影响，TC、PTEC、SEC 分别表示城市群生产技术进步、要素资源配置效率、集聚度提高所引致的效率提高，EC 总体反映城市群要素资源配置和规模集聚效率的变化。城市群层面的技术一般不存在退步的情况，但现实中由于边际生产效率递减、管理不善等原因也会造成生产技术进步的贡献远低于技术效率、规模效率等的贡献，甚至出现技术退步的情况。

（三）TOPSIS 综合评价法

综合评价法是建立在专家评价法基础上的一种重要的综合评价方法。首先根据评价目的及评价对象的特征选定必要的评价指标，逐个指标定出评价等级，每个等级的标准用分值表示。然后以恰当的方式确定各评价指标的权数，并选定累计总分的方案以及综合评价等级的总分值范围，以此为准则，对评价对象进行分析和评价，以决定优劣取舍。综合评价有许多不同的方法，如综合指数法、TOPSIS 法、层次分析法、RSR 法、模糊综合评价法、灰色系统法等。

TOPSIS 法对资料无特殊要求，使用灵活简便，应用广泛。基本思想是基于归一化后的原始数据矩阵，采用余弦法找出有限方案中的最优方案和最劣方案（分别用最优向量和最劣向量表示），然后分别计算各评价对象与最优方案和最劣方案间的距离，获得各评价对象与最优方案的相对接近程度，以此作为评价优劣的依据。其基本步骤如下：

步骤一：指标属性趋同化处理。

可将低优指标和中性指标全转化为高优指标 x_{ij}^*。

$$x_{ij}^* = \begin{cases} x_{ij} \\ 1/x_{ij} \\ M / [M + | x_{ij} - M |] \end{cases}$$

其中，x_{ij}^* 为高优指标，$1/x_{ij}$ 为低优指标，$M / [M + | x_{ij} - M |]$ 为中性指标，并适当调整（扩大或缩小一定比例）转换数据。

步骤二：趋同化数据的归一化。

$$z_{ij} = \begin{cases} \dfrac{x_{ij}}{\sqrt{\sum\limits_{i=1}^{n} x_{ij}^2}} & \text{原高优指标} \\[4mm] \dfrac{x'_{ij}}{\sqrt{\sum\limits_{i=1}^{n} x'^2_{ij}}} & \text{原低优指标或中性指标} \end{cases}$$

由此得到归一化处理后的矩阵 Z：

$$Z = \begin{bmatrix} z_{11} & z_{12} & \cdots & z_{1m} \\ z_{21} & z_{22} & \cdots & z_{2m} \\ \cdots & \cdots & \vdots & \cdots \\ z_{n1} & z_{n2} & \cdots & z_{nm} \end{bmatrix}$$

步骤三：确定最优方案和最劣方案。

最优方案 z^+ 由 Z 中每一列中的最大值构成：

$$Z^+ = (\max Z_{i1}, \ \max Z_{i2}, \ \cdots, \ \max Z_{im})$$

最劣方案 z^- 由 Z 中每一列中的最小值构成：

$$Z^- = (\min Z_{i1}, \ \min Z_{i2}, \ \cdots, \ \min Z_{im})$$

步骤四：计算每一个评价对象与 z^+ 和 z^- 的距离 D_i^+ 和 D_i^-：

$$D_i^+ = \sqrt{\sum_{i=1}^{m} (\max \ Z_{ij} - Z_{ij})^2}$$

$$D_i^- = \sqrt{\sum_{i=1}^{m} (\min \ Z_{ij} - Z_{ij})^2}$$

步骤五：计算各评价对象与最优方案的接近程度 C_i：

$$C_i = \frac{D_i^-}{D_i^+ + D_i^-}$$

其中，$0 \leqslant C_i \leqslant 1$；$C_i \to 1$，表明评价对象越优。

步骤六：按 C_i 大小排序，给出评价结果。

二、效率评价对象和数据来源

选取京津冀、长三角、珠三角、中原、长江中游、山东半岛、辽宁半岛、哈长、海西、关中、成渝 11 个典型城市群作为研究样本。本部分数据来源于 2002 ~ 2017 年的《中国城市统计年鉴》。

三、效率评价原则和过程

从投入产出的角度来看，城市群综合运行效率评价的核心是以尽可能少的资源要素投入，获取尽可能大的发展成效。投入产出指标的选取应遵循投入的数值越小越好的原则、产出的数值越大越好的原则，投入产出指标数量宜少，以投入与产出指标之和小于决策单元总数的 1/3 为宜，量纲、单位不要求一致，可同时采用比例和非比例数据等经验原则。

以 2001~2016 年为研究时段，采用劳动、资本、土地、生态、科技和经济等要素，在全要素生产率分析框架下，通过数据包络分析方法静态评价时间截面的城市群投入产出效率，进而运用 Malmquist 生产率指数法动态分析城市群 TFP 年际变化，最后运用 TOPSIS 法进行效率的综合评价并排序。

第二节　分维度测评我国城市群的运行效率

我们主要从经济运行效率、资源利用效率、生态环境效率、社会发展效率四个维度来评估我国城市群的运行效率。

一、经济运行效率

结合我国城市群经济发展水平，以及国内学者对指标体系构建过程的经验，遵循数据的科学性、可获得性、全面性等原则，建立城市群经济运行的投入产出指标体系，以 GDP 为产出指标，以公共财政支出、当年实际利用外资金额、社会消费品零售总额为投入指标，对我国 11 个城市群的经济运行效率进行实证测度和分解。

表 4-1　城市群经济运行效率的投入产出指标体系

类别	指标
投入指标	公共财政支出、当年实际利用外资金额、社会消费品零售总额
产出指标	GDP

（一）静态测度

利用 Windows 模型，窗口 d = 2（2015～2016 年），对我国东中西部地区 11 个城市群 2016 年的经济运行效率进行静态测算及分解，具体评价效率值如表 4 - 2 所示。

表 4 - 2　2016 年东中西部地区 11 个城市群经济运行效率分解及规模报酬情况

序号	城市群（DMU）	综合技术效率（TE）	纯技术效率（PTE）	规模效率（SE）	规模报酬
1	京津冀	1	1	1	Constant
2	长三角	0.931619	1	0.931619	Decreasing
3	珠三角	1	1	1	Constant
4	中原	0.846714	0.890022	0.951341	Decreasing
5	长江中游	0.892505	0.911842	0.978794	Decreasing
6	山东半岛	0.884257	1	0.984257	Decreasing
7	辽宁半岛	0.893001	0.916626	0.974226	Decreasing
8	哈长	0.760978	0.797601	0.954083	Increasing
9	海西	0.926015	1	0.926015	Decreasing
10	关中	0.876778	0.892345	0.982555	Increasing
11	成渝	0.852731	0.853183	0.999471	Increasing

从表 4 - 2 可以看出，2016 年，我国 11 个城市群经济运行效率呈现以下特点：京津冀、珠三角无论是纯技术效率还是规模效率都是最高的，为有效的单元，长三角、海西、山东半岛 3 个城市群的纯技术效率最高，为有效的单元，中原、长江中游、辽宁半岛、哈长、关中、成渝这 6 个城市群为无效单元。其中，哈长、关中、成渝 3 个城市群处于规模报酬递增状态，表明这 3 个城市群还没达到最优生产规模，正处于快速集聚阶段。长三角、中原、长江中游、山东半岛、辽宁半岛、海西这 6 个城市群已经超过最优生产规模阶段。京津冀、珠三角目前处于规模报酬不变阶段。

（二）动态测度

运用 Windows - Malmquist 模型对我国 11 个城市群 2001～2016 年的经济运行效率进行动态测度，结果如表 4 - 3 所示。

表4-3 2001~2016年我国东西部地区11个城市群的经济运行效率

序号	城市群（DMU）	综合技术效率（TE）	技术变化（TC）	技术效率变化（EC）	纯技术效率变化（PEC）	规模效率变化（SEC）	Malmquist指数（MI）
1	京津冀	1	1	1.003368	1.074273	0.933997	1.003368
2	长三角	1	1	0.887393	1	0.887393	0.887393
3	珠三角	1	1	1.080554	1.187134	0.910221	1.080554
4	中原	0.711753	1	0.711753	0.890022	0.799703	0.711753
5	长江中游	0.761943	1	0.959814	1.000464	0.959369	0.959814
6	山东半岛	0.716581	1	0.716581	1	0.716581	0.716581
7	辽宁半岛	0.915924	1	1.193155	1.251418	0.953442	1.193155
8	哈长	0.625549	1	0.625549	0.720007	0.868810	0.625549
9	海西	0.719838	1	0.820992	1.005452	0.816540	0.820992
10	关中	0.686033	1	0.769490	0.828860	0.928371	0.769490
11	成渝	0.720464	1	0.826208	0.976157	0.846388	0.826208

从表4-3可以看出，2001~2016年，京津冀城市群、长三角城市群、珠三角城市群的综合技术效率均为1，为有效决策单元。其他城市群为无效决策单元，城市群的综合技术效率从大到小依次为辽宁半岛城市群、长江中游城市群、成渝城市群、海西城市群、山东半岛城市群、中原城市群、关中城市群、哈长城市群。

总体上，2001~2016年，我国11个城市群的技术没有发生变化，纯技术效率的上升幅度大于规模效率的上升幅度，表明这11个城市群的技术水平效率较高，技术效率对城市群经济增长的作用比较明显。

具体地，2001~2016年，辽宁半岛城市群、珠三角城市群、京津冀城市群Malmquist指数均大于1，说明这3个城市群的全要素生产率呈现上升趋势。长江中游城市群、长三角城市群、成渝城市群、关中城市群、哈长城市群、海西城市群、山东半岛城市群、中原城市群Malmquist指数小于1，说明其全要素生产率呈现下降趋势。从分解全要素生产率变化指数均值结果来看，辽宁半岛城市群、珠三角城市群、京津冀城市群全要素生产率上升的主要原因是由于技术效率的变化，分别增长了19.32%、8.06%、0.34%。Malmquist指数最低的是哈长城市群，Malmquist指数全要素生产率为0.625549，其技术效率下降37.45%，规模效率下降13.12%，技术效率利用程度低和规模效率下降是导致哈长城市群全要素生产率位居11个城市群末位的主要原因。

二、资源利用效率

结合我国城市群资源利用现状和基础条件，以及国内学者对指标体系构建过程中的经验，遵循数据的科学性、可获得性、全面性等原则，建立城市群资源利用的投入产出指标体系，以 GDP 为产出指标，以劳动、资本、土地为投入指标，运用 DEA Windows – Malmquist 模型，对我国 11 个城市群的资源利用效率进行实证测度和分解。其中，资本投入选取固定资产投资总额；劳动投入选取各地区从业人员期末人数；土地投入选取建成区面积（见表 4 – 4）。

表 4 – 4 城市群资源利用效率的投入产出指标体系

类别	指标
投入指标	固定资产投资总额、地区从业人员期末人数、建成区面积
产出指标	GDP

（一）静态测度

利用 Windows 模型，窗口 d = 2（2015 ~ 2016 年），对我国 11 个城市群 2016 年的资源利用效率进行静态测算及分解，具体评价效率值如表 4 – 5 所示。

表 4 – 5 2016 年我国 11 个城市群资源利用效率分解及规模报酬情况

序号	城市群（DMU）	综合技术效率（TE）	纯技术效率（PTE）	规模效率（SE）	规模报酬
1	津京冀	1	1	1	Constant
2	长三角	1	1	1	Constant
3	珠三角	1	1	1	Constant
4	中原	0.791351	0.813025	0.973342	Increasing
5	长江中游	0.939759	0.945566	0.993858	Increasing
6	山东半岛	0.738472	0.738514	0.999943	Increasing
7	辽宁半岛	1	1	1	Constant
8	哈长	0.88908	0.920733	0.965623	Increasing
9	海西	0.899125	0.973238	0.92385	Increasing
10	关中	0.689945	1	0.689945	Increasing
11	成渝	0.696804	0.700239	0.995094	Increasing

从表4－5可以看出，2016年，我国11个城市群资源利用效率呈现以下特点：京津冀城市群、长三角城市群、珠三角城市群、辽宁半岛城市群无论是纯技术效率还是规模效率都是最高的，为有效的单元，中原城市群、长江中游城市群、山东半岛城市群、哈长城市群、海西城市群、关中城市群、成渝城市群7个城市群为无效单元，并且这7个城市群都处于规模报酬递增状态，表明这7个城市群还没达到资源利用的最优生产规模，正处于规模快速集聚阶段。此外，关中城市群的纯技术效率为1，表明关中城市群的管理和技术达到较高的水平，技术生产效率处于最优状态。

（二）动态测度

运用 Windows－Malmquist 模型对我国11个城市群2001～2016年的资源利用效率进行动态测度，结果如表4－6所示。

表4－6　2001～2016年我国11个城市群资源利用效率

序号	城市群（DMU）	综合技术效率（TE）	技术变化（TC）	技术效率变化（EC）	纯技术效率变化（PEC）	规模效率变化（SEC）	Malmquist指数（MI）
1	京津冀	1	2.074561	1	1	1	2.074561
2	长三角	1	1.882288	1.096827	1	1.096827	2.064544
3	珠三角	1	1.926862	1.052128	1.001422	1.050634	2.027307
4	中原	0.808128	1.806720	0.808128	0.860589	0.939041	1.460060
5	长江中游	0.939759	1.872331	1.150840	1.124965	1.023001	2.154754
6	山东半岛	0.767747	1.515259	1.434056	1.238175	1.158201	2.172966
7	辽宁半岛	1	1.636332	1.097471	1	1.097471	1.795828
8	哈长	0.889080	2.001801	0.980963	1.011413	0.969894	1.963693
9	海西	0.899125	1.850754	0.899125	1	0.899125	1.664060
10	关中	0.689945	1.868295	1.112754	1	1.112754	2.078953
11	成渝	0.696804	1.892276	0.968327	0.944356	1.025383	1.832342

从表4－6可以看出，2001～2016年，京津冀城市群、长三角城市群、珠三角城市群和辽宁半岛城市群的综合技术效率为1，为有效决策单元。其他城市群为无效决策单元，城市群的综合技术效率从大到小依次为长江中游城市群、海西城市群、哈长城市群、中原城市群、山东半岛城市群、成渝城市群、关中城市群。

总体来看，2001～2016年，我国11个城市群 Malmquist 指数均大于1，说明这一时期我国11个城市群的全要素生产率均呈现上升趋势。从分解全要素生产率变化指数均值结果来看，11个城市群全要素生产率上升的主要原因是因为技术变化，动态变化平均值为1.847953，增长了84.80%；技术效率动态平均值为1.0521281，上升了5.21%，其中，纯技术效率动态平均值为1，没有发生变化，规模效率的动态均值为1.025383，上升了2.54%。从结果来看，技术变化的动态幅度大于技术效率的变动幅度，纯技术效率的上升幅度小于规模效率的上升幅度，表明11个城市群在此期间规模效率较高，规模效率对城市群经济增长的作用比较明显。

具体地，11个城市群中全要素生产率最高的是山东半岛城市群，其次是长江中游城市群、关中城市群、京津冀城市群、长三角城市群、珠三角城市群，其Malmquist指数均大于2。山东半岛城市群的全要素生产率指数变动上升了117%，其中技术变化动态平均值上升了51.53%，技术效率的动态均值上升了43.41%，表明山东半岛城市群的全要素生产率总体的提高主要是因为技术的改进。Malmquist指数最低的是中原城市群，Malmquist指数全要素生产率为1.46006，其技术变化上升了80.67%，技术效率下降了19.19%，规模效率下降了6.10%，技术效率利用程度低和规模效率下降导致中原城市群全要素生产率位居11个城市群末位。

三、生态环境效率

生态环境效率是实际污染排放和潜在污染排放的一种度量，代表在一定的投入要素和产出条件下，实际污染排放和最小污染排放所差的距离。运用基于非期望产出的DEA-SBM模型测量和评价我国11个城市群2001~2016年的生态环境效率，构建了包含投入、期望产出和非期望产出的指标体系。各指标及其解释如下：①劳动投入指标：选取劳动力数量即城市群当年的年末从业人数作为劳动力投入指标。②资本投入指标：采用固定资产投资。③期望产出指标：采用GDP。④非期望产出指标：采用工业废水排放总量（见表4-7）。

表4-7　城市群生态环境效率的投入产出指标体系

类别	指标
投入指标	当年的年末从业人数、固定资产投资
期望产出指标	GDP
非期望产出指标	工业废水排放总量

（一）静态测度

利用 Windows – SBM 模型（可分），窗口 d = 2（2015～2016 年），对我国 11 个城市群 2016 年的生态环境效率进行静态测算及分解，具体评价单位效率值如表 4 – 8 所示。

表 4 – 8　2016 年我国 11 个城市群生态环境效率分解及规模报酬

序号	城市群（DMU）	综合技术效率（TE）	纯技术效率（PTE）	规模效率（SE）	规模报酬
1	京津冀	1	1	1	Constant
2	长三角	1	1	1	Constant
3	珠三角	1	1	1	Constant
4	中原	0.482834	0.485509	0.994491	Increasing
5	长江中游	0.642900	0.688345	0.933979	Decreasing
6	山东半岛	1	1	1	Constant
7	辽宁半岛	0.740790	1	0.740790	Decreasing
8	哈长	0.262311	0.287897	0.911127	Decreasing
9	海西	0.548520	0.557634	0.983656	Increasing
10	关中	0.495945	1	0.495945	Increasing
11	成渝	0.585714	1	0.585714	Increasing

从表 4 – 8 可以看出，2016 年，我国 11 个城市群生态环境效率呈现以下特点：京津冀城市群、长三角城市群、珠三角城市群、山东半岛城市群无论是纯技术效率还是规模效率都是最高的，为有效的单元，辽宁半岛城市群、关中城市群、成渝城市群的纯技术效率最高，为有效的单元。中原城市群、长江中游城市群、哈长城市群、海西城市群为无效单元。其中，京津冀城市群、长三角城市群、珠三角城市群、山东半岛城市群处于规模报酬不变状态，中原城市群、海西城市群、关中城市群、成渝城市群处于规模报酬递增状态，表明这 4 个城市群还没达到最优生产规模。长江中游城市群、辽宁半岛城市群、哈长城市群已经超过最优生产规模阶段。

（二）动态测度

运用 Windows – Malmquist 模型对我国 11 个城市群 2001～2016 年的生态环境效率进行动态分析，得到测算结果如表 4 – 9 所示。

表 4 - 9　2001～2016 年我国 11 个城市群生态环境效率

序号	城市群（DMU）	综合技术效率（TE）	技术变化（TC）	技术效率变化（EC）	纯技术效率变化（PEC）	规模效率变化（SEC）	Malmquist 指数（MI）
1	京津冀	0.548520	2.108439	0.912340	0.641590	1.421998	1.923614
2	长三角	0.740790	1.611927	1.179196	1	1.179196	1.900778
3	珠三角	0.482834	1.691646	1.329693	1	1.329693	2.249371
4	中原	1	1.833298	0.482834	0.485509	0.994491	0.885179
5	长江中游	0.642900	1.656621	1.202312	1.092283	1.100733	1.991775
6	山东半岛	1	1.286655	1	1	1	1.286655
7	辽宁半岛	0.262311	1.298287	1.469684	1	1.469684	1.908071
8	哈长	0.733356	1.342550	1.315683	1.178709	1.116207	1.766369
9	海西	1	1.727139	0.746666	0.557634	1.338988	1.289595
10	关中	0.495945	1.996192	1.210335	1	1.210335	2.416061
11	成渝	0.585714	1.906394	1.166328	1.946515	0.599188	2.223481

从表 4 - 9 可以看出，2001～2016 年，中原城市群、山东半岛城市群、海西城市群的生态环境效率为 1，为有效决策单元。其他城市群均为无效决策单元，城市群的生态环境效率从大到小依次为长三角城市群、哈长城市群、长江中游城市群、成渝城市群、京津冀城市群、关中城市群、珠三角城市群、辽宁半岛城市群。

2001～2016 年，关中城市群、珠三角城市群、成渝城市群的 Malmquist 指数大于 2，津京冀城市群、长三角城市群、长江中游城市群、山东半岛城市群、辽宁半岛城市群、哈长城市群、海西城市群的 Malmquist 指数大于 1，说明在此期间，以上 10 个城市群的全要素生产率呈现上升趋势。中原城市群的 Malmquist 指数小于 1，说明在此期间中原城市群的全要素生产率呈现下降趋势。从分解全要素生产率变化指数均值结果来看，除了中原城市群，其他 10 个城市群全要素生产率上升的主要原因是技术的变化，尤其是京津冀城市群、海西城市群。

四、社会发展效率

遵循数据的科学性、可获得性、全面性等原则，建立城市群社会发展的投入产出指标体系，以人均 GDP、职工平均工资为产出指标，以公共财政支出、科学技术支出、教育支出为投入指标（见表 4 - 10），运用 DEA Windows - Malmquist

模型，对我国 11 个城市群的社会发展效率进行实证测度和分解。

表 4 – 10　城市群社会发展效率的投入产出指标体系

类别	指标
投入指标	公共财政支出、科学技术支出、教育支出
产出指标	人均 GDP、职工平均工资

（一）静态测度

利用 Windows 模型，窗口 d = 2（2015 ~ 2016 年），对我国 11 个城市群 2016 年的社会发展效率进行静态测算及分解，具体评价单位效率值如表 4 – 11 所示。

表 4 – 11　2016 年我国 11 个城市群社会发展效率分解及规模报酬

序号	城市群（DMU）	综合技术效率（TE）	纯技术效率（PTE）	规模效率（SE）	规模报酬
1	津京冀	1	1	1	Constant
2	长三角	1	1	1	Constant
3	珠三角	1	1	1	Constant
4	中原	0.215058	0.589562	0.364775	Decreasing
5	长江中游	0.184158	0.496325	0.371044	Decreasing
6	山东半岛	0.757870	1	0.757870	Decreasing
7	辽宁半岛	0.142904	0.812442	0.175895	Decreasing
8	哈长	0.222235	1	0.222235	Decreasing
9	海西	0.323396	0.838762	0.385563	Decreasing
10	关中	0.661989	0.933311	0.709291	Decreasing
11	成渝	0.256151	0.764507	0.335054	Decreasing

从表 4 – 11 可以看出，2016 年，我国 11 个城市群社会发展效率呈现以下特点：京津冀城市群、长三角城市群、珠三角城市群无论是纯技术效率还是规模效率都是最高的，为有效单元，山东半岛城市群、哈长城市群的纯技术效率最高，为有效单元。中原城市群、长江中游城市群、辽宁半岛城市群、海西城市群、关中城市群、成渝城市群为无效单元。其中，京津冀城市群、长三角城市群、珠三角城市群处于规模报酬不变状态，其他城市群处于报酬递减状态，表明这些城市群已经超过最优生产规模阶段。

（二）动态测度

运用 Windows - Malmquist 模型对我国 11 个城市群 2001～2016 年的社会发展效率进行动态分析，得到测算结果如表 4 - 12 所示。

表 4 - 12　2001～2016 年我国 11 个城市群的社会发展效率

序号	城市群（DMU）	综合技术效率（TE）	技术变化（TC）	技术效率变化（EC）	纯技术效率变化（PEC）	规模效率变化（SEC）	Malmquist指数（MI）
1	京津冀	1	1	0.378159	1.125155	0.336095	0.378159
2	长三角	1	1	0.171597	0.838762	0.204583	0.171597
3	珠三角	1	1	0.135780	1	0.135780	0.135780
4	中原	0.550608	1	0.174848	1.143771	0.152870	0.174848
5	长江中游	0.059066	1	0.181297	0.842740	0.215128	0.181297
6	山东半岛	0.189794	1	0.271342	1	0.271342	0.271342
7	辽宁半岛	0.157364	1	0.432540	1.279140	0.338149	0.432540
8	哈长	0.066107	1	0.189794	1	0.189794	0.189794
9	海西	0.149102	1	0.320659	1.387482	0.231108	0.320659
10	关中	0.413046	1	0.157364	0.933311	0.168609	0.157364
11	成渝	0.047811	1	0.160047	0.833691	0.191974	0.160047

从表 4 - 12 可以看出，2001～2016 年，京津冀城市群、长三角城市群、珠三角城市群的综合技术效率为 1，为有效决策单元。其他城市群为无效决策单元，按综合技术效率的大小依次为中原城市群、关中城市群、山东半岛城市群、辽宁半岛城市群、海西城市群、哈长城市群、长江中游城市群、成渝城市群。

总体上，2001～2016 年，我国 11 个城市群的 Malmquist 指数均小于 1，平均下降 91.88%，说明在此期间 11 个城市群的全要素生产率均呈现下降趋势。从分解全要素生产率变化指数均值结果来看，11 个城市群技术没有发生变化。技术效率变化是导致 11 个城市群全要素生产率下降的主要原因。具体地，京津冀城市群、中原城市群、辽宁半岛城市群、海西城市群的纯技术效率变化大于 1，珠三角城市群、山东半岛城市群、哈长城市群的纯技术效率变化等于 1，其他城市群的纯技术效率变化小于 1。

第三节 我国城市群综合运行效率测度

从经济、资源、生态环境、社会发展和综合效率五个维度评估我国城市群运行效率，结果显示我国城市群运行效率是不断提升的过程。

一、综合评价结果

采用 TOPSIS 综合评价法进行综合运行效率测度。对 2001～2016 年我国 11 个城市群的资源利用效率、经济运行效率、生态环境效率、社会发展效率的 Malmquist 指数进行综合测度，结果如表 4-13、表 4-14 和图 4-1、图 4-2 所示。

表 4-13 2001～2016 年我国 11 个城市群综合运行效率

序号	城市群	综合运行效率	排名
1	京津冀	0.742817	2
2	长三角	0.801966	1
3	珠三角	0.714010	3
4	中原	0.494542	4
5	长江中游	0.262195	7
6	山东半岛	0.294954	6
7	辽宁半岛	0.228461	8
8	哈长	0.193594	11
9	海西	0.411140	5
10	关中	0.215630	9
11	成渝	0.202119	10

表 4-14 2001～2016 年我国 11 个城市群的综合 Malmquist 指数

序号	城市群	综合 Malmquist 指数	排名
1	京津冀	0.751779	2
2	长三角	0.812839	1
3	珠三角	0.742678	3
4	中原	0.193190	11
5	长江中游	0.434954	5

序号	城市群	综合 Malmquist 指数	排名
6	山东半岛	0.413282	6
7	辽宁半岛	0.304402	9
8	哈长	0.273569	10
9	海西	0.471170	4
10	关中	0.362237	8
11	成渝	0.401129	7

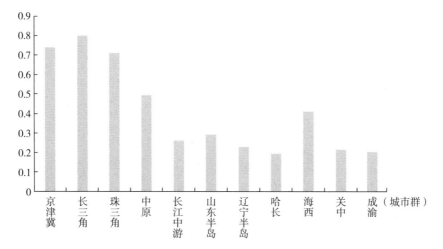

图 4 - 1　2001 ~ 2016 年我国 11 个城市群综合运行效率对比

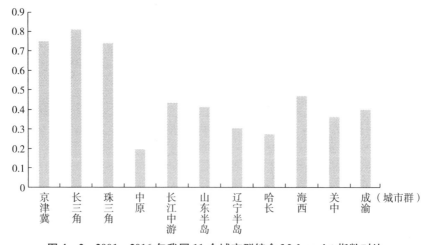

图 4 - 2　2001 ~ 2016 年我国 11 个城市群综合 Malmquist 指数对比

从表4-13、表4-14，图4-1、图4-2可以看出，2001～2016年长三角城市群、京津冀城市群、珠三角城市群的综合运行效率和综合 Malmquist 指数位列所有11个城市群的前三位，这与东部沿海地区是我国经济发达地区的客观现实相吻合。综合运行效率方面从大到小依次是中原城市群、海西城市群、山东半岛城市群、长江中游城市群、辽宁半岛城市群、关中城市群、成渝城市群、哈长城市群，综合 Malmquist 指数方面依次是海西城市群、长江中游城市群、山东半岛城市群、成渝城市群、关中城市群、辽宁半岛城市群、哈长城市群、中原城市群，综合运行效率和综合 Malmquist 指数基本呈现出从东部到中部再到西部依次递减的空间格局。

二、综合评价结论

基于我国11个城市群2001～2016年的经济运行、资源利用、生态环境、社会发展效率指标测度，运用 SBM 模型、Windows 模型、Malmquist 指数、TOPSIS 综合评价法等研究方法，定量分析了11个城市群的经济运行效率、资源利用效率、生态环境效率、社会发展效率以及综合运行效率和综合 Malmquist 指数，得到如下几点结论：

（1）从经济运行效率方面来看，2016年，京津冀城市群、珠三角城市群无论是纯技术效率还是规模效率在11个城市群当中最高，其次是长三角城市群，综合技术效率和规模效率均为0.931619。这也印证了长三角城市群、珠三角城市群、京津冀城市群是我国经济最为发达的三大城市群。除了哈长城市群外，其他城市群的经济运行效率均在0.8以上，处在较高的经济发展水平，这表明在整体上，我国经济发展呈现良好的发展态势。2001～2016年，长三角城市群、珠三角城市群、京津冀城市群三大城市群的经济运行效率仍然处在前三位，除了哈长城市群、关中城市群的经济运行效率在0.7以下，其他城市群的经济运行效率均在0.7以上，这一定程度上应证了东北地区和西部地区的经济发展效率目前低于中东部地区的现状。

（2）从资源利用效率来看，2016年，长三角城市群、珠三角城市群、京津冀城市群、辽宁半岛城市群的资源利用效率最高，关中城市群、成渝城市群的资源利用效率在0.7以下，处在最后两位，其他城市群的资源利用效率均在0.7以上。2001～2016年，长三角城市群、珠三角城市群、京津冀城市群、辽宁半岛城市群处在前列，关中城市群、成渝城市群处在末位的格局没有发生变化。这表明，相较于中部西部地区，东部地区在高效整合生产资源和资源利用效率方面明显走在全国的前列，具有较强的发展竞争力。

（3）从生态环境效率方面来看，2016 年，京津冀城市群、长三角城市群、珠三角城市群、山东半岛城市群的生态环境效率最高，其他城市群的生态环境效率均不高。2001～2016 年，这种格局没有发生太大变化。这表明，目前我国面临突出的生态环境问题，形势仍十分严峻，我国城市群需要贯彻绿色化的发展理念，加大生态环境保护力度，不断提高生态环境效率。

（4）从社会发展效率方面来看，2016 年，长三角城市群、珠三角城市群、京津冀城市群的社会发展效率最高，其次是山东半岛城市群、关中城市群，长江中游城市群、辽宁半岛城市群和中原城市群处在最后三位。2001～2016 年，这种格局没有发生太大变化。这表明，长三角城市群、珠三角城市群、京津冀城市群在利用公共财政，提高人均工资方面表现出较高的水平，社会发展程度较其他城市群更加成熟，不断向高质量发展迈进。

（5）从综合运行效率来看，2001～2016 年，综合运行效率呈现明显区域差异。长三角城市群、京津冀城市群、珠三角城市群的综合运行效率列前三位，其次是中原城市群、海西城市群和山东半岛城市群，哈长城市群处在所有城市群的最后一位。2001～2016 年，长三角城市群、京津冀城市群、珠三角城市群的 Malmquist 指数列前三位，哈长城市群、中原城市群的 Malmquist 指数列最后两位。我国中等和低综合运行效率的城市群仍有较大的提升空间。

三、启示和建议

为提高我国城市群的综合运行效率，提出以下对策建议。

（一）做好顶层设计，制定差别化的区域发展政策

做好顶层设计，编制城市群区域发展规划，加强城市群所在地方政府之间的合作，打破行政界限的束缚，从更高的层次、更大的空间范围协调城市群的发展、人口分布、资源利用，使区域经济整合后具有更大的竞争力。根据不同城市群在规模效率、技术效率方面的优劣，有针对性地制定差别化的政策。高综合运行效率城市重点弥补技术效率的相对不足；中等综合运行效率城市做到规模效率和技术效率并重；低综合运行效率城市则先以提高规模效率为主，然后再提高技术效率。

（二）加强城市之间合作，形成城市发展联动机制

一方面要保持 DEA 有效城市群的正向发展，另一方面要推动那些 DEA 无效，同时又处于规模报酬递增状态城市群的发展，挖掘城市群的整体潜力空间，最终形成以核心城市为引领的城市群发展模式，进一步加强城市之间的紧密联系，合理优化资源的空间配置，形成城市发展的联动机制，提高城市群整体效率。

（三）集约节约用地，实现城市群协调发展

根据城市群的发展特点，在节约与集约方面有所侧重。对处于城市化加速与后期阶段的城市群，以集约用地为主要目标，重点控制城市用地规模。通过产业升级，实现由劳动密集型产业向技术密集型产业转型，走集约经营和内涵发展的道路，通过投入要素的替代来降低城镇化和工业化对资源的过度消耗，实现城市群协调发展。

第五章　我国城市群运行效率的影响因素分析

在《国民经济和社会发展第十一个五年规划纲要》中，我国就已经非常鲜明地提出了城市群发展战略，当时较为明确地提出了京津冀、长三角和珠三角等区域，要通过实施城市群战略带动地区经济发展。到了《国家新型城镇化规划（2014—2020年）》中，城市群战略的实施面变得更加广泛，举措和方向也更为具体。党的十九大报告中更是将城市群战略的作用领域进行拓展，认为区域协调发展战略应当以城市群为主体，逐步构建大中小城市和小城镇协调发展的城镇格局，并加快农业转移人口的市民化。国家之所以要实施城市群发展战略，从经济发展规律来看，主要是因为城市群是城市化和工业化进程中区域空间形态的高级现象，经济活动的高度集中能够产生巨大的集聚收益，是经济现代化水平不断提高的重要标志。[①] 城市群的发展不仅是推动经济增长的引擎，如内生增长理论的代表人物卢卡斯认为"城市是经济增长的发动机，同时城市群发展本身就是经济增长在空间维度的体现"，如新经济地理学理论通过对规模经济和运输成本的权衡，构建了新城市出现以及城市体系逐步形成的过程。城市出现的根本原因是集聚经济的存在，城市群的出现更是由于大中小城市在经济、社会和环境等领域的互补，以及同一产业不同生产链条、不同生产要素之间或不同产业之间的相互补充，进而带来更大规模或类型的集聚经济形式，如多样化经济、专业化经济以及地方化经济等。因此，对城市群战略以及城市群效率的研究，是当前以效率提升为主要标志的高质量发展阶段的重要内容。

之前已经提到，按照新经济地理学的理论，城市群的形成是基于市场经济推动下，规模经济和运输成本之间的权衡所致，本质上是效率提高和城市群规模扩

---

① 赵娜，王博，刘燕. 城市群、集聚效应与"投资潮涌"——基于中国20个城市群的实证研究[J]. 中国工业经济，2017（11）：81–99.

张之间的耦合和协调的过程。但是，在现实中，由于市场失灵的存在，以及区域基础设施、经济和社会发展水平等的不完善、不充分，就需要从政府层面对城市群进行设计和规划。也就是说，现实中可能会存在两种类型的城市群，即发达地区的城市群和欠发达地区的城市群。对于发达地区的城市群来说，市场失灵可能是导致城市群效率降低的主要原因，而对于欠发达地区的城市群来说，除了市场失灵的作用，可能还会存在其他更多抑制城市群经济发展的主、客观因素。所以在这种背景下，城市群的发展有可能会出现规模不经济、效率不高的情况，这不仅是基于生命周期理论基础上的城市群发展规律，也可能是由于其他各种区域因素的不完善所致，因为影响城市群发展的因素众多，比如法国地理经济学家戈特曼的大城市群特征理论，他结合世界城市群发展的历史将城市群的动态发展特征归纳出了十多个。①②③ 我国学者肖金成也提出了城市群规划中存在的十大要素。④ 因为我国仍属于发展中国家，经济增长在空间维度的拓展一定还会使我国出现更多的城市群，并且很有可能会超越美国。因此，有必要依据现有城市群建设的规模和历史，对其发展效率的演变及影响因素进行研究，从而为在区域维度通过效率提升实现经济的高质量发展提供保障。

第一节　我国城市群经济运行效率特征

从静态和动态的两个角度看，我国城市群运行效率整体不优，还存在很大的提升空间。

一、我国城市群运行效率的静态特征评价

为了对我国 11 个城市群的经济运行效率以及各城市群的运行高低有一个清

---

①　Gottmann J. Megalopolis or the Urbanization of the Northeastern Seaboard［J］. Economic Geography, 1957，33（3）：189－200.

②　Gottmann J. Megalopolitan Systems Around the World［J］. Ekistic, 1976, 243（2）：109－113.

③　Gottmann J. Megalopolis：The Urbanized Northeastern Seaboard of the United States［M］. New York：Macmillien, 1964.

④　范恒山，肖金成，方创琳，等. 城市群发展：新特点　新思路　新方向［J］. 区域经济评论，2017（5）：1－25.

晰的认识，本书采用基于产出导向的非径向可变规模报酬的超效率 DEA 模型，并利用 DEA - SOLVER 5.0 软件对 2001~2016 年我国 11 个城市群的经济运行配置超效率值进行了测算，结果如表 5 - 1 所示。

从表 5 - 1 的计算结果可以发现，我国 11 个城市群的经济运行超效率值在 2001~2016 年大都处于超效率状态，只有在 2007 年处于非有效状态，说明我国城市群的总体运行效率基本有效，资源配置水平较高，同时还可以发现超效率值在 2005 年之前稳步提升，随后开始回落，并在 2012 年左右又开始逐步提高。从个体来看，11 个城市群的经济运行效率只有长三角城市群、珠三角城市群、关中城市群、山东半岛城市群和辽宁半岛城市群处于有效状态，其他城市群都处于非有效状态。同时，高效率城市群和低效率城市群的经济运行效率差异相差很大，长三角城市群的超效率值持续在 2 以上，而京津冀城市群则可能是由于内部经济发展程度差异悬殊而持续保持在 0.6 以下，这和张玉苗[①]对京津冀城市群金融资源配置超效率值持续保持在 0.5 以下有着相似的现实基础。为了进一步了解 11 个城市群之间经济运行效率差异化的变动形态，这里继续采用变异系数对其进行分析，计算结果如图 5 - 1 所示。

从图 5 - 1 可以看出，2001~2016 年，各大城市群经济运行效率的变异系数在 2014 年之前的波动幅度并不大，地区差异在扩大和缩小中稳定有序变化，但 2014 年之后开始呈现单边上升趋势，且变化程度明显，这说明我国城市群之间的经济运行效率开始呈现出较大的差异，城市群之间的竞争日益加剧，效率高的城市群继续稳步提升自身的经济运行效率，而效率低的城市群则更为落后。

二、我国城市群运行效率的动态时序特征评价

由于超效率 DEA 模型的计算结果是各城市群在各年份里的相对效率，是基于横截面的静态研究，只能用来评价决策单元的有效性，无法衡量城市群经济运行是否有效的深层次原因。因此，下文将结合 Malmquist 指数分解模型对我国 11 个城市群的运行状况是否有效的动态变化及原因作出分析。

表 5 - 2 和图 5 - 2 列出了我国 11 个城市群 2001~2016 年运行效率的 Malmquist 指数及其分解结果。可以发现，在此期间，我国 11 个城市群的综合运

① 张玉苗. 区域金融资源配置效率经验研究——基于超效率 DEA - Tobit 模型的分析 [J]. 财经问题研究，2017（4）：122 - 128.

表5-1　2001~2016年我国11个城市群运行超效率值

城市群	2001年	2002年	2003年	2004年	2005年	2006年	2007年	2008年	2009年	2010年	2011年	2012年	2013年	2014年	2015年	2016年	均值
京津冀	0.4284	0.4223	0.5111	0.5402	0.5677	0.5275	0.5299	0.5390	0.5052	0.5169	0.5404	0.5476	0.5614	0.5905	0.5625	0.5909	0.5301
长三角	2.2675	2.3253	2.3150	2.3603	2.0760	2.0636	2.0582	2.0406	2.1002	2.1176	2.1063	2.1033	2.0284	2.0225	2.0501	2.0518	2.1304
珠三角	0.9010	1.0556	1.1191	1.1281	1.2720	1.2943	1.2821	1.3191	1.2999	1.3072	1.2921	1.3292	1.3090	1.3193	1.2991	1.2246	1.2345
关中	1.2694	1.2320	1.2143	1.2556	1.2743	1.2559	1.2559	1.2197	1.1719	1.1598	1.1649	1.1157	1.0791	1.0867	1.0614	1.0949	1.1820
中原	1.0794	1.0344	0.7645	0.8209	0.7134	0.7227	0.7310	0.7655	0.7243	0.7305	0.7391	0.7153	0.7750	0.7808	0.6948	0.7706	0.7851
山东半岛	1.0648	1.0567	1.0869	1.1264	1.0819	1.0706	1.0681	1.0835	1.0622	1.0502	1.0496	1.0226	1.0532	1.0892	1.0868	1.0985	1.0720
辽宁半岛	1.1160	1.1900	1.2028	1.1538	1.1221	1.1397	1.1606	1.1549	1.1598	1.1584	1.1136	1.1259	1.1395	1.2227	1.3671	2.9351	1.2789
长江中游	0.7268	0.7457	0.7602	0.7838	0.7044	0.6426	0.6514	0.6812	0.6729	0.6712	0.7012	0.7341	0.8301	0.8426	0.7424	0.8961	0.7367
成渝	0.6968	0.6502	0.6817	0.7300	0.6547	0.6377	0.6485	0.6464	0.6597	0.6625	0.6671	0.5795	0.5915	0.6639	0.6143	0.6923	0.6548
海西	1.0698	1.0837	1.1515	1.1532	1.0541	1.0413	0.6950	1.0194	1.0287	0.9999	0.8790	1.0099	0.8847	0.9140	0.8630	1.0043	0.9907
哈长	0.8336	0.8582	1.0344	1.0818	1.0070	0.7850	0.7776	0.8291	0.7876	0.8241	0.9133	0.9039	1.0212	1.0269	0.9013	0.9044	0.9056
均值	1.0412	1.0595	1.0765	1.1031	1.0480	1.0165	0.9871	1.0271	1.0157	1.0180	1.0152	1.0170	1.0248	1.0508	1.0221	1.2058	—

图 5 - 1　2001～2016 年我国 11 个城市群运行效率均值和变异系数

表 5 - 2　我国 11 个城市群各年份 Malmquist 指数及其分解结果

时期	Malmquist 指数	综合技术效率变化率	技术进步率	纯技术效率变化率	规模效率变化率
2001～2002 年	1.010	1.029	0.981	1.002	1.027
2002～2003 年	0.878	1.016	0.864	1.039	0.978
2003～2004 年	1.012	0.991	1.021	1.003	0.988
2004～2005 年	1.023	0.958	1.067	0.968	0.990
2005～2006 年	1.037	0.96!	1.078	0.967	0.995
2006～2007 年	1.071	0.988	1.085	0.977	1.011
2007～2008 年	1.123	1.051	1.068	1.035	1.015
2008～2009 年	1.031	0.989	1.042	0.986	1.004
2009～2010 年	1.115	1.017	1.096	1.008	1.009
2010～2011 年	1.115	1.036	1.076	1.023	1.013
2011～2012 年	1.030	0.997	1.032	1.009	0.988
2012～2013 年	0.992	0.983	1.009	0.977	1.006
2013～2014 年	1.026	1.004	1.021	1.007	0.997
2014～2015 年	1.004	0.962	1.044	0.966	0.996
2015～2016 年	1.064	1.066	0.998	1.053	1.012
平均值	1.034	1.003	1.031	1.001	1.002

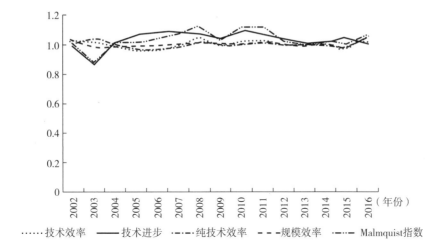

图 5 - 2 我国 11 个城市群各年份 Malmquist 指数及其分解

行效率都是持续稳定上升的，平均增速保持在 3.4%。从年均增长的分解可以看出，技术进步对 Malmquist 指数的年平均增长的贡献是 3.1%，而应当发挥重要作用的综合技术效率变化的年平均增长率贡献仅为 0.3%，促进作用相当有限，其中纯技术效率变化率为 0.1%，规模效率变化率为 0.2%。这说明从时间层面来看，我国城市群的发展在技术效率层面存在较大的增长空间。分时间段来看，我国 11 个城市群的运行效率在 2008 年之前稳步上升，其中发挥重要推动作用的是技术进步率，综合技术效率则大都处于下降状态。在 2008 年世界金融危机的背景下，我国 11 个城市群运行效率出现了一次大幅下滑，但由于国家四万亿的投资计划使得这一效率的下降趋势快速逆转，并持续了两年的高速增长，这期间不仅技术进步率快速提升，综合技术效率也提升明显。但终究这种政府行为的持续性并不强，因而在 2011 年之后又开始下滑，在此期间城市群规模效率的拖累作用明显，2014 年之后则出现回升迹象。另外，从测算结果可以发现，2014 年后我国城市群运行效率的贡献因素开始出现转变的迹象，即技术进步率的作用在下降，而综合技术效率的影响在大幅提升，尤其是纯技术效率的贡献明显，说明我国各地在经济发展过程中日益重视对现有资源和技术的有效利用，同时这也说明当经济发展达到一定程度后，区域经济不可能一味靠外来技术的粗放式引进，必须重视对自身已有资源和技术的消化使用上。

表 5 - 3 列出了 2001 ~ 2016 年我国 11 个城市群的平均 Malmquist 指数及其分解结果，总体来说，除了中原城市群的 Malmquist 指数等于 1 之外，其他所有城

市群的 Malmquist 指数都大于 1，处于不断增长的趋势中。从指数分解来看，各城市群的技术进步率都大于 1，说明技术进步对城市群运行效率的提升发挥了显著的促进作用。在综合技术效率变化率上，中原城市群、成渝城市群、海西城市群和哈长城市群都小于 1，其中成渝城市群综合技术效率下降的主要原因是纯技术效率的下降，而其他三个则是受规模效率的影响，说明对于城市群建设来说，运行效率提升的原因可能有很多，但导致运行效率下降的原因很有可能是城市群规模扩展不够而带来的不规模经济上。从城市排名来看，长三角城市群、珠三角城市群和山东半岛城市群处于前三甲的地位，这三大城市群也基本都处于我国经济发展程度较高的地区，同时从指数分解结果还可以发现，这三大城市群的纯技术变化率保持在 1，说明这三大城市群在对自身资源和技术的利用上都保持在较为稳定的状态，城市群效率提升主要源于技术进步率的提升和城市群规模的扩展上。

表 5 - 3　2001 ~ 2016 年我国 11 个城市群平均 Malmquist 指数及其分解结果

城市群	Malmquist 指数	综合技术效率变化率	技术进步率	纯技术效率变化率	规模效率变化率	排名
京津冀	1.037	1.024	1.013	1.015	1.009	5
长三角	1.071	1.006	1.064	1.000	1.006	1
珠三角	1.050	1.003	1.047	1.000	1.003	2
关中	1.030	1.007	1.022	1.000	1.007	6
中原	1.000	0.986	1.014	0.990	0.996	11
山东半岛	1.048	1.000	1.048	1.000	1.000	3
辽宁半岛	1.042	1.006	1.036	1.000	1.006	4
长江中游	1.025	1.009	1.015	1.008	1.002	9
成渝	1.030	0.998	1.032	0.996	1.002	7
海西	1.028	0.993	1.036	1.000	0.993	8
哈长	1.010	0.999	1.011	1.001	0.998	10
平均值	1.034	1.003	1.031	1.001	1.002	—

第二节　我国城市群运行效率影响因素分析

从影响机理入手，建立指标体系，对我国城市群运行效率的影响因素进行分析。

一、影响机理分析

城市群运行效率是衡量城市群建设是否能够通过集聚经济和规模经济而产生较大外部性收益的重要标志。由 Malmquist 指数所表征的全要素生产率代表了城市群运行效率的动态变化过程，会受到诸多因素的影响，尤其是在我国快速城镇化的大背景下，经济规律以及政府的外在推动等各个方面都可能发挥作用，因此对城市群运行效率变化的因素进行有效识别，对于党的十九大报告所提出的以城市群为主体构建大中小城市和小城镇协调发展的城镇格局的区域经济协调发展战略具有非常重要的意义。结合已有文献的研究成果，综合考察我国城市群的现实，甄别出我国城市群经济运行全要素生产率的主要影响因素有：经济规模、产业结构、政府管制、科技创新程度、互联互通强度以及劳动生产率等。

相关的作用机理如下：按照经济发展的阶段变迁规律，区域经济发展效率的提升会随着经济发展程度的不断提高，呈现出日益重要的作用，因为在经济发展初期，较低的需求水平和大量粗放的原始投入相结合就能够实现经济和社会发展的平衡，但随着经济发展程度的提高，生产资源难以满足人们日益提高的生活需求，因而效率提升的重要性逐步显现，所以地区的经济规模大小会和区域经济运行的效率呈现正向作用。当然，这种考虑是基于市场机制下的推理，由于市场失灵的存在，必然需要政府对一些生产资源进行宏观调配，以期实现最佳的资源配置效率，但政府并不都是有为政府，它们会由于调控经济的能力以及财政收入等的影响而发挥出不同强度的政府管制能力，因而政府管制也会对运行效率发挥作用。至于产业结构的作用，根据产业经济学的相关理论，一般情况下，第三产业的生产效率高于第二产业，第二产业的生产效率高于第一产业，因而产业结构的升级变化必然会导致整个经济系统生产效率的提升，其中最重要的原因就是不同产业的科技创新程度存在显著差异，也就是说科技创新程度的提高会更加有效地利用各种生产资源，或者能够开发出更多有用的生产要素，进而提升生产效率。这些作用机制都是在传统工业化阶段已经被证实的现实影响因素，在当前新一轮技术革命背景下，互联网的发展使得万物互联，各种生产要素之间的互联互通使得经济发展的空间和强度越来越大，也就是说，区域内部以及区域之间互联互通强度的提高会创造出更多的发展机会以及对资源的有效利用，并进而提升区域经济运行效率。最后，城市群的建设和运营管理都与经济主体"人"是紧密相关的，因此作为财富创造主体的劳动力的作用不可忽视，劳动力生产效率的提高能够有效促进企业生产率的提高，从而为城市群带来更大的经济收益。

二、指标选取

虽然上述关于影响因素的机理分析对城市群运行效率的分析并不一定全面，针对某个具体城市群可能还会存在一些地方性的特殊因素，但不可否认的是，这些共性的因素将会对城市群经济运行效率起着至关重要的作用。所以根据这一机理，在综合考虑城市群之间社会、经济以及政策体制的差异后，遵循指标选择的科学性、客观性以及可获得性等原则，这里拟从上述几个方面选取相应指标作为解释变量，并建立 Tobit 模型进行影响因素的回归分析，具体指标如下：

（一）经济规模

为了从聚集角度充分考虑各城市群的经济发展水平，本书采用地均实际国内生产总值代替，即将各城市群的名义 GDP 按照历年的 GDP 指数折算之后，再和各城市群的建成区面积相比得到。根据之前的机制分析，随着经济发展水平的提高，城市群运行效率水平会不断上升，但是由于我国之前数量型经济增长的特征明显，虽然城市群的运行效率在不断提升，但是经济发展水平提高的影响却并不一定显著，因此这里对该影响因素的符号并不确定。

（二）产业结构水平

对于产业结构的衡量可以采用产值角度来衡量，也可以利用就业人口占比衡量，这里采用各城市群第二、第三产业就业人口之和占总就业人口的比重来衡量产业结构水平。结构水平的优化必然是由于生产要素根据生产效率及生产收益的变化而发生的行业间转移，因此理论上来讲，产业结构水平的提高应当对城市群运行效率的提高产生正向的促进作用。

（三）政府管制

这里采用政府财政支出占国内生产总值的比重衡量地区政府管制水平。由于运行效率本质上是市场经济运行的结果，关于政府管制和市场机制如何影响经济运行效率的研究非常多。理论上，政府管制是为了解决市场失灵而存在的，应该呈现出积极的一面，但如果政府管制过多、过强，则可能会影响市场经济的运行，而产生政府失灵，从而显示出负效应。当市场失灵过多时，政府管制可能会促进经济运行效率的提升，因而对该系数的符号预判为负。

（四）科技创新

由于科学技术和教育是提升企业技术水平以及培养更多有效劳动力，进而产生更多科技创新成果的关键，因此这里采用科学技术支出和教育经费支出总和在国内生产总值的占比作为衡量城市群科技创新强度的指标。在科技创新对地区运行效率的有效性上，理论上科技创新强度的提高一定会为地区经济发展产生正向促进作用。

（五）互联互通强度

这里采用移动手机用户数和互联网宽带接入用户数来衡量城市群内部互联互通的强度，为了更综合地从聚集角度考虑该项指标，因此这里还考虑了城市群建成区的大小，即将移动手机用户数和互联网宽带接入用户数加总后，再除以城市群建成区面积，得到单位面积内移动手机和互联网宽带用户数。互联互通强度的提高会大大提升各种生产要素的流动效率，进而提升城市群的运行效率。

（六）劳动生产率

这里采用地区平均工资水平衡量城市群的劳动生产率。地区平均工资水平越高，说明该地区具有较高的劳动生产率水平，因为较低的劳动生产率必然无法承担较高的成本支出，同时劳动生产率本身就是一个效率层面的指标，所以理论上该项指标的提高也一定会为城市群经济运行效率的提高产生正向影响。

结合上述指标的数据特征、单位以及具体含义，为了进一步消除异方差问题，本书对具体指标符号、数据的预处理以及定义如表5-4所示，数据的描述性统计如表5-5所示。

表5-4 影响指标变量说明

解释变量	主要指标	单位	变量简称
经济规模	地均实际GDP	万元/平方公里	lnRGDP
产业结构	第二、第三产业就业人口占总就业人口的比重	%	lnIND
政府管制	政府财政支出占GDP比重	%	GOV
科技创新	科学技术支出和教育支出总和占GDP的比重	%	RD
互联互通强度	地均移动互联网和宽带用户数	万人/平方公里	lnINT
劳动生产率	职工平均工资	元	lnWAGE

表5-5 相关指标的描述性统计

指标名称	观测值数量	平均值	标准差	最小值	最大值
Malmquist指数	165	1.0383	0.0973	0.6780	1.4210
技术效率指数（EFF）	165	1.0055	0.0729	0.7290	1.3540

续表

指标名称	观测值数量	平均值	标准差	最小值	最大值
技术进步指数（TEC）	165	1.0334	0.0733	0.7850	1.2390
lnRGDP	176	11.4150	0.3913	10.1811	12.2473
lnIND	176	4.0994	1.4769	0.3489	7.1945
GOV	176	0.1224	0.1574	0.0275	2.1137
RD	176	0.0206	0.0097	0.0041	0.0472
lnINT	176	0.9138	0.5440	−0.7398	1.7749
lnWAGE	176	10.1771	0.6062	8.9137	11.3758

三、模型构建、筛选与结果分析

（一）模型构建

之前已经提到，代表城市群运行效率的 Malmquist 值属于归并数据，具有被切割或者截断的特征，即只能取大于零的数值。同时，对 Malmquist 指数分解后的技术效率（EFF）和技术进步（TEC）也具有这一特征，因此需要采用 Tobit 回归模型来研究影响代表城市群运行效率的 Malmquist 指数及其分级指标的因素，并据此判断各影响因素对城市群经济运行效率的作用方式和程度，本书的实证计量模型设定如下：

$$EE_{it} = \mu_0 + \beta_1 lnRGDP_{it} + \beta_2 lnIND_{it} + \beta_3 GOV_{it} + \beta_4 RD_{it} + \beta_5 lnINT_{it} +$$
$$\beta_6 lnWAGE_{it} + \delta_{it} \tag{5-1}$$

其中，EE_i 表示城市群经济运行的 Malmquist 指数、技术效率（EFF）以及技术进步（TEC）；μ、β_i 是各影响因素的待估参数；δ 是随机扰动项。

（二）模型筛选

结合本书第一章对 Tobit 模型的介绍，截距项 α 同时也代表着每个城市群的个体效应，如果 $\alpha_1 = \alpha_2 = \cdots = \alpha_n$，则可以直接进行混合 Tobit 回归，为使得模型的估计更加稳健，还可以使用聚类稳健标准误。当然，一般会允许个体效应的存在，以及截距项并不相等，此时又可以分为两种情况，如果 α_i 和解释变量 x_i 不相关，则为随机效应模型，反之，则为固定效应模型。对于固定效应的 Tobit 模型，由于找不到个体异质性 α_i 的充分统计量，所以无法进行条件极大似然估计。

如果直接在混合 Tobit 模型中加入虚拟变量，得到的固定效应估计量也是不一致的[①]。因此，对于面板 Tobit 模型的筛选一般只考虑混合 Tobit 模型和随机效应的 Tobit 模型。具体采用哪一个，可以在进行完随机效应的 Tobit 模型之后，通过 LR 检验结果来认定个体效应的存在性，如果该检验不通过，则需要使用混合 Tobit 模型进行解释。对于本书来说，LR 检验结果均说明混合 Tobit 模型要优于随机效应的 Tobit 模型，并且从系数的显著性程度上来说，混合 Tobit 模型也更佳。因此，列出混合 Tobit 模型的回归结果，并据此进行解释说明，回归结果如表 5 - 6 所示。

表 5 - 6　Tobit 回归结果

解释变量	全要素生产率（TFP）	技术效率（EFF）	技术进步（TEC）
LRGDP	- 0.0541***	- 0.0162	- 0.0398**
	（- 2.7896）	（- 1.0259）	（- 2.3947）
IND	- 0.0086*	- 0.0042*	- 0.0046
	（- 1.9037）	（- 1.9266）	（- 1.3715）
GOV	- 0.0387***	- 0.0318***	- 0.0082
	（- 2.7363）	（- 5.9635）	（- 0.6516）
RD	- 5.0340***	- 0.9925	- 3.9304***
	（- 4.9896）	（- 0.9964）	（- 9.1636）
INT	0.0869***	- 0.0001	0.0862***
	（4.2556）	（- 0.0073）	（4.4265）
LWAGE	0.0778***	0.0330**	0.0447**
	（3.2624）	（2.2663）	（2.3082）
常数项	0.9250***	0.8957***	1.0507***
	（4.9593）	（8.3055）	（6.6896）

注：*、**、***分别代表系数在 1%、5%、10% 的水平上显著。

（三）结果分析

（1）经济规模的增加并未对城市群运行效率的提升产生显著的正向效应，反而呈现出显著的负相关。其中经济规模对全要素生产率和技术进步指数的影响

---

① 陈强. 高级计量经济学及 Stata 应用（第二版）［M］. 北京：高等教育出版社，2014.

系数分别是 -0.0541 和 -0.0398，且分别在 10% 和 5% 的水平上显著，对技术效率指数的影响则呈现出负的非显著性。这一结果表明我国城市群的建设主要还是规模扩张型，属于"摊大饼"式的发展，即经济增长水平的提高属于粗放式增长，不仅未产生较强的技术进步效应，也没有体现出对现有资源的充分合理利用，这其实也验证了我国向高质量发展阶段转变的必要性。

（2）产业结构的调整未对城市群经济运行效率提升产生正向效应，反而呈现出负的显著性。其中产业结构对全要素生产率和技术效率指数的影响系数分别是 -0.0086 和 -0.0042，均在 1% 的水平上显著，对技术进步指数的影响系数则呈现负的非显著性。从影响系的绝对值上可以发现，产业结构的影响程度虽然总体都为负，但都较小，几乎可以忽略不计，说明在我国城市群的发展中，产业结构的调整空间依然很大，因为这里对产业结构的度量可以认为是产业结构的高级化过程，而对于产业结构的优化还应当包含产业结构的合理化，即第一、第二、第三产业的协同效率也是产业结构优化对城市群运行效率提升上的努力方向。

（3）政府管制对城市群运行效率产生显著的负效应。其中政府管制对全要素生产率和技术效率指数的影响系数分别是 -0.0387 和 -0.0381，均在 10% 的水平上显著，对技术进步指数的影响是负的非显著性。该结果说明，我国城市群建设中的政府管制水平过高，从而导致市场经济难以发挥应有的效率，政府管制不仅未能对市场中的技术改造产生影响，也未能促使市场对现有技术的充分有效使用，这其实也验证了我国城市群建设由政府主导推动所带来的粗放型特征。

（4）科技创新对城市群运行效率产生负的显著性，并且数值极大。从回归结果可以看出，科技创新对全要素生产率和技术进步指数的影响系数分别是 -5.0340 和 -3.9304，且均在 10% 的水平上显著，对技术效率指数则呈现出负的非显著性。该结果说明，虽然理论上来说，科技投入和教育投入的增加会有助于更多高科技产品和人才的涌现，有利于城市群经济效率的提升，但本书对该项指标的定义是科学技术和教育水平支出占 GDP 的比重，而对该变量进行描述性统计后可以发现，我国科教支出虽然从绝对量上是稳步上升的，但其占 GDP 比重的上升幅度却不大，尤其是 2008 年以来，大部分城市群保持在 3% 左右的水平之后，基本未出现较大变化，说明我国科技教育支出的强度过低，不能仅从绝对量上进行管控，更要注重和经济发展水平的协调，提高其在 GDP 中的支出比例。

（5）互联互通强度对城市群运行效率的提升起着正向促进作用。互联互通对城市群全要素生产率和技术进步指数的影响系数分别是 0.0869 和 0.0862，都在 10% 的水平上显著，对技术效率指数的影响呈现负的非显著性，且数值极小。这表明在互联网时代，各种生产要素之间的互联互通能够有效地推动城市群经济运行效率的提升，互联互通强度的提高对城市群整体效率的提升和技术进步非常有利。但是，互联互通在城市群对现有要素的利用效率上可能强度稍弱，仍有较大的改进空间，主要原因可能是由于互联互通水平的提高能够带来的收益过于丰厚，从而导致经济主体更多地关注在由技术进步所带来的增量层面上，忽视了由技术效率提升所带来的存量层面的收益。

（6）平均工资率对城市群运行效率的提高起着正向促进作用。平均工资率对城市群全要素生产率、技术效率指数和技术进步指数的影响系数分别是 0.0778、0.0330 和 0.0447，且第一项通过 10% 的显著性检验，后两项则通过 5% 的显著性检验。可知对于城市群的运行效率来说，代表劳动生产率高低的平均工资水平也是促进其提高的关键因素，它不仅有助于城市群对各种生产要素的提升效率，也有助于技术进步水平的提高，这和前述影响机理中的分析是一致的。

第六章 我国城市群运行效率的提升路径

根据我国各层级城市群运行效率的影响因素分析结论，遵循"和谐、共生、协同、高效"的提升思路，坚持统筹推进、优势互补、链式整合、集约高效的基本原则，突出以提升产业网络、创新网络、生态网络、基础设施网络、公共服务网络推动要素配置优化和空间结构优化，形成最优城市群结构，创新包括协同推进体系、协同规划体系、协同开放体系、协同政策体系在内的城市群协同治理模式。

第一节 构建五大网络

把构建产业网络、创新网络、生态网络、基础设施网络、公共服务网络五大网络作为城市群运行效率提升的主导路径，在城市群内部城市之间以及城市群之间形成网络化、一体化发展格局，推动五大网络之间的相互支撑、相互促进，降低城市群内部交易成本，以市场机制促进要素配置优化和空间结构优化，形成最优城市群内部结构。

一、构建分工合作的产业网络

把构建区域分工合作产业网络作为城市群运行效率提升的核心支撑，加快形成实体经济、科技创新、现代金融、人力资源协同发展的产业体系。

（一）优化价值链分工

突出提升城市群核心城市的产业能级，引导研发、核心制造、综合服务高附加值环节向城市群核心城市集聚，支持城市群内的龙头企业在核心城市建设研发中心、营销中心、总部经济、平台经济等，促进一般加工制造环节向周边城市转移，探索"核心城市研发设计＋周边地市协同制造""核心城市总装集成＋周边地市零部件生产""核心城市生产型服务＋周边地市成品制造""核心城市平台经济＋周边地市产业生态圈"的城市群产业协同发展模式。近年来，北京、上海、深圳等特大城市大力发展平台经济、高端服务、总部经济、研发经济、创业孵化等产业形态，引导一般加工制造在周边集聚，对京津冀、长三角、珠三角的辐射带动力持续增强，区域产业一体化发展格局基本形成，渤海湾、杭州湾、粤港澳大湾区三大湾区初步呈现。同时，杭州、成都、贵州、武汉、西安、合肥、郑州等城市也在探索向价值链高端升级的路径，杭州的平台经济、成都的新经济、贵州的数字经济、武汉的研发经济、西安的硬科技、合肥的"芯屏器合"、郑州的枢纽经济等蓬勃发展，核心城市产业定位日益清晰，成为带动区域经济转型升级的核心支撑，进一步引导城市群核心城市聚焦价值链高端，主动与周边地区错位发展。

（二）优化产业链空间布局

深入研究城市群主导产业发展现状，根据各个产业的要素、资源等禀赋结构特点，结合各个城市的禀赋结构和产业基础，引导各个城市对自身在城市群中的产业选择进行精准产业定位，促进产业链上、中、下游布局优化。尤其是中西部地区城市群，应培育壮大本地优势特色产业，推动产业链向中小城市、县城、乡镇等延伸，培育城市群网络的支点和基点，要着眼于城乡一体、三次产业融合发展，引导龙头企业在中小城市、乡镇布局初级加工和配套产业，在农村重点布局种植、养殖基地等。

（三）引导产业集群跨区域合作

引导城市群设立产业园区发展联盟，推动产业合理布局，支持城市群内部以"飞地经济"形式加强产业集群战略合作，联合共建一批产业合作园区，鼓励城市群联合招商，避免恶性竞争与产业布局失衡，统一重点项目战略布局。

（四）协调我国重大产业项目布局

国家在高端制造领域布局了一大批重点项目，在空间布局上要注重带动城市群发展，优化重大项目在全国范围的战略布局，充分利用各城市群的优势资源和产业基础，各城市群核心城市需要深入研判国家战略性产业布局规律和龙头企业空间布局的特点，突出优势特色进入重大项目布局和龙头企业战略布局视野，在各大城市群之间形成产业链、价值链分工合作网络，带动本地其他城市融入全国产业网络。

二、构建开放合作的创新网络

创新已经成为城市群转型发展的主动力，构建城市群开放合作的创新网络，整合内部创新资源，融入全国创新体系，链接全球创新资源。

（一）依托制造业创新中心整合城市群研发资源

引导国家级制造业创新中心在城市群间优化布局，引导各城市群面向区域制造业创新发展的重大需求，坚持市场化、产业化和可持续发展的导向，建立国家、省、市三级制造业创新中心网络，打造跨界协同的创新生态系统，初步形成行业共性关键技术创新体系和供给机制。

（二）构建城市群产业创新联盟

引导城市群围绕区域主导产业，鼓励行业龙头企业或骨干创新型企业与高等学校、科研院所、上下游企业、行业协会及相关中介服务机构共建跨区域的产业技术创新战略联盟，建立一批投资主体多元化，建设模式多样化、运行机制市场化、管理制度现代化、具有独立法人资源的产业技术创新战略联盟，整合城市群内部研发资源。

（三）引导城市群融入全国创新网络

引导各城市群依托高铁、航空、高速公路等交通优势，加强各个国家自主创新示范区之间的战略合作，共建创新合作园区。支持国内外知名高校、科研机构和企业设立或共建新型研发机构、技术转移机构。引导城市群内部企业加强与域外高端科研机构、高等院校的战略合作，共建产学研合作平台，支持城市群内部企业在其他城市群核心城市设立区域性研发中心，撬动外部研发资源为城市群创新发展服务。

（四）引导城市群链接全球创新资源

支持城市群全面融入"一带一路"，促进区域内需求与国际先进技术相互对接。支持国内外一流科研院所和世界500强企业在城市群设立或共建分支机构、研发中心、产业研究院等，支持高等学校、科研院所和企业积极参与欧盟"地平线2020"等多边国际科技合作计划，联合打造国际创新园、国际联合研发中心、国际技术转移中心等一批国际科技合作基地。支持各地探索建立中外合作工业园区、中外合作技术研究院。引导城市群积极嵌入中国技术创业孵化联盟等国际创业孵化网络体系，探索"跨国界创新孵化＋城市群加速转化"新型创新创业模式。

三、构建层次分明的生态网络

打好污染防治攻坚战，引导城市群推进土壤、大气、水污染协同防治，打造绿色城市群，构建城市绿心支撑、生态绿廊相通、生态绿环相绕的城市群生态协同圈，以绿心、绿廊、绿环等层次分明的生态网络防止城市群边界无序扩张，缩小城市群内部生态质量梯度，推动产业、城镇、人口等布局和结构优化，引导城市群践行生态文明理念，提高生态承载力和竞争力，提升对人才等高级生产要素的吸引力，进而提升城市群运行效率，促进城市群高质量发展。

（一）建设城市绿心

引导城市群各城市根据城市生态格局培育建设生态绿心，尤其是在城市扩张中要保护好水系、湖泊、湿地等，建成与周边环境相适应的城市生态绿心，同时在旧城改造更新中，重点加强对水系、公园、街角绿地的改造提升，围绕历史遗址、文化空间、学校、公共设施等周边配套建设绿心，提升城市生态品位。与前些年相比，越来越多的城市建设者认识到水系、湿地、遗址等对一个城市的重要性，破坏明显减少，但围绕水系、湿地、遗址等进行城市整体规划设计的不多，未来更多的是把水系、湿地、遗址等与产业、居住、商务、公共设施等城市空间结构优化协调起来，把中央生态区与中央商务区、中央科技区、中央休闲区、中央文化区等一并规划设计、一并建设，以绿心优化城市空间结构，提升"人的城镇化"水平。

（二）建设生态绿廊

重点依托河流、公路、铁路等，在城市群内部建设不同城市间相通的生态涵养带，实现城市群生态圈相通，把不同城市的绿心联通起来，构建生态一体化格局，引导城市群依托绿廊加强经济、产业等联系，促进大城市产业有序向周边城市转移，防止城市无序向外扩张。支持城市之间依托道路绿廊联合建设科创带、产业带，依托河流绿廊建设休闲带，把绿廊与产业、创新及城市发展等有机结合起来。近年来，地方政府对城市内部河流水系的治理日益重视，但是对城市之间河流水系治理的重视程度不够，未来在产业发展、市域水系和科创等结合方面具有巨大潜力。

（三）建设生态绿环

引导大城市围绕水系、山地、丘陵、环路等建设生态绿环，并用绿环把绿心、绿廊等联通起来，打造环城生态屏障和郊区型休闲带，防止大中城市的无序扩张。近年来，北京、上海、武汉、长沙等地纷纷规划建设区域绿环，建成了城市生态涵养带、环城风景带、远郊休闲带，既防止了城市无序扩张，又提升了城市群品位。但是，大多数城市群之间的城市融合仍处于无序发展阶段，绿环建设无疑可以作为优化城市群结构的一个重要抓手。

四、构建互联互通的基础设施网络

互联互通、无缝对接的基础设施网络是城市群运行效率提升的底层基础支撑，基础设施应着眼于适应人口结构和收入水平变化带来的产业升级和消费升级，大力建设高铁、轨道交通、信息网络等新基础设施，推动老的基础设施互联互通。未来着力的重点应集中在以下三个方面：

（一）强化高铁与轨道交通

高铁对于缩小城市群之间的时空距离、提高城市群运行效率非常重要，高铁布局应充分考虑城市群之间以及城市群内部城市之间的衔接，尤其是应在几大城市群核心城市之间构建高铁网络，而城市群核心城市应把周边纳入轨道交通辐射范围，引导地铁、轻轨等向周边地区延伸，扩展城市群半小时经济圈，沿轨道交通线打造创新创业创意等都市型产业带，引导产业、人口等向周边城市扩散，在核心城市边缘建设一批低成本众创空间和孵化器，降低"双创"成本，打造新经济增长极。

（二）完善信息网络

抓住网络强国建设机遇，加大信息网络建设和升级力度，以信息化提升城市群运行效率，引导城市群内部城市之间加强信息网络共建共享，建成枢纽型、功能性、网络化的信息基础设施体系，打造智慧型城市群，缩小"数字鸿沟"。统筹城市群内部智慧城市建设，统筹推进无线网络建设，引导各城市的云计算、大数据平台分建共享，统一电子政务平台和公共服务平台建设，推动城市间交通、教育、医疗、社保、旅游、行政审批等领域信息平台的对接，引导建立统一的智慧城市数据平台、安全监测平台等。探索城市群信息化治理模式，加强城市间环保、气象、应急等信息平台的对接和有关数据的共享，实现对城市群重大事件的动态监控和应急联动。重点推动十大国家级互联网骨干直联点城市建设，大力推动云计算、数据中心以及各种互联网信源向中西部重点城市群聚集，优化我国互联网产业的布局。引导沿海平台型企业在中西部地区城市群投资建设大数据中心、云计算中心等，带动区域信息基础设施网络升级。

（三）推动基础设施互联互通

城市群基础设施的互联互通是提升运行效率的必然要求，由于行政区划思维明显，我国城市之间的基础设施互联互通性不好，存在着边界效应，在交通、电力、信息等领域存在着诸多断点和缺环，导致基础设施综合使用效率大打折扣。未来应把推动基础设施网络的互联互通作为重中之重，着力引导城市群打通城际间的"断头路"，加快建设综合交通城际接口，协调布局综合交通枢纽和物流枢纽，推动核心城市与周边城市的基础设施网络无缝对接。

五、构建包容共享的公共服务网络

伴随着人口结构的变化和收入水平的提高，人民对公共服务的需求规模持续扩大，需求结构更加多元和复杂，需求满足的平台载体也在发生变化。当前我国公共服务领域不充分不平衡问题突出，教育、科技、社保、文化、医疗、体育等公共资源在区域、城乡之间存在明显失衡，尤其是伴随着城市化水平提高，对城市群公共服务一体化提出了更高要求。但公共服务涉及投资巨大，一定要认识到"平衡"不是"平均"，城乡"一体化"不是"一样化"，关键是要提高公共资源配置效率，力求在集聚中走向平衡。

（一）构建在线公共服务平台

依托互联网、大数据等，引导各部门构建城市群在线公共服务平台，加快推动公共服务系统的云端迁移，"让信息多跑路，让群众少跑腿"，通过信息化手段推动流程再造"简化办"、推进技术革新"网上办"、实现信息共享"就近办"，为群众和企业提供便捷服务，尤其是在科技、社保等公共服务领域，搭建一体化科技公共服务体系和社保服务平台，为城市群内的企业提供全覆盖、一站式服务，促进人力资本的跨区域流动和优化配置，支持企业跨区域开展生产经营活动。

（二）构建部门联动的公共服务体系

深化"放管服"改革，整合各部门资源，搭建一站式公共服务平台，实施"最多跑一次"改革，着力构建区域对接、政策协调、部门联动、资源整合、分类处置、分级响应、运转高效的公共服务联动体系，为公众提供更加优质、高效、快捷的公共服务。

（三）推动公共服务平台和数据共享

着眼于解决公共服务信息"不愿享""不敢享""不会享"的问题，统筹构建一体整合大平台、共享开放大数据、协同联动大系统。按照"增量先行"的方式，在全国层面探索建立公共服务数据资源清单，制定公共服务数据开放计划，推进公共服务数据资源统一会聚和集中向社会开放，优先推动交通、医疗、卫生、就业、社保、文化、教育、科技、环境、工商等公共服务相关领域的政府数据集向社会开放。引导城市群内部建立政府和社会互动的大数据采集形成机制，引导鼓励企业和社会机构深入发掘公共服务数据，在健康医疗、劳动就业、社会保障、养老服务、文化教育、城乡服务等领域开展大数据应用模式创新和示范试点，大力推动传统公共服务数据与移动互联网数据整合，引导各类企业依托数据挖掘创新便民应用模式，推动公共资源配置优化，提升社会治理能力和公共服务水平。

第二节　推动两个优化

要素配置与空间结构相互支撑、相互促进，是城市群运行效率提升的重要路径。在完善和丰富五大网络的基础上，大力推动要素配置优化和空间结构优化，是破解制约城市群运行效率的核心因素。

一、推动要素配置优化

生产要素优化配置是影响城市群运行效率的重要指标，由于区划思维明显及区域 GDP 竞赛机制的根深蒂固，城市群内部大多存在着"以邻为壑"的竞争模式，各类明的、暗的对生产要素跨区域流动的限制比较多，制约了生产要素优化配置的提升。应突出打破行政壁垒，重点在以下几个领域探索城市群生产要素配置优化的新路径新模式：

（一）推动土地指标跨区域流转

根据人口流动和产业集聚发展的规律和趋势，大力推动土地指标的跨区域流转，以市场机制、合理补偿的形式促进土地资源向最有效率的区域和城市集中，改变城市周边缺地而边缘地区产业园区空置的现状，引导城市群内部城市之间联合搭建土地资源流转平台，为土地跨区域流转、使用等提供一站式服务，让中小城市和乡镇享受到大城市快速发展的效益。探索在全国范围内优化配置生产要素的模式，推动土地指标的跨省域流转，在更大范围内实现土地要素的优化配置。

（二）推动资本跨区域整合产业资源

顺应供给侧结构性改革的趋势，支持优势企业和社会资本抓住传统产业整合机遇，跨区域整合产业资源。引导优势企业与金融机构联合设立城市群并购基金或者产业专项基金，支持城市群内部的龙头企业跨区域并购，对跨区域发展的企业重大项目与招商引资重大项目同等对待。切实降低企业跨区域并购和发展的门槛，深化"放管服"改革，下放审批权限，探索重大跨区域项目的城市群联审联批制度，探索"容缺办理"机制，降低企业跨区域发展的制度性交易成本。

（三）推动人才跨区域自由流动

近年来频频出现的人才争夺战表明人才已经成为城市群竞争的焦点，支持城市群内部城市联合出台人才政策，引导专业人才与区域发展实际对接，搭建城市间联动的人才服务平台，健全人才服务体系。重视猎头公司在优化人力资源配置中的作用，引导中西部地区城市群引入知名大型猎头公司设立分支机构或聚才基地，支持城市群内部的招聘公司、人力资源平台向猎头公司转型，为人才跨区域发展提供优质服务。实施城市群柔性引才战略，支持企业设立院士工作站、域外研发中心等平台，为企业柔性引进域外高端人才提供服务和支持。

二、推动空间结构优化

一直以来，我国大多数城市群都处在规模扩张阶段，基础设施、公共服务、经济集聚与人口集中之间存在严重失衡，空间结构不优，而面对城市人口结构和产业结构的剧烈变化，城市群空间结构以及城市内部结构面临重塑，蕴藏着空间优化的巨大潜力和能量，要突出从空间结构优化中找到提升城市群运行效率的新动能。

（一）推动全国层面城市群空间结构优化

在高铁和信息网络的带动下，区域时空距离大大压缩，经济和要素集聚呈现新格局，新产业人才和新消费阶层对生活品质、制度安排、成长空间等软环境要求更高，尤其是长三角、珠三角、京津冀三大城市群对生产要素的吸引力仍将持续上升，雄安新区的建设对我国城市群空间结构产生了深远影响。在此基础上应大力推动沿海三大城市群转型升级，全面打造三大世界级湾区，培育形成全球性城市群。同时，打破省域边界，按照经济联系和要素流动培育城市群，引导中西部地区城市群在与三大湾区的互动中明确功能定位和产业定位，引导各个城市群形成发展优势和城市特色，发挥"一带一路"、长江经济带以及国际航空枢纽的纽带和节点作用，促进中西部城市群与全球城市群链接。

（二）推动城市群内部空间结构优化

围绕新型城镇化和产业升级，依托交通通道、生态廊道、产业轴带等，引导城市群内部城市之间错位、联动发展，发挥市场在要素配置中的决定作用，在生产要素流动的基础上实现城市群自组织演进，形成网络化最优城市群结构，增强城市之间的经济、社会联系，避免资源错配、恶性竞争和重复建设。

（三）推动城市内部空间结构优化

城市内部空间结构对城市群运行效率也有巨大影响，核心城市与周边城市由于在功能、产业定位上不同，需要不同的空间结构来承载，尤其是邻近城市之间在功能、产业链布局上应考虑对接，共同打造科创走廊、产业带以及特色功能区等，提升协同竞争力。当前，城市经济正由工业主导向服务业主导演进，城市空间结构加速重构，突出把城市更新与产业升级衔接起来，在城市内部结构重构中注重与周边城市之间的连接与协同，依托轨道交通线培育新的商务区、都市工业区、创新创意创业区等，培育壮大带动城市空间优化的新动能，提升核心城市对高端服务业的承载力，促进一般制造业和服务业向周边城市拓展，在空间上与周边城市对接，为核心城市产业能级提升拓展新空间，提升协同竞争力。

第三节　构建四个体系

当前，我国城市群总体上还没有强化联系的内在动力，长三角、珠三角、京津冀三大城市群内部已经呈现合作多于竞争的发展格局，中西部城市群内部仍处在竞争大于合作的发展阶段。因此，不仅要发挥市场机制作用，还要更好地发挥政府作用，使"看不见的手"与"看得见的手"携手共进，构建协同推进体系、协同规划体系、协同开放体系、协同政策体系，探索创新城市群协同治理新模式，打破城市之间"看不见的墙"，促进要素自由流动，引导城市发挥优势，提高城市群运行效率，促进城市群高质量发展。

一、构建协同推进体系

在国家层面、区域层面构建城市群运行效率提升的协同推进体系。一是在国家层面建立城市群层面的协调机制，探索设立城市群协同发展领导小组及办公室，组建城市群发展专家委员会，对城市群整体发展以及各城市群发展的思路、规划、项目等进行总体谋划和科学论证，建立大区域之间城市群发展定期协商的常态机制，引导城市群有序发展。二是引导设立地方城市群协调机制。2018年初，安徽省、浙江省、江苏省和上海市抽调人员组建长三角区域合作办公室，标志着长三角城市群合作发展进入新阶段。应总结长三角区域合作办公室运作经验，引导各城市群设立类似机构，协调解决跨区域合作重大问题。支持各地探索建立城市群市长联席会议制度，每年定期召开专题会议，就重大规划、举措、政策、项目等进行磋商。支持发改、工信、科技、交通、社会保障等部门定期或不定期开展专项对接。三是构建多元化参与体系。引导设立城市群企业家交流合作机制，组建城市群企业家俱乐部，举办城市群企业家论坛，支持城市群内的企业家加强交流与合作，在产业链、资金链等方面形成跨区域合作关系，促进城市群产业协同发展；引导工商联等社会团体以及各类行业协会建立协调沟通机制，定期或不定期地对本领域跨区域合作的重大问题进行商议和对接，促进本领域跨区域合作；依托移动互联网搭建社会大众参与城市群建设的信息化平台，在规划制定、产业布局、项目建设中问计于民，总结梳理民众反映的问题，及时吸纳社会大众的建议与意见，扩大民众参与度，引导民众为城市群发展贡献智慧。

二、构建协同规划体系

发挥规划引领作用，形成国家、区域层面的协同规划体系。一是在国家、城市群相关各省有关部门的指导下，科学编制城市群高质量发展规划，出台《关于促进城市群高质量发展的指导意见》，明确发展思路、发展目标、发展重点和政策措施，科学指导我国城市群高质量发展。二是完善城市群专项规划体系，加强城市群内各市发展战略、经济社会发展规划、城乡规划、土地利用规划等重大战略和规划的衔接协调，联合制定和实施城市群基础设施互联互通、产业协作、物流、环境保护、教育、医疗等专项规划，联合开展重大设施衔接规划、重点地区整合规划和城乡一体化规划等研究和编制工作，引导城市群在跨区域科创走廊、特色产业带、生态廊道等领域加强规划合作，增强城市群发展的协调性和整体性。引导城市群内部城市之间联合开展"十三五"规划中期评估工作，对"十四五"规划进行前瞻性研究和部署，支持区域开展合作，将城市群一体化发展规划纳入"十四五"规划体系。三是引导城市群出台专项行动计划及年度工作计划，对产业、基础设施、生态、公共服务等各领域具体规划、重大项目和工作重点进行具体安排，进一步细化规划内容，推动规划切实落地。

三、构建协同开放体系

突出把实施开放战略作为推动城市群运行效率提升的重要抓手，引导各城市用好核心城市各类高端开放平台，链接全球资源，提升城市群发展层次和竞争力。一是完善自贸区（自贸港）开放体系。在国家层面，依托主要城市群进一步完善我国自贸区开放体系，适时推动自贸区向自贸港转型升级，以自贸区（自贸港）打破行政区划和城市边界，引导周边城市积极依托自贸区（自贸港）提升开放型经济发展水平，构建协同开放格局。二是引导城市群融入"一带一路"。国家"一带一路"愿景对核心区、节点城市等进行了系统规划，各城市群应积极对接核心区和节点城市，明确自身在"一带一路"中的战略定位，依托中欧班列、航空枢纽等平台扩大对外开放水平。引导城市群的龙头企业联合探索设立产业合作园区、国际产能合作基地、研发中心、"海外仓"等开放合作平台，充分利用"一带一路"的资源、产业基础和广阔市场推动城市群产业转型升级。三是引导城市群对接国家战略。近年来，我国为促进各区域特色发展，针对区域发展实际陆续批复了一大批国家战略，尤其是城市群核心城市在自贸区、创新示范区、跨境贸易试验区、综合保税区、口岸建设等方面形成了一定优势，这些开放平台不仅是核心城市的平台，而且是城市群的对外开放平台，各城市应积极与核心城市开放平台对接，引导企业利用这些开放平台"走出去"，支持有条件的地方与核心城市共建区域性开放平台，实现城市群开放平台一体化发展。

四、构建协同政策体系

以"开放、宽松、公平、高效"为准则，突出政策协同，形成无缝衔接的政策体系。一是加强经济政策协同。积极探索和建立适合高质量发展的人口迁移政策、土地使用政策、财政税收政策等，支持各地探索土地指标跨区域流转、人地挂钩、土地弹性出让等政策，统筹财政资金跨区域使用，突出产业政策领域的协调联动，引导生产要素跨区域流动和产业优化布局。二是加强社会政策协同。

突出把保障和改善民生作为城市群发展的出发点和落脚点，按照"兜底线、织密网、建机制"的要求，打破各类社会政策的分割状态，加强在就业、养老、失业、医保等社会政策领域的协同，注重不同制度在标准、对象、管理等方面的衔接，形成相互激活和相互融通的政策协同格局，形成政策合力，实现公共资源和公共服务普惠城市群全体社会成员。三是加强环保政策协同。建立水环境综合整治、空气污染防治、防沙治沙、生态林业建设等区域环境保护政策体系，引导城市群内部探索跨区域生态补偿机制，加强联防联控，协同治理大气、水、土壤污染。四是探索设立城市群一体化发展基金。发挥政府引导基金作用，探索涉企资金的基金化改革，引导城市群各个城市共同发起城市群一体化发展投资基金、优势产业发展基金、并购基金等，支持龙头企业与金融机构联合设立各类专项基金和风投基金等，重点投向跨区域重大基础设施、生态环境治理、特色产业等领域，充分发挥基金对城市群一体化发展的引导和促进作用。

第七章 中原城市群高质量发展的思路与举措

推进中原城市群高质量发展，机遇和挑战并存，必须善于观大势、谋大事，切实增强紧迫感和责任感，解放思想，开拓创新，明确发展思路和目标任务，突出战略任务和重点领域，合理实施路径，创新合作方式，积极探索区域高质量发展的新途径和新机制，走出一条符合科学发展和自身实际的高质量发展路子。

第一节 中原城市群高质量发展的现实基础

经过多年来发展，中原城市群高质量发展已经具备一定的基础，自然地理条件优越，区位交通优势明显，产业发展基础扎实，人文资源积淀深厚，这些都为中原城市群的高质量发展提供了坚实的物质、文化、人力等支撑。

一、综合实力较强

中原城市群产业体系完备，装备制造、智能终端、有色金属、食品等产业集群优势明显，物流、旅游等产业具有一定国际影响力。科技创新能力持续增强，国家和省级创新平台数量众多，人力资源丰富，劳动人口素质持续提升。合芜蚌、郑洛新自主创新示范区建设全面展开，郑州航空港经济综合实验区建设不断取得突破，引领开放、带动全局的效应日益凸显。据统计，中原城市群国土总面积达到28.7平方公里，占全国国土面积的3%；总人口为1.6亿，占全国人口的比重达到11.9%。与长三角城市群、珠三角城市群、京津冀城市群、长江中游城市群、成渝城市群、哈长城市群等《国家新型城镇化规划（2014—2020年）》确定的其他六个国家级城市群相比，在国土面积上，仅次于长江中游城市群和哈长城市群，大于长三角城市群、珠三角城市群、京津冀城市群和成渝城市群，在七大城市群中居第三位；在人口规模上，位居七大城市群的第一位，分别为长三角城市群、珠三角城市群、京津冀城市群、长江中游城市群、成渝城市群和哈长城市群的1.6倍、2.7倍、1.8倍、1.1倍、2倍和4倍；在经济规模上，2016年，中原城市群实现生产总值60396.75亿元，高于成渝城市群和哈长城市群。

二、交通区位优越

中原城市群地处沿海开放地区与中西部地区的结合部，是我国经济由东向西梯次推进发展的中间地带，位于陇海—京广的"大黄金十字"交叉地区，发达的综合交通通信网络初步形成，为城市群内城镇的内聚外联提供了保证。陇海—京广两大铁路枢纽在郑州交汇，以全国少有的"大黄金十字"交叉形成中原城市群的主干骨架。"三横五纵"的国家铁路干线与密集分布的铁路支线、地方铁路，共同编织了中原城市群发达的铁路交通网络。《国务院关于支持河南省加快建设中原经济区的指导意见》明确提出，加快建设蚌埠、阜阳、商丘、聊城、邯郸、安阳、新乡、长治、洛阳、三门峡、南阳、漯河、信阳、运城、菏泽、邢台等地区性交通枢纽，形成与郑州联动发展的枢纽格局，这将与快捷的交通网络一道，构成以郑州为中心，300公里为半径的一小时高铁通勤圈。同时，连霍高速、京港澳高速等9条高速公路，以及105国道、106国道、107国道、207国道、310国道、311国道、312国道等9条国道经过这里，公路网密度和道路等级在中西部地区处于明显优势，城镇之间联系通道较为密集。这一范围内拥有一个国际机场和多个民用机场，郑州航空港经济综合实验区建设打开了中原经济区建设的战略突破口，基础建设大规模展开，航空枢纽建设取得重大进展；客流特别是货运超常增长，招商引资、承接产业转移获得重大突破；口岸建设取得很大进步，中欧班列（郑州）运行超出预期；对周边地区的虹吸效应持续增加，辐射带动范围已经超过了河南自身。国家骨干公用电信网的"三纵三横"和南北、东西两条架空光缆干线，构成"四纵四横"的信息高速公路基本框架。交通运输和邮电通信强大的基础保障，使中原城市群内部的凝聚和外部的互动、交流、协作获得了强有力的支撑。

三、城镇体系完整

中原城市群拥有特大城市郑州和数量众多、各具特色的大中小城市，是以河南省郑州市、开封市、洛阳市、平顶山市、新乡市、焦作市、许昌市、漯河市、济源市、鹤壁市、商丘市、周口市和山西省晋城市、安徽省亳州市为核心发展区。联动辐射河南省安阳市、濮阳市、三门峡市、南阳市、信阳市、驻马店市、河北省邯郸市、邢台市，山西省长治市、运城市，安徽省宿州市、阜阳市、淮北市、蚌埠市、山东省聊城市、菏泽市等中原经济区其他城市。该区域城镇空间聚合形态较好，常住人口城镇化率接近50%，大中小城市和小城镇协调发展格局初步形成，正处于工业化城镇化加速推进阶段。

四、自然禀赋优良

中原城市群地处南北气候过渡带和第二阶梯向第三阶梯的过渡地带，自然景观荟萃，动植物资源丰富，气候兼有南北之长，人居环境优良。平原丘陵山地兼具、以平原为主，产业发展、城镇建设受自然条件限制较小。中原城市群主体河南省是矿产资源大省，在已探明储量的矿产资源中，居全国首位的有钼矿、蓝晶石、红柱石、天然碱、伊利石黏土、水泥配料用黏土、珍珠岩、霞石正长岩八种，居前五位的有25种，居前十位的有48种。其中，煤拥有量居全国第四位，并且完成了以平煤集团、义煤集团、郑煤集团、鹤煤集团、焦煤集团、永煤集团、中原大化为主体的七大煤业集团重组活动，加强与新疆、西藏、内蒙古、甘肃、四川等互补性较强省（区）的铁、铜、铅、锌等矿种的勘查工作，获取探矿权130个，与非洲及我国周边国家战略合作，有计划地开展矿产资源的开发与勘探工作，获取矿业权超过百个。河南省铝土矿资源储量居全国第三位，氧化铝、电解铝产量居全国第一位，铝土矿资源主要分布在三门峡—郑州—平顶山之间的三角地带，含矿系分布面积达3万平方公里。目前，河南省已经形成以铝为主，铜、铅、钼等为辅的有色金属工业制造基地。河南省地矿局与国合公司、永煤集团等单位联合开展的几内亚铝土矿勘探，一期工程提交铝土矿储量4.3亿吨，超过了河南省铝土矿现有保有资源量的总和。粮食、油料、棉花、畜产品、花木、烟叶、中药材等农产品资源，在全国占有重要地位。丰富的自然资源为中原城市群的高质量发展奠定了坚实的基础。

五、文化底蕴深厚

中原城市群历史源远流长、博大精深，长期是中国古代政治、经济、文化中心，人民勤劳、聪慧，富有自强不息、开拓进取、刚柔相济和兼容并蓄的优良文化传统，是中华民族和中华文明的主要发祥地之一，在中华文明很长的一段历史长河中占据着主流时段。从中国第一个夏王朝的建立，到金代灭亡的 3500 年间，先后有夏、商、西周（成周洛邑）、东周、西汉（初期）、东汉、曹魏、西晋、北魏、隋、唐（含武周）、五代、北宋和金等 20 多个朝代 200 多位帝王建都或迁都于此。中国八大古都中，中原城市群就占了四个，分别为夏商故都郑州、商都安阳、十三朝古都洛阳和七朝古都开封。中原城市群的主体河南省地上文物保有量居全国第二位，地下文物保有量居全国第一位，为全国文物保护单位最多的省份，被史学家誉为"中国历史自然博物馆"。全省现已查清的各类文物点 28168处，全国重点文物保护单位 97 处，省级文物保护单位 666 处，县级文物保护单位约 4000 处，拥有各类文物藏品约 130 万件，占全国总数的 1/8。区域自然风光秀美，人文景观丰富，以少林武术、太极拳、洛阳龙门石窟、开封宋都古城、河南博物院、郑汴洛沿黄"三点一线"、焦作云台山水等为代表的历史文化遗产和精品旅游景区，在国内外具有较高的知名度。

第二节　中原城市群高质量发展存在的问题

中原城市群高质量发展的谋划和推进，还面临着一些客观存在的问题，包括发展诉求不一致、沟通协调机制没有建立、产业集群的层次整体偏低、生态环境保护压力依然较大等问题，严重影响了中原城市群高质量发展进程的顺利推进。

一、行政障碍壁垒较为突出

中原城市群[1]是跨省级行政区的城市群，涉及范围大、面积广，涵盖五省 30个省辖市，由于分属不同的省份，隶属不同的行政关系，行政壁垒和行政障碍比较突出。尤其是中原城市群是以河南省为主体，山西、河北、山东、安徽四省涉及城市相对较少，所以往往认为中原城市群是河南一省的事情，在有重大利益的时候其往往习惯于"搭便车"，而在不能给自身带来利益的情况下往往缺乏合作

---

[1]　本书所研究的中原城市群，以中原经济区为基础，包括河南、山西、河北、山东、安徽五省 30 个省辖市和三个县（区）所涉及的范围。

"热情"，行政壁垒较为突出，市场分割较为严重，区域障碍比较明显，跨行政区协调难度较大。同时，一些城市基于地方利益和政绩考核的考虑，往往从本地区的角度来考虑问题，缺乏大局意识和整体观念，导致在跨界交通设施建设、水资源使用、生态环境治理以及人员流动上以邻为壑，尤其是不存在行政隶属关系的城镇之间，这种现象尤其突出，使得城市群各城市政府间的横向合作受到严重阻碍。此外，由于中原城市群存在着等级分明的行政隶属关系，城市群中小城市和小城镇，在资源配置中往往处于"从属"和"弱势"地位，导致中小城市发展受到严重约束。因此，在推进中原城市群高质量发展的过程中，如何打破"一亩三分地"的思维定式，破除行政区划的壁垒障碍，成为亟待解决的现实性难题。

二、协调制度建设严重滞后

建立城市群发展的协调机制与协调制度，是国内外成熟城市群发展的典型经验和主要做法。然而，截至目前，中原城市群尚未建立起真正的区域协调制度，直接影响着中原城市群高质量发展和协调共进。一是区域协调机构缺失。目前，针对中原城市群的发展，无论是国家层面的协调机构，还是河南、山西、河北、山东、安徽五省间的协调制度，抑或是中原城市群各城市之间的区域协调制度，均没有建立起来。虽然期间为推动城市群的协同发展，中原城市群建立了诸如九市与省直有关部门联席会议、九市市长论坛、九市政协主席联席会议等议事机构和制度，但这种制度一方面仅限于郑州、洛阳、开封、新乡、焦作、许昌、漯河、平顶山、济源9个城市，尚未扩展到中原城市群的所有城市；另一方面这种相对松散、缺乏约束力的协调议事制度，很难真正起到解决城市群协同发展问题的作用。二是城市群协调机制尚不健全。尤其是促进中原城市群协同发展中的利益协调机制、利益分享机制、利益补偿机制、激励约束机制、生态环境联防联控机制等还有待进一步的建立和完善。

三、核心城市辐射带动力弱

核心城市是城市群快速发展的关键和保证。核心城市发展速度的快慢、规模的大小以及实力的强弱，对于城市群发展的速度、质量和效益具有举足轻重的作用。与长三角城市群、珠三角城市群、京津冀城市群、山东半岛城市群以及成渝城市群等发展相对成熟的城市群核心城市相比，中原城市群核心城市郑州市，无论是从经济总量和发展规模，还是从经济实力和竞争能力等方面，与其还有不小的差距。2017 年，郑州市实现生产总值9130.20 亿元，而同期的上海市、广州市、北京市、青岛市、成都市和重庆市分别达到30133.86 亿元、21503.15 亿元、28000.40 亿元、11037.28 亿元、13889.39 亿元和19500.27 亿元，郑州市仅为上海市的30.3%、广州市的42.5%、北京市的32.6%、青岛市的82.7%、成都市的65.7%和重庆市的46.8%。因此，如何进一步做大做强中原城市群的核心城市，提高郑州市的综合实力和辐射带动力，成为中原城市群高质量发展的过程中必须考虑的重大现实性问题。

四、产业同质化现象比较明显

城市群高质量发展的核心在于形成合理的区域分工体系，尤其是要形成合理的区域产业分工。由于受行政区划分割、地方利益驱使等多重因素的影响，中原城市群城市职能定位同化，产业同构化、同质化现象比较突出，直接影响和制约着城市群的协调发展。比如在主导产业选择和重点产业发展方面，中原城市群所有城市均把装备制造业作为重点发展产业，有八个城市把生物医药产业、新材料作为产业发展重点，有七个城市把食品工业、化工工业、电子信息产业、新能源产业作为发展重点，有六个城市把发展汽车及零配件产业作为产业发展重点，有五个城市把节能环保产业作为产业发展重点，有四个城市把纺织服装产业作为产业发展重点等。这些相似的产业发展重点，极易引发城市间的资源争夺、恶性竞争，进而导致区域间的重复建设和资源浪费，破坏城市间的和谐发展和区域高质量发展进程。再比如在新一轮招商引资过程中，各城市为了获取相同的产业发展项目，竞相压低地价，甚至是以零成本或负成本来出让土地，造成城市间的恶性竞争，影响城市群发展的整体效益。

五、交通体系建设有待加强

构建高效便捷的区域交通运输网络是城市群协调发展的重要内容，也是城市群协调发展的重要基础。近年来，随着中原城市群交通运输设施的建设，城市群综合交通网络已形成一定的基础，体系网络不断完善，区域交通联系日益便捷，但是相对于城市群协调发展，以及城市群区域联系日益增强的态势而言，中原城市群综合交通运输网络体系的支撑能力还相对较弱，突出表现在以下三个方面：一是核心城市郑州市与除开封市之外的其他城市的快速通道建设相对滞后，特别是与济源市、平顶山市等不在主要交通要道上城市的联系通道建设尤其滞后，直接影响到这些城市与核心城市的交通联系；二是除核心城市外其他城市间的交通联系通道建设还比较欠缺，尤其是各个城市间的快捷通道建设比较紧缺，也影响和制约着这些城市间的交通联系和区域合作；三是小城镇与核心城市、区域性中心城市的联系通道能力比较薄弱，亟须进行改造与提升。因此，加强中原城市群综合交通运输网络体系建设，增强城市群城镇间和城乡间的交通联系，仍是中原城市群未来发展的努力方向和战略重点。

第三节　中原城市群高质量发展的基本思路和基本原则

要切实明确中原城市群高质量发展的基本思路和基本原则，切实举措，有的放矢，切实把中原城市群高质量发展推向新高度。

一、中原城市高质量发展的基本思路

推进中原城市群高质量发展，要坚持以邓小平理论、"三个代表"重要思想、科学发展观、习近平新时代中国特色社会主义思想为指导，深入贯彻党的十九大和十九届一中、二中、三中全会精神，全面贯彻落实国家和河南省推进区域发展的决策部署，秉持开放合作、互利共赢、共建共享的思路理念，以协同发展为主线，以产业分工协作为重点，以交通设施对接为先导，以改革开放为动力，着力推进基础设施相连相通、产业发展互补互促、资源要素对接对流、公共服务共建共享和生态环境联防联控，积极探索高质量发展的新模式、新举措和新机制，着力形成规划统筹、交通同网、信息同享、就业同系、市场同体、产业同布、社会同建、旅游同线、环境同治、群众同富的高质量发展新格局，着力打造资源配置效率高、经济活力强、具有较强竞争力和影响力的经济发展新增长极，国家重要的先进制造业和现代服务业基地，中西部地区创新创业先行区，内陆地区双向开放新高地和国家绿色生态发展示范区。

二、中原城市群高质量发展的基本原则

推进中原城市群高质量发展，既要顶层设计、统筹谋划、积极推进，又要突出重点、把握关键、积极稳妥，切实把握和坚持以下基本原则：

第一，坚持市场主导、政府推动。遵循市场经济和区域高质量发展的客观规律，统筹考虑资源和环境承载能力，发挥市场在资源配置中的决定性作用，尊重企业和社会组织在高质量发展中的主体地位，促进资源要素高效流动和优化配置。更好地发挥政府引导和协调作用，加强规划引导，支持先行先试，强化政策扶持，打破行政壁垒，优化空间布局，促进产业分工，形成区域高质量发展新局面。

第二，坚持平等参与、互利共赢。着眼扩大区域共同利益，坚持以发展诉求为前提，以利益联结为纽带，在双方和多方积极谋划、自愿平等、共同推进的基础上，加强中原城市群各城市之间的交流与合作，推进基础设施互联互通、产业分工协作、资源要素对接对流、公共服务共建共享、生态环境联防联控，着力形成区域发展共同体，实现互利共赢、良性互动、协同发展。

第三，坚持优势互补、良性互动。发挥各地资源要素禀赋比较优势，促进特色化、差异化发展，合理空间布局和功能分区，推动产业合理布局和聚集发展，促进中原城市群内大中小城市功能互补和组团式发展，探索重大项目、平台共建和利益共享机制，实现区域生产力的优化配置，最大限度地挖掘发展潜力，提升区域整体竞争力，形成各具特色、错位互补、协调发展的高质量发展新格局。

第四，坚持先行先试、开拓创新。主动适应新形势发展变化，着力深化改革，拓展合作思路，创新合作方式，探索完善资源配置、利益分配、服务共享、制度保障等高质量发展新机制，以先行先试释放发展动力、规范竞争秩序、平衡利益关系、促进社会融合，不断深化区域合作，提升区域高质量发展水平。

第五，坚持全面推进、重点突破。积极寻找各方利益结合点，充分调动各方面的积极性，积极推进多领域、多层次、多形式合作，以重点领域、重大工程、重大项目为突破口，全面推进城乡建设、基础设施、产业发展、生态文明、公共服务、制度建设等对接合作，推进高质量发展向深层次、宽领域、高水平演进，全面加快区域高质量发展进程。

第六，坚持民生优先、和谐发展。坚持把保障和改善民生摆在高质量发展的优先位置，全面加强教育、医疗卫生、文化体育、社会保障、生态环境等民生事

业发展，促进城市群地区共建共享，提高基本公共服务均等化水平，让广大群众更多、更公平地享受高质量发展带来的成果。

第四节　中原城市群高质量发展的战略目标

按照全面建成小康社会的目标要求，遵循中原城市群高质量发展的总体思路和基本原则，结合中原城市群高质量发展实际和发展趋势，提出如下战略目标。

一、近期目标

到2020年，中原城市群高质量发展初步实现，支撑引领中原崛起、河南振兴、富民强省的能力显著增强，在中部崛起和国家"一带一路"建设中地位作用大幅提升，率先实现全面建成小康的社会目标。

第一，综合实力大幅增强。经济社会持续快速发展，高端产业不断集聚，自主创新能力明显提升，综合实力显著增强，在国家发展中战略地位作用更加凸显，支撑引领带动能力大幅提升。

第二，区域发展更加协调。空间布局优化调整，城镇分工日趋合理，空间联系日益便捷，城乡一体化发展加速推进，区域发展更加协调，初步形成分工合理、各具特色的空间发展新格局。

第三，产业发展分工协作。产业层次不断提升，产业结构明显优化，产业资源共建共享，产业集群发展和互补对接取得重大进展，共同培育的产业集群和跨区域共建产业园区初见成效，特色优势产业、战略性新兴产业、现代服务业和现代农业快速壮大，自主创新能力显著增强，基本形成布局合理、特色鲜明、分工合作的产业发展新局面。

第四，基础设施互联互通。区域性重大基础设施建设有效推进，交通、水利、能源、信息、市政、口岸通关等重大基础设施全面对接联网，新郑国际机场、洛阳机场、郑州东站等枢纽型设施辐射力、影响力不断扩大，统筹、共建、共享的综合基础设施框架体系开始形成，基础设施互联互通能力显著增强。

第五，环境质量明显改善。生态建设加速推进，跨界环境治理有效推进，流域生态环境保护取得积极成效，水环境和空气污染治理成效明显，生态环保联防联治和共建共管机制基本建立，资源节约、环境友好、生态文明的体制机制初步形成，区域整体环境质量明显改善，可持续发展能力大幅提升。

第六，公共服务均等化加速推进。重点领域公共服务深入推进，文化、教育、医疗卫生和体育等领域资源协作共享，社会保障、城乡就业、人才等领域服务基本实现一体化，城市管理、社会治安、人口管理、食品药品安全等公共事务管理和服务基本实现同城化。

二、远期目标

到 2030 年，全面实现高质量发展，率先实现现代化。形成综合经济实力强大、空间布局合理、基础设施互通、产业高效联动、生态环境优美、基本公共服务均等、人民生活幸福，在国内具有较强影响的战略增长极，携领中原城市群建成有重要影响的国家城市群，成为亚太地区最具活力和竞争力的地区。

第五节　中原城市群高质量发展的空间布局

根据资源环境承载能力、现有开发强度和发展潜力，按照"核心带动、轴带发展、节点提升、对接周边"的原则，明确区域功能定位，规范空间开发秩序，促进人口、产业集中、集聚发展，加快形成中原城市群高质量发展的新格局。

一、"一核"携领

"一核"即以郑州大都市区为核心，范围包括郑州中心城区、焦作中心城区、开封中心城区、新乡中心城区、许昌中心城区等区域。以郑州建设国家中心城市为目标，加快郑州航空港经济综合实验区、郑洛新国家自主创新示范区、河南自由贸易试验区和跨境电子商务综合试验区建设，强化物流及商贸中心、综合交通枢纽和中西部地区现代服务业中心、对外开放门户功能，全面增强国内辐射力、国内外资源整合力。推动郑州与开封、新乡、焦作、许昌四市深度融合，建设现代化大都市区，进一步深化与洛阳、平顶山、漯河、济源等城市联动发展。

二、"四轴"联动

"四轴"即陇海发展主轴、京广发展主轴、太原—郑州—合肥发展轴和济南—郑州—重庆发展轴，主要依托"米"字形综合交通网络，增强沿线城市辐射带动能力，促进大中小城市合理分工、联动发展，打造特色鲜明、布局合理的现代产业和城镇密集带。

（1）沿陇海发展主轴。发挥陆桥通道优势，提升郑州、开封、三门峡"一带一路"建设重要节点城市功能，增强运城、淮北、宿州、菏泽等沿线节点城市经济人口承载能力打造电子信息、汽车及零部件、装备制造、有色金属、能源化工等产业集群，形成具有较强实力的先进制造业和城镇集聚带，强化对新亚欧大陆桥国际经济走廊的战略支撑作用。

（2）沿京广发展主轴。依托京广通道，发挥郑州的辐射带动作用，提升邢台、邯郸、安阳、鹤壁、新乡、许昌、漯河、驻马店、信阳等城市集聚能力，引导食品加工、高端装备制造、医药、精品钢铁、电子信息、节能环保、现代家居等产业加快集聚，打造沟通南北的城镇产业密集带，密切与京津冀城市群等的联系。

（3）济南—郑州—重庆发展轴。依托郑（州）济（南）万（州）高速铁路建设，加速形成综合运输通道晋城、濮阳、平顶山、南阳等节点城市和沿线中小城市支撑作用培育发展装备制造、能源化工、特色轻工等产业，形成对接成渝城市群、沟通山东半岛城市群的城镇发展带。

（4）太原—郑州—合肥发展轴。加快郑（州）合（肥）太（原）高速铁路、跨区域高速公路和城际快速通道建设推动长治、晋城、焦作、济源、周口、阜阳、蚌埠等城市扩容提质，加快装备制造、纺织服装、食品加工、生物医药、部件等产业集聚发展，构建连接长江三角洲城市群、山西中部城市群的城镇和产业集聚带。

三、"四区"协同

"四区"即北部跨区域协同发展示范区、东部承接产业转移示范区、西部转型创新发展示范区、南部高效生态经济示范区，要突破行政壁垒，创新体制机制，促进省际相邻城市合作联动，加快构建跨区域快速交通通道，优化产业分工协作，推动教育、科技、文化、生态等资源共享，培育北部跨区域协同发展示范区、东部承接产业转移示范区、西部转型创新发展示范区、南部高效生态经济示范区，打造城市群新的增长区域和开放空间。

第六节　中原城市群高质量发展的实施路径

围绕中原城市群高质量发展的目标要求，突出重点领域，强化路径创新，协同推进城乡发展一体化，协同提升基础设施互联互通能力，协同促进产业分工协作，协同共建现代市场体系，协同共享基本公共服务，协同共创区域生态环境，协同打造开放合作新高地，协同开创中原城市群高质量发展新格局。

一、协同推进城乡发展一体化

坚持走新型城镇化道路，创新城乡发展一体化的体制机制，充分发挥郑州大都市区龙头核心带动作用，着力强化洛阳的副中心地位，积极突出开封、新乡、许昌等城市的战略支撑极作用，着力强化各乡镇和产业集聚区的战略支点作用，有序推进农业转移人口市民化，加强城乡基础实施和公共服务设施建设，加快推进新农村建设，强化农村综合环境整治能力，着力形成以工促农、以城带乡、工农互惠、城乡一体的新型工农城乡关系，开创形成城乡发展高质量发展的新格局。

二、协同提升基础设施互联互通能力

按照统筹规划、合理布局、共建共享、互利共赢原则，以重大项目为抓手，充分发挥交通基础设施建设的先导作用，加快推进能源、水利、信息等基础设施建设，着力提升基础设施互联互通能力与现代化水平，共同建设布局合理、功能配套、安全高效的现代基础设施体系，着力夯实中原城市群高质量发展的现实基础。共同完善综合运输体系，统筹中原城市群高质量发展的交通规划与建设，畅通内外通道，完善交通网络，强化枢纽功能，加快形成布局合理、衔接紧密、内通外联、便捷高效的综合运输体系。协同增强能源保障能力，根据区域环境承载能力和大气污染防治要求，科学布局、统筹推进能源基地建设，完善能源供输网络，提升能源设施共建共享水平。着力推动水利工程共建，确保区域防洪安全、供水安全、生态安全和粮食生产需要，推进区域内黄河干流及主要支流水利设施

共建，统筹水资源开发、利用、节约、保护及水害防治工作。统筹信息基础设施建设，统一规划、集约建设数字化、宽带化、智能化、综合化、一体化的信息设施，促进资源共享，做到通信同网同费。

三、协同促进产业分工协作

充分发挥地区比较优势，以市场为导向，以企业为主体，以推进产业链跨区域布局、共建产业合作平台等为重点，促进城市间产业协作配套，推进产业跨区域布局，鼓励企业跨区域重组联合，构建横向错位发展、纵向分工协作的产业分工协作体系。联合提升工业发展水平，以优势产业和骨干企业为龙头，联手打造电子信息、装备制造、铝工业等优势产业集群，延长产业链，提升产业层次，合力建设全国先进制造业基地和战略性新兴产业基地。合力发展现代服务业，重点在文化旅游、现代物流、金融保险、信息服务等领域展开深度合作，提质增效、全面提升区域服务业发展水平。协同发展现代农业，稳定提高粮食生产能力，积极发展高产、优质、高效、生态农业，构建区域共享的农业服务体系，建成特色农产品生产与加工基地。协同推进自主创新体系建设，联合组建产业技术创新联盟，加强创新平台共建和资源开放共享，联合攻关共性关键技术，推动科技成果转化运用。建立产业协同发展机制，建立健全产业转移推进机制和利益协调机制，搭建产业合作平台，共建产业集聚区，逐步统一土地、环保等政策。

四、协同共建现代市场体系

突破行政区限制和体制障碍，全面清理阻碍生产要素和商品自由流动的各种不合理规定，统一市场规则，加快发展统一、开放的商品市场和要素市场。实行统一的市场准入制度，促进区域市场主体登记注册一体化。完善区域金融服务网络，支持地方金融机构互设分支机构，探索建立一体化的存取款体系、支付与资金结算体系。完善人才评价体系和就业管理服务网络，健全统一规范的劳动用工制度和就业信息跨区域共享的人力资源市场体系，实现各市互认培训和鉴定结果，促进人力资源跨区域流动。建立互联互通的技术交易市场，实施统一的技术标准。打造信息平台，依法实现信用信息公开与共享。取消商品流通、市场准入等限制，推进商品、生产资料等市场一体化。鼓励建立区域性行业协会。

五、协同共享基本公共服务

秉持均衡共享理念，以保障和改善民生为重点，加强公共服务交流合作，合理配置基本公共服务资源，建立健全资源要素优化配置、共建共享、流转顺畅、协作管理的社会公共事务管理机制，加快推进区域教育、文化、医疗和社会保障等基本公共服务一体化建设，推动基本公共服务同城化、均等化。推进教育合作，支持各类教育跨区域合作办学和交流，鼓励共建职业教育培训和公共实训基地。推进医疗资源跨区域共享，引导郑州、洛阳优质医疗资源向其他城市辐射，促进各市医疗卫生资源联系协作，推动重大疫情联防联控。推进文化、体育等公共设施共享。推动医疗保障、养老保险的区域统筹和无障碍转移接续，实现基本医疗保险定点医疗机构互认和就医医疗费用联网结算。协同创新社会管理，构建区域协调一致的社会公共事务管理机制，重点加强在人口联动管理、社会治安综合治理、防灾减灾、安全生产、应急处置等方面的合作，形成社会服务和管理合力，为区域和谐发展提供有力保障。

六、协同共创区域生态环境

建立健全跨区域生态环保联动机制，编制实施中原城市群高质量发展环境总体规划，严格按照主体功能定位推进生态一体化建设，加强生态环境综合治理，推动区域绿色化发展，共建天蓝、地绿、水清的生态文明家园。加快生态环境建设，共建以黄河、伊河、洛河、南水北调为重点，以山地、森林、湿地等生态系统为主体，以自然保护区、森林公园和风景名胜区为支点的生态保护屏障。加强跨区域生态工程建设，联合开展重点流域水污染治理，加强跨区域大气污染防治。提高资源利用水平，大力发展循环经济，倡导绿色低碳生活方式，共促区域绿色发展。建立区域生态环境保护合作机制，完善环境污染联防联治机制，建立区域生态补偿机制，健全生态环境监测、信息沟通、联合执法、重大环境事件协调处理机制。

七、协同打造开放合作新高地

实施更加积极主动的开放合作战略，着力发挥郑州航空港经济综合实验区、中国（河南）自由贸易示范区等对外开放重要门户作用，积极强化中原城市群高质量的整体优势，创新对内对外开放和交流合作机制，打造高水平开放合作平台，大力发展内陆开放型经济，全面提升对外开放水平，打造内陆开放合作新高地。积极参与和融入"一带一路"建设，重点推动东向出海口和西向欧亚大陆桥的对外开放大通道建设，巩固提升郑欧班列领先地位。联合打造区域开放平台，联合申报国家进口贸易创新示范区，推动郑州跨境贸易电子商务服务试点，推进新郑综合保税区建设，加快郑州进口肉类指定口岸、洛阳铁路集装箱站口岸等建设，推进区域一体化建设。强化招商引资工作，建立招商引资联动机制，共建招商平台，实施区域联合招商。全面加强区域合作，重点推进与京津冀、长三角、珠三角、长江中游、成渝、关中—天水等城市群的战略合作。

第八章　中原城市群核心城市郑州市
高质量发展的思路与举措

国家中心城市居于国家战略要津，是国家城镇体系的最高层级，是国家城市体系的"塔尖城市"和"经济极核"，在国家战略布局中具有体现国家意志、肩负国家使命、代表国家形象、引领区域发展、跻身国际竞争领域的重要功能。郑州市作为河南省省会城市和龙头核心，中部崛起的战略增长极和"一带一路"的节点城市，在全省发展新一轮中部崛起和全国发展大局中占据着十分重要的地位，发挥着至关重要的作用。同时，郑州国家中心城市高质量发展也具有厚实的发展基础、突出的优势条件和巨大的发展潜力，对于河南省、中部地区和全国来说具有重大战略意义。一定要把郑州推进国家中心城市高质量发展置于战略高度，举全省之力，聚各方资源，全力推进郑州国家中心城市高质量发展，为引领全省发展、促进新一轮中部崛起和更好地服务全国发展大局，提供坚实基础和强大支撑。

第一节　郑州市高质量发展的主要优势

郑州推进国家中心城市高质量发展，要进一步明确国家中心城市高质量发展的一些优势，依托优势、巩固优势、叠加优势、放大优势，依靠主要优势取得国家中心城市高质量发展的积极进展。

一、地理区位优势

郑州位于中国地理中心，北邻黄河，西依嵩山，东、南接黄淮平原，位于东经 112°42′~114°14′，北纬 34°16′~34°58′，是河南省的政治、经济、文化、金融、科教中心。郑州的区位优势得天独厚，地处国家"两横三纵"城市化战略格局中,陆桥通道和京哈、京广通道的交汇处,是全国重要的铁路、航空、公路、电力、邮政电信枢纽城市。目前,以郑州新郑国际机场为中心,一个半小时航程内覆盖全国2/3的主要城市、3/5的人口。同时,郑州是全国普通铁路和高速铁路网中唯一的"双十字"中心,以其为中心的中原城市群"半小时经济圈"、中原经济区"1小时经济圈"和全国"3小时经济圈"已经形成。以郑州为核心的中原经济区面积约28.9万平方公里,人口超过1.8亿,涵盖河南省18个省辖市以及山东、河北、安徽、山西4省12个省辖市。尽管是内陆城市,但郑州作为华夏文明传承创新区的核心城市,交通便利、四通八达,是新亚欧大陆桥上的重要经济中心,也是"一带一路"核心节点城市。近年来,郑州积极推动构建丝绸之路经济带的枢纽,随着郑州航空港经济综合试验区的快速发展,郑欧班列的高质量高水平运营,陆港功能完善,跨境贸易、电子商务取得试点,郑州的区位优势更加凸显。

二、综合枢纽优势

近年来,郑州按照"大枢纽带动大物流、大物流带动大产业、大产业带动城市群"的发展思路,围绕"枢纽+通道+口岸",强力打造郑州枢纽功能和物流中心功能,抢占内陆地区对外开放的高地。郑州航空港是全国首个上升为国家战略的航空港经济发展先行区,航空货运增速连续多年保持第一。目前,以郑州为亚太枢纽中心、以卢森堡为欧美枢纽中心、覆盖全球的航空货运网络骨架已然形成,郑州航空港区内陆国际航空物流枢纽地位初步确立。郑欧班列名扬"新丝绸之路",运量居中欧班列之首,其境内境外双枢纽和沿途多点集疏格局正在形成,覆盖辐射范围持续扩大。2016年10月,郑州至济南铁路、郑州至濮阳段工程开工建设,标志着以郑州为中心,贯通南北、连接东西的"米"字形高速铁路网战略构想全部落地实施。目前,郑州不仅实现了地铁、城铁、高铁、普铁"四铁联运",还实现了铁路与航空的无缝换乘。另外,以郑州为核心的"两环多放射"高速公路网、"三横八纵"国省干线公路网也已基本形成。"域内畅通、域外枢纽"的大格局基本形成,郑州在全国交通大系统中的枢纽地位更加凸显。2016年8月,国务院决定设立中国(河南)自由贸易试验区,将其主要功能定位为"落实中央关于加快建设贯通南北、连接东西的现代立体交通体系和现代物流体系的要求,着力建设服务于'一带一路'建设的现代综合交通枢纽"。借助国家战略,郑州将开启综合交通物流枢纽建设发展的新时代。

三、发展腹地优势

郑州作为河南省省会，其综合竞争实力持续提升，在全省的首位度极高，而且周边350公里内没有大城市，400公里内没有比郑州大的城市，经济腹地十分广阔。中原经济区1亿多人口、28.9万平方公里土地等都为郑州经济社会发展提供了强大的动力、广阔的空间和坚强的支撑。目前，郑州正在积极推进大都市圈建设，大郑州的中心组团要集中精力发展现代服务业、高新技术产业，传统产业要向外围卫星城市转移、扩散。郑东新区要发展成为中央商务区和"新经济"聚集区，而外围卫星城如巩义、新密、新郑、中牟等要以发展产业为主，共同支撑大郑州作为河南乃至中部地区产业空间组织中心的功能区。与此同时，以郑州都市圈为核心，以洛阳、开封、许昌、新乡、焦作、平顶山、漯河、济源等城市为节点，构成的中原城市群紧密联系圈。在中西部地区，中原城市群是北京、武汉、济南、西安半径500公里区域内城市群体规模最大、人口最密集、经济实力较强、交通区位优势突出的城市群，是河南省乃至中部地区承接发达国家及我国东部地区产业转移、西部资源输出的枢纽和核心区域之一。郑州正在快速发展成为一座集行政、商贸、交通、旅游服务于一体的现代化大都市，成长为中部地区十分重要的战略腹地。

四、文化资源优势

郑州是全国著名的历史文化名城，拥有8000年裴李岗文化、6000年大河村文化、5000年黄帝史诗、3600年商都文明，是中国八大古都之一和世界历史都市联盟成员，"中国"一词，最早就出自郑州嵩山地区的"宅兹中国"文献。悠久的历史留下了丰富的历史遗存，孕育了中原地区光辉灿烂的文化。全市拥有商城遗址、裴李岗遗址、北宋皇陵、轩辕黄帝故里、杜甫故里、潘安故里等历史名胜和文化古迹等不可移动文物8651处。禅宗祖庭少林寺、道教圣地中岳庙、宋代四大书院之一的嵩阳书院、中国最古老的登封观星台等都是中华文明史上的璀璨明珠。郑州的非物质文化遗产也十分丰富，截至2016年10月，全市共有国家级非物质文化遗产6项、传承人4人，省级非物质文化遗产59项、传承人26人，市级非物质文化遗产185项、传承人149人。少林功夫、黄河澄泥砚、超化吹歌、豫西狮舞、新郑黄帝故里拜祖大典、中岳古庙会、苌家拳等享誉海内外。郑州作为黄河文明的摇篮，在此地域积淀形成的姓氏文化、黄帝文化、黄河文化、商都文化、嵩山文化、少林文化、客家文化、象棋文化、河洛文化、豫商文化、冶铁文化、石窟文化、古县衙文化、唐宋文化、汉文化等魅力独特，影响深远。

五、战略叠加优势

河南先后获批粮食生产核心区、中原经济区、郑州航空港经济综合实验区、郑洛新国家自主创新示范区、中国（郑州）跨境电子商务综合试验区、中国（河南）自由贸易试验区等，几乎都与郑州市息息相关。可以看出，国家对中部、对河南、对郑州的发展寄予了厚望。首先，郑州是国家批复的中原经济区核心增长极，是华夏历史文明传承创新区和郑洛新国家自主创新示范区核心城市；其次，郑州航空港经济综合实验区是国务院批复的第一个以航空经济为主题的国家级功能区；最后，获国家批准的河南自贸试验区，无疑又让郑州在通往国家中心城市的道路上迈出了一大步。此外，中国（郑州）跨境电子商务综合试验区已启动实施，国家互联网骨干直联点城市、服务外包城市、贸易流通体制改革试点城市等国家级试点、示范工作正在深入推进。中央把郑州定位为"一带一路"重要节点城市，赋予郑州建成连通境内外、辐射东中西的物流通道枢纽，为内陆地区扩大开放探索路子、为中部崛起提供支撑。河南省委、省政府寄望郑州发挥核心增长极作用，引领河南参与国内外竞争、带动中原城市群发展。众多国家战略在郑州形成了政策叠加优势，为郑州聚集更多优质资源要素、提升中心城市地位和作用提供了难得的历史机遇。

第二节　郑州市高质量发展的问题与不足

近年来，郑州国家中心城市高质量发展取得显著进展，但在高质量发展过程中，仍然存在着一些矛盾和不足，需要拿出切实举措加以破解和解决。

一、经济总量和人口总量小

近年来，郑州经济社会得到高速发展，经济总量与质量快速提升。市区常住人口不断增加，人口净流入仅次于北上广，位于中西部第一。但与北京、天津、上海、广州、重庆、成都六大国家中心城市相比，差距还很大。将郑州 2011～2018 年的 GDP 总量与北京、天津、上海、广州、重庆、成都进行比较，可以看出郑州处于明显的弱势地位（见表 8－1）。即便是与六大国家中心城市中 GDP 总量最低的成都相比，郑州市的 GDP 总量也仅相当于成都的 67.1%（见图 8－1）。

表 8－1 2011～2018 年郑州市与其他国家中心城市 GDP 总量的对比

单位：亿元

年份	郑州	北京	天津	上海	广州	重庆	成都
2011	4913	16252	11307	19196	12303	10011	6855
2012	5547	17879	12894	20182	13500	11410	8139
2013	6202	19801	14442	21818	15420	12783	9109
2014	6782	21331	15727	23561	16707	14263	10057
2015	7315	22969	16538	24965	18100	15720	10801
2016	8114	24899	17885	27466	19611	17559	12170
2017	9130	28000	18595	30134	21503	19500	13889
2018	10143	30320	18810	32680	22859	20363	15343

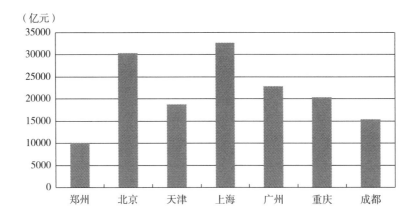

图 8－1 2018 年郑州市与其他国家中心城市经济总量

同时，2018 年，郑州市常住人口达到 1013.6 万人（见表 8－2）。但与其他六个国家中心城市相比单位人口还相对较少，其中与人口总量相对最少的广州相比，少了 480 万人（见图 8－2）。经济总量和人口总量偏小，已经成为制约郑州国家中心城市高质量发展的突出短板。

表 8-2　2011～2018 年郑州市与其他国家

中心城市常住人口对比　　　　　　　单位：万人

年份	郑州	北京	天津	上海	广州	重庆	成都
2011	885.7	2018.6	1354.6	2347.5	1270.2	2919.0	1407.1
2012	903.1	2069.3	1413.2	2380.4	1292.7	2945.0	1417.8
2013	919.1	2114.8	1472.2	2415.2	1292.7	2970.0	1429.8
2014	937.8	2151.6	1516.8	2425.7	1308.1	2991.4	1442.8
2015	956.9	2170.5	1547.0	2415.3	1350.1	3016.6	1465.8
2016	972.4	2172.9	1562.1	2419.7	1404.4	3048.4	1591.8
2017	988.1	2170.7	1556.9	2418.3	1449.8	3075.2	1604.5
2018	1013.6	2154.2	1559.6	2423.8	1490.4	3101.8	1633.0

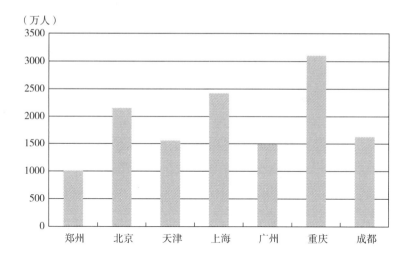

图 8-2　2018 年郑州市与其他国家中心城市常住人口对比

二、创新能力动力相对不足

郑州市的创新基础和科技创新能力相对薄弱，不但缺乏高层次的科教机构，创新型、开放型人才也相对不足。目前，郑州市的国家级工程研究中心、国家级企业技术中心、国家级产业基地的数量，与其他国家中心城市相比差距较大；战略新兴型和科技创新型企业占比依然较小，多数中小企业还存在着经营管理粗放、人力资源和互联网信息技术应用不足、创业创新内生动力缺乏的问题。与此同时，郑州市的高等教育规模较小，仅有郑州大学一所"双一流"院校，还缺少中科院等"国字头"的研发机构，科技创新研究能力整体较为薄弱。高等院校的教育制度、教育观念和教育质量与国际水平相比差距较大，创新型人才的培养薄弱。尤其是对大学生这一创业创新优势群体缺乏所需引导和培训。另外，职业教育的发展与郑州市经济社会发展，尤其是产业结构转型升级的需求也存在一定差距。整个教育体系对郑州市实施创新驱动发展、培养创业创新人才的支撑仍显不足。高端科技型创新人才培养的基础薄弱，使得郑州获得外部人才、技术、资本等先进生产要素的能力也相对不足。值得关注的是，郑州市近年来雾霾频发和房价高企对城市的宜居程度造成了不小的负面影响，也在很大程度上影响高端人才的吸引和留驻。

三、国际交往能力有待提升

郑州在加强国际交往、提升国际影响力方面，还存在一些制约因素，亟待改进提升。首先，部分政府部门、企业和市民的国际意识不强、融入国际社会的能力有限，缺乏开阔的视野、包容的胸怀和辩证的思维。对外部世界了解不多，对国际社会的认知更为缺乏。特别需要在社会公众中加大"邻里价值观"等文化的推广，培育多样共融、开放包容的城市文化氛围。其次，郑州市的跨国公司和国际机构数量较少，与国际化接轨的市场经济体制和法律法规制度不健全，精通外语的经济、金融等专业型人才以及了解跨国公司业务、熟悉国际规则的高级综合性人才数量较少。国际经济合作参与的广度和深度不够，亟待加快建设国际化招商平台和海外招商网络，加快高标准的国际化营商环境建设。最后，郑州市在国际经济技术、国际学术会议、国际文化、城市文化等领域的交流不够。相对于北京、上海、广州、重庆、武汉等城市，郑州缔结国际友好城市的数量和承办国际会议的次数、规格和规模等远远落后，对外交往层次和水平还有不小差距。全市对外文化交流的窗口还未完全打开，国际文化传播较为贫乏，各类学术活动少，与国际性文化机构的合作交流较少，文化机构参与或组织国际性文化合作交流的主动性与能力较低，国际性文化人才较为缺乏。

四、文化郑州建设比较滞后

建设国家中心城市，要具备高度的文化自信和文化担当。近年来，郑州市将文化产业视为国民经济支柱性产业，在文化建设方面取得了较大的发展。纵向比较，成绩令人瞩目；横向相比，与武汉、合肥、长沙等中部省会城市还有不小差距。首先，对文化建设的重要性认识仍有不足。个别部门的领导干部不能从全局和战略的高度充分认识文化发展的地位和作用，认为文化工作是软任务，是投资大，周期长，见效慢的产业，对文化建设往往"说起来重要，干起来不要"，认为"只要经济上去了，文化不抓死不了人"。其次，公共文化服务设施建设滞后。与太原市的"文化岛"、武汉市的琴台大剧院、长沙市的"两馆一厅"（新图书馆、新博物馆、音乐厅）相比，郑州在公共文化设施方面投入差距较大，落后于中部六省其他省会城市，这与郑州作为华夏历史文明传承创新核心区的地位很不相称，严重影响了郑州的文化影响力和辐射力。最后，郑州市文化消费市场还不成熟，从业人员整体素质不高，文化拔尖人才和优秀经营管理人才稀少，专业人才梯队形成断层，制约了郑州市文化产业的发展。此外，文化体制改革推进缓慢、任务仍然繁重，都在一定程度上制约了文化郑州建设的步伐。

五、综合服务能力急需加强

城市综合服务能力特别是对周边地区的辐射服务能力，是衡量一个城市是否为龙头、为中心的重要标准之一。郑州市在教育、科技、金融、环保、城市管理等方面存有短板，综合服务能力急需加强。例如郑州高校教育仍未摆脱羸弱的状态，尽管院校和机构的数量不少，但高水平的高校和科研机构仍然稀缺。郑州金融业的发展也存在金融结构不协调、产业集聚度偏低、新型金融业态发展缓慢、金融创新能力不足等突出问题。近年来，郑州市区因道路、停车场等基础设施建设不合理，交通拥堵现象非常严重。《2016 上半年中国城市交通出行报告》指出，郑州的拥堵状况已与北京、广州不相上下。另外，郑州雾霾频发，空气质量排名一直比较靠后。2015 年 7 月，郑州因为空气质量改善不明显被环保部约谈。2016 年 2 月公布的全国空气质量最差的 10 个城市中，郑州排名倒数第五。再加上郑州市区的贾鲁河、索须河、熊儿河、七里河、东风渠等多条河流存在水污染现象，生态环境治理刻不容缓。

第三节　郑州市高质量发展的总体思路

在新的时代背景下，推进郑州国家中心城市高质量发展，要积极明确郑州高质量发展的总体思路，合理定位郑州国家中心城市高质量发展功能，有的放矢，切实举措，扎扎实实取得国家中心城市建设新进展。

一、郑州市高质量发展的基本思路

抢抓"一带一路"建设、全面深化改革等重大战略机遇，充分发挥中原经济区、中原城市群、郑州航空经济综合实验区三大国家战略和郑洛新国家自主创新示范区、中国（郑州）跨境电子商务综合试验区、中国（河南）自由贸易试验区四大战略平台的政策叠加优势，立足中部，服务全国，链接全球，以建设国际商都为统揽，以"推进城市国际化、全面提升竞争力"为主线，以新型城镇化为载体，以构建中高端现代产业体系为支撑，不断壮大城市规模，提升城市品质，完善城市功能，探索一条反映时代特征、体现中国特色和彰显郑州优势的国家中心城市建设之路，实现郑州城市地位的战略性提升，为出彩中原建设、新一轮中部崛起和实现中华民族伟大复兴的中国梦做出郑州应有的贡献。

二、郑州市高质量发展的功能定位

（1）"一枢纽"：国际性现代化综合枢纽。坚持以航空网、铁路网、公路网"三网融合"，航空港、铁路港、公路港、海港"四港联动"，空铁联运、公铁联运、客货联运等"多式联运"为核心，完善国际国内通道建设，提升综合枢纽功能，着力完善布局合理、联动便捷、功能完备、衔接高效的运输体系，构建形成通达全球、集疏全国的大通道体系，着力打造和建设国际化、现代化、立体化的综合交通枢纽。

（2）"一门户"：打造国家双向开放的战略门户。以全面融入"一带一路"建设为重点，以郑州航空港综合经济实验区、中国（河南）自由贸易试验区、中国（郑州）跨境电子商务综合试验区等开放平台培育打造为抓手，大力实施双向开放战略，全面加强对内、对外双向开放，营造国际营商环境，加强国际交流合作，着力打造内陆开放型高地和国家双向开放的战略门户，建设国际化大都市。

（3）"五中心"：国家重要的先进制造中心、国际物流中心、国家区域性现代金融中心、具有国际竞争力的中原创新创业中心、华夏历史文明传承创新中心。大力实施制造强市战略，推进实施工业强基计划，大力发展战略支撑产业，培育发展战略性新兴产业，改造提升传统优势产业，培育一批万亿级、千亿级产业集群和千亿级、百亿级龙头企业，不断增强制造业的竞争力，打造成为国家重要的先进制造中心和具有世界影响力的先进制造业城市。坚持以口岸国际化为先导，全面对接国际市场，着力强化国际物流、区域分拨、本地配送三大体系建设，大力发展跨境 E 贸易，构建"买全球、卖全球"的大物流体系，建设国际物流中心。坚持以郑东新区金融核心区建设为重点，促进境内外金融机构区域总部入驻，培育发展多层次资本市场，大力发展金融服务新业态，提升"郑州金融"国内外影响力，建设国家区域性现代金融中心。围绕打造"全民创业热土、国家创新中心"的目标，坚持以郑洛新国家自主创新示范区建设为重点，以构建科技创新链、人才支撑链、全民创业链为抓手，加速融入全球科技创新体系，强力推进"大众创业、万众创新"，大力推进全面创新改革试验，建设具有国际竞争力的中原创新创业中心。完善现代公共文化服务体系，大力实施精品文化工程，积极培育发展文化产业，打造郑州文化品牌，全面提升商都文化的国际影响力，建设华夏历史文明传承创新中心。

第四节　郑州市高质量发展的主要任务

加快郑州国家中心城市建设，推进郑州国家中心城市高质量发展，要切实明确郑州国家中心城市高质量发展的主要任务，做强产业根基，增强综合实力；厚植增长动力，提升城市活力；优化城市空间，提升运行效率；加强枢纽建设，打造中枢城市；做优城市环境，建设美丽郑州；建设文化强市，提升文化魅力；强化发展为民，建设幸福都市，不断推进郑州国家中心城市高质量发展呈现新格局。

一、做强产业根基，增强综合实力

强大的产业支撑能力，是城市综合实力和竞争能力的总体体现，也是推进郑州国家中心城市高质量发展的坚实保障和核心支撑。推进郑州国家中心城市高质量发展，要做强产业根基，强化产业战略支撑，提升产业支撑力、带动力和引领力。一是做强工业经济实力。大力实施制造强市战略，以建设全球制造业领军城市为目标，重点培育打造电子信息、汽车及装备制造两大战略支柱产业，重点发展新一代信息技术、新材料、生物及医药、节能环保装备等战略性新兴产业，改造升级现代食品制造、服装产业、铝及铝精深加工产业、新型耐火材料等传统优势产业，培育发展以互联网产业为代表的新经济，打造、培育形成电子信息、汽车及装备制造两大万亿级产业集群，一批千亿级产业集群，强化工业发展对郑州国家中心城市高质量发展的支撑力。二是做大现代服务业。大力实施服务业提升战略，重点发展现代金融、商贸物流、文化创意、旅游业等战略性支撑产业，提升发展餐饮、房地产等传统服务，大力发展电子商务、健康养老、社区服务等新兴服务业，培育发展新经济、新业态、新模式，着力构建特色鲜明的现代服务业产业体系，培育打造国家服务业核心城市，着力建设服务全省、辐射中原经济区、影响全国的"新商都"。三是做优都市现代农业。秉持"服务都市、富裕农民、优化生态、繁荣农村"的思路理念，以保供增收惠民生为中心，加快推进都市现代农业发展，建设一批生态农业、高效农业示范园和示范区，强化农业基础设施建设和农业科技创新力度，加快构建现代农业产业体系，形成结构优化、产城互动、功能互促的都市生态农业发展新格局。四是厚植产业功能板块。重点推进中心城区、郑东新区、郑州航空港经济综合实验区、郑州经济开发区、高新技术产业集聚区等产业功能板块发展，因地制宜地集聚产业要素，强化区域功能分工与协调，提升产业发展载体承载能力。

二、厚植增长动力，提升城市活力

增长动力和创新活力是城市快速发展的动力源泉和核心引擎，也是体现城市创新力、创造力、竞争力的关键要素。郑州国家中心城市高质量发展，要把厚植增长动力当作重中之重，聚焦改革、创新、开放、人才等动力要素，持续发力，全力提升城市发展新动能。一是坚持把创新驱动作为提升城市竞争力和促进转型升级的核心动力。围绕打造"全民创业热土、国家创新中心"的目标，大力实施创新驱动战略，坚持以建设郑洛新国家自主创新示范区为契机，以构建科技创新链、人才支撑链、全民创业链"三链融合"大创新体系为重点，以打造创新型平台、培育创新型企业、引陪创新型人才等为抓手，聚焦基础性、关键性、引领性等科技领域，以打造创新平台、培育创新企业、营造创新创业环境等为途径，不断增强郑州市的基础科研实力和原始创新能力，打造中部地区科技中心和国家有重要影响力的区域创新创业中心。二是坚持以改革破除城市发展的体制性、机制性障碍。充分发挥市场在资源配置中的决定性作用，更好地发挥政府的作用，协同市场和政府的力量，不断释放和放大改革活力和改革红利。坚持以供给侧结构性改革为主线，降低制度性交易成本，积极扩大有效投资，增加有效供给，提高供给对需求结构变化的适应性和灵活性。加快"放管服"改革，统筹抓好行政管理体制、财税体制、投融资体制、国资国企、统筹城乡等重点领域和关键环节改革。建立完善改革容错纠错机制，营造支持改革、鼓励创新、宽容失败的政策环境和舆论氛围。三是坚持以实施双向开放战略为重点，培育打造内陆开放型经济新高地。坚持以中国（河南）自由贸易试验区、郑州航空港经济综合实验区、中国（郑州）跨境电子商务综合试验区等为重点，全面融合"一带一路"建设，发挥经济腹地和双向衔接功能，利用"两个市场"和"两种规则"，加快"引进来、走出去"步伐，加快形成双向开放大格局，不断提升郑州的国际知名度和影响力。发挥郑州"一带一路"节点城市作用，密切与"一带一路"沿线国家和地区的联系，培育打造"一带一路"沿线国家供应链中心。统筹推进郑州航空港经济综合实验区、郑州经济开发区、郑东新区等重大开放平台建设，扩大郑欧班列、跨境贸易电子商务等开放品牌效应，加快推进自由贸易试验区建设，形成多层次、全覆盖、立体化的开放平台支撑体系。坚持"引进来"与"走出去"相互结合，积极参与全球产业分工格局再调整，提高产业、企业国际化经营水平，加快培育开放合作和竞争优势，加速郑州深度融入世界的进程。四是坚持把人力资源和人才资源作为城市发展第一资源。有序放开和放宽郑州市人口落户条件，吸引全省人口和周边省市人口向郑州市集中集聚，做大郑州人口数量，打造千万级人口大都市。科学把握城市人口变化趋势，优化人口空间布局，有序引导人口向郑东新区、郑州航空港区等产业功能区，以及向卫星城、小城市和特色镇梯度转移。大力实施"智汇郑州·1125 聚才计划""智汇郑州·1+7 人才引进计划"等，以郑州航空港引智试验区为重点，加强高层次人才队伍、企业家队伍和产业人才队伍等引进和培养，不断强化城市发展的人才支撑和保障。

三、优化城市空间，提升运行效率

积极优化城市空间布局，加强城市规划管理，不断提升城市运行效率和运行质量。

一是优化大都市区空间形态。围绕"一主、一城、三区、四组团、多点"空间格局，加快推进各功能板块建设，完善提升城市功能和品位，塑造大郑州都市区整体形象。提升主城区（"一主"）综合服务功能，围绕宜居、宜商、宜业的要求，完善基础设施、公共服务设施建设，促进城市更新改造，推动环境综合治理，增强文化功能和品位，提升综合承载能力。加快郑州航空港（"一城"）建设，重点培育形成畅通高效的交通网络、绿色宜居的生活环境、集约有序的城市空间，努力塑造国际化绿色智慧航空都市。重点推进东部新城板块、西部新城板块（郑上新区）、南部新城板块三区建设，东部新城板块要以申建国家级新城区为重点，加快推进省级公共文化行政中心、中部最具影响力的文化产业示范区、汽车产业基地等建设；西部新城板块（郑上新区）重点打造通用航空产业基地、国际商都先进制造业基地、区域性医疗健康中心、新材料生产基地，加快建设城乡一体化示范区；南部新城板块重点打造国际商贸物流中心、都市休闲基地和职业教育基地。加快推进巩义组团、登封组团、新密组团、新郑组团四组团建设。巩义组团着力打造铝及铝精深加工基地、文化创意区；登封组团着力打造华夏历史文明传承创新示范区，建设世界历史文化旅游名城；新密组团着力打造资源型城市转型升级示范区，建设新型耐材、品牌服装、节能环保产业基地；新郑组团着力打造黄帝故里历史文化名城、现代食品和生物医药产业基地，并积极向南部新城靠拢发展。培育发展多个支撑点，重点依托具有经济、区位、交通优势和发展潜力的中心镇、省级产业集聚区，培育发展薛店等26个新市镇。

二是提升城市基础功能。实施城市畅通工程。坚持以"井字＋环线"城市快速路网和内外环高速为骨架，加快"双环＋放射"路网、道路微循环、静态交通等系统建设，提升交通通达性。完善城市公共交通体系，重点推进轨道交通、快速公交系统、公共自行车系统等，形成以城市轨道为骨干、快速公交为主干、常规公交为主体、出租车和公共自行车系统为补充，功能层次完善的城市公共交通系统，提升城市运行效率。提高公用设施保障能力，着力提升城市供水、供电、供气、供暖、能源、垃圾处理等城市配套基础设施档次，加强老城区基础设施改造，完善新区和产业功能设施建设，不断提升城市公用设施的承载能力。

实施立体化、智能化、精细化的交通管理，完善智能交通系统，健全交通引导疏导机制，加强交通监控与管理，营造高效有序的交通环境，提高路网整体运营和管理效率。

四、加强枢纽建设，打造中枢城市

坚持以"三网融合、四港联动、多式联运"为核心，着力完善布局合理、联动便捷、功能完备、衔接高效的运输体系，加快构建全球通达、全国集疏的大通道体系，建设国际化、现代化、立体化的综合交通枢纽，打造中枢城市。

一是完善立体交通网络。坚持以航空网、铁路网、高等级公路网"三网"建设和融合为重点，打造链接国际、辐射全国、带动全省、高度融合的立体交通网络。航空线网方面，重点打造联系全球、辐射全国的轮辐式航线网络。其中，航空货运以连通国际枢纽机场为重点，大力发展全货机航班，构建通达全球的空中货运通道，完善国内枢纽机场通道，加快货运支线开发，扩大郑州航空货运腹地范围；航空客运以加强与国际航空联盟合作为重点，开拓国际主要城市和旅游目的地城市航线，持续加大周边国家航线密度；完善国内航线网络，提高郑州至其他省会城市、主要旅游城市、景区和沿海开放城市的航线密度，不断拓展支线网络，努力实现国内主要城市全覆盖。铁路线网方面，优先发展国际铁路货运，持续拓展中欧（郑州）货运铁路线网和腹地范围，着力打通日本、韩国、东南亚经郑州中转至中亚并直达欧洲腹地的海陆联运线；加快建设"米"字形高速铁路网和城际铁路网，形成以郑州为中心的省辖市1小时和周边省会城市2小时"高铁交通圈"；加快都市区铁路货运线网建设，坚持以郑州北站为枢纽编组站、以侯寨站为副站，构建"十字＋圆环"货运铁路网，提升郑州铁路网货运疏解能力。公路线网方面，重点完善"两环多放射"市域内高速公路网格局，逐步实现都市区各组团20分钟上高速、中原所有城市3小时通达的目标；完善"两横四纵"的国道路网格局和"五横十纵四射一联"的市域内省道路网格局，全面实现县县通国道、乡乡通省道、所有产业集聚区和重要旅游景区通干线的目标。

二是构建综合枢纽体系。加快推进客货枢纽体系建设，完善枢纽布局，提升枢纽效率。货运枢纽方面，重点完善"四港、多站"枢纽布局，积极抓好航空港、铁路港、公路港、海港"四港"功能建设和服务提升，加快推进铁路场站、公路货运场站和大型物流园区的建设工作。客运枢纽方面，重点抓好"四枢、多站"建设，不断提高与城市轨道交通系统、公共交通系统的衔接换乘能力。在四枢纽建设上，郑州航空客运枢纽以郑州机场、综合交通换乘中心为核心，建设国际、国内航空客流的集散中转换乘中心；郑州东客运枢纽以郑州东站、郑州公路客运东站为核心，建设辐射黄河以北地区、东部地区高速铁路客流和部分城际铁路客流集散和中转换乘中心；郑州中心客运枢纽以郑州站、郑州客运中心站为核心，建设普速铁路和部分高速铁路、城际铁路客流集散和中转换乘中心；郑州南客运枢纽以郑州南站为核心，建设辐射黄河以南地区快速铁路客流集散和中转换乘中心。多站建设坚持以无缝衔接与"零距离"换乘为目标，建设完善与航空、铁路等相配套的公路、城际铁路、轨道交通、公交车、出租车、非机动车等场站设施，进一步提升换乘效率和综合服务能力。

三是打造综合运输通道。加强国际、国内和都市区运输大通道建设，全面提升郑州综合交通枢纽在国际、国内的知名度，加快形成品牌优势。国际通道方面，空中通道以连通国际枢纽机场为重点，拓展国际航线，构建联系全球的航空货运通道；铁路通道重点加快中欧铁运通道建设，西向重点加强与哈萨克斯坦、波兰、卢森堡、德国等的运力对接，东向重点通过铁海、铁公、铁空等联运模式对接东部海港，南向探索打通郑州至香港、缅甸等客运高铁线路通道。国内通道方面，重点在京广铁路与陇海铁路、京广铁路与徐兰高速铁路、京港澳高速与连霍高速、G107线与G310线、G234线与G343线五个"十"字布局基础上，加快"米"字形高铁建设，强化与周边省会的各类通道全方位对接，加快形成省际城市通道主骨架；坚持以郑州至焦作、郑州至新郑机场、郑州至开封、郑州至新乡、新郑机场至许昌、新郑机场至登封至洛阳城际铁路，以及武西高速、商登高速、郑民高速、郑少洛高速、机西高速等高速公路和"七横十四纵四射一联"干线公路为支撑，加快形成以郑州为中心，紧密衔接省内各地市的省内城市通道主骨架。都市区通道方面，以高速公路为骨干，以普通干线公路为补充，重点形成"东西南北"四个方向放射的"八九十六"公路运输通道。

五、做优城市环境，建设美丽郑州

环境是生产力，也是竞争力，加快生态环境建设，是城市发展的基本方向，也是郑州国家中心城市高质量发展的内在要求。秉持绿色发展的理念，以建设国家级生态文明先行示范区为统领，推进发展方式和生活方式绿色转型，全面改善生态环境，建设天蓝、地绿、水清、景秀、宜居的"美丽郑州"。

一是加快发展方式向绿色转型。以优化产业和能源结构为重点，构建循环型产业体系，发展环保产业新能源产业、新材料，提高风力发电、太阳能等清洁能源的应用比例，打造一批循环经济和低碳经济发展示范园区和企业。践行低碳生活理念，构建低碳交通运输体系，鼓励绿色出行，推进绿色政府建设，加快向现代化低碳城市迈进。

二是强化生态建设。实施生态保护和环境修复工程，重点开展河流源头区、自然保护区、湿地、水土流失严重区、矿产开发区等生态脆弱区域的保护修复。

三是完善生态保护制度。健全自然资源资产产权和用途管制、生态保护红线、生态保护补偿、生态文明考核评价、生态环境损害赔偿和责任追究等制度，基本形成源头预防、过程控制、损害赔偿、责任追究的生态文明制度体系。合作开展中原城市群环境整治，建立环境安全预警机制，健全环境风险、气象、地质灾害评估和环境隐患排查机制，加强对重大环境风险源的动态监测和风险预警及控制。完善环保信息公开和举报制度，强化社会监督，培育生态文化和生态道德，积极倡导节约健康环保的生活方式。

六、建设文化强市，提升文化魅力

城市实力靠经济，城市品位靠文化。文化繁荣是国家中心城市的重要标志。郑州国家中心城市高质量发展，要最大限度彰显国家历史文化名城的魅力，推动文化大发展大繁荣，加快建设文化强市，不断提升商都文化在国内外的影响力。

一是完善公共文体设施。加快推进城市音乐厅及音乐坊、露天音乐广场、奥体中心等重大项目建设，力争每年增添几个重大文体设施，满足市民不断增长的文化需求。

二是加快文化产业发展。坚持以做强文化市场主体、发展各类文化市场、培育新型文化业态为重点，改造提升出版发行、影视制作、印刷、广告等传统产业，大力发展基于数字、网络、3D、4D、高清、多媒体等多种高新技术应用的新兴文化业态，加快发展文化创意、数字出版、移动多媒体、动漫游戏等新兴文化产业。

三是实施一批精品文化重点工程。坚持以"艺美中原""古韵河南""书香郑州"等工程为重点，打造一批精品文化工程，重点做好中牟国际时尚创意文化旅游区、登封华夏文明传承创新示范区、新郑黄帝故里历史文化名城、荥阳世界象棋文化圣地等功能区建设，全面展现郑州文化魅力。

四是推进文化交流。加大对外宣传力度，积极参与各类重大国际活动交流，开展多种多样的城市形象推介活动，进一步扩大中原文化的国际影响力。

七、强化发展为民，建设幸福都市

从根本上讲，郑州国家中心城市高质量发展，最主要的目的是改善民生事业，提升民生福祉水平。要始终围绕民生民向民愿，持续改善民生，努力让孩子们快乐成长，让青年人乐业创业，让老年人颐养天年，让全体市民共享改革发展成果。

一是积极扩大社会就业。大力实施就业优先战略，不断完善经济发展和扩大就业的联动机制，着力解决好结构性就业矛盾，以创业带动就业，努力实现更加充分、更高质量的就业。

二是提升社保水平。完善以社会救助为核心，以城乡居民最低生活保障、农村五保、孤儿供养等为配套，以临时救助、城乡医疗救助等为补充的困难救助体系，稳步提高社会保障水平，实现"全域郑州人人享有社会保障"的目标。

三是加强医疗事业发展。深入推进医疗、医保、医药"三医"联动，优化医疗卫生资源配置，推动"健康云服务计划"、健康郑州计划，推进郑州"一城七中心"建设，不断提升城市医疗卫生保障水平。

四是提升教育水平。坚持教育优先，深化教育体制改革，建立健全现代教育体系，提升教育质量，提供更加丰富的优质资源，实现更高水平的普及教育，形成惠及全民的公平教育。

第五节 郑州市高质量发展的主要建议

郑州推进国家中心城市高质量发展，要在明确高质量发展的总体思路和主要任务的基础上，积极寻求支持，完善组织保障，深化改革创新，强化要素保障，厚植腹地优势，努力把郑州国家中心城市建设推向新高度。

一、积极寻求支持

郑州推进国家中心城市高质量发展，是一项复杂的系统工程，需要方方面面的支持和帮助。河南省第十次党代会提出，要"以建设国家中心城市为目标，将郑州建成国际性现代化综合交通枢纽、中西部地区对外开放门户、全国重要的先进制造业和现代服务业基地，提升区域经济、金融、商贸、科技文化中心地位"。这是河南省委、省政府第一次明确表态支持郑州建设国家中心城市，也是河南省委、省政府推动郑州发展乃至全省发展的重大战略决策和未来战略重点。因此，郑州市一方面要积极寻求河南省委、省政府的大力支持，争取由河南省委、省政府主要领导同志牵头与国务院相关领导同志，以及与国家发改委、住建部等有关国家部委沟通协调，争取国家有关部门支持郑州国家中心城市高质量发展；另一方面要发挥自身优势，着力会同河南省发改委、河南省住建厅等省直有关部门，强化与国家相关部委的沟通协调，力争国家有关部门的支持和帮助。同时，要加强舆论宣传工作，营造舆论氛围，为郑州推进国家中心城市高质量发展奠定舆论基础，凝聚郑州推进国家中心城市高质量发展的强大合力。

二、完善组织保障

高效的组织协调机构是推进事业发展的基础和保障。郑州推进国家中心城市高质量，要积极建立组织保障机构。一是争取在省级层面成立工作领导小组，领导小组组长由河南省委、省政府主要领导同志兼任，副组长由郑州市委主要负责同志、分管副省长兼任，成员包括郑州市政府、河南省发改委、河南省住建厅、河南省交通厅等部门主要负责人，统筹与国家有关部门的沟通协调，制定促进郑州国家中心城市高质量发展的重大政策、措施等，指导协调郑州市国家中心城市高质量发展的相关工作。二是在郑州市层面成立郑州市推进国家中心城市高质量工作领导小组，组长由郑州市委主要领导同志兼任，副组长由郑州市政府主要同志兼任，成员包括郑州市发改委、商务局、财政局、工信委、交通委、国土局、规划局、城市管理局、环保局等部门，金水区、二七区、中原区、惠济区、管城区、上街区、新郑市、新密市、登封市、荥阳市、中牟县等区（市、县）政府，以及航空港经济综合实验区、郑东新区、经济开发区、高新技术产业开发区等机构组成，统筹负责郑州国家中心城市高质量发展的总体事宜，制定郑州国家中心城市高质量发展的方案、规划、政策等，下设领导小组办公室（设在郑州市发改委），具体负责郑州国家中心城市高质量发展的相关事宜。

三、深化改革创新

紧紧抓住国家全面深化改革的重大机遇，坚持以供给侧结构性改革为重点，围绕重点领域和关键环节，全面深化改革创新，为郑州国家中心城市高质量发展提供制度动力和制度保障。深度推进供给侧结构性改革，重点围绕"三去一降一补"任务，力争在去产能、去库存、降成本、补短板等方面，取得扎扎实实的成效。加快行政管理体制改革，以简政放权为重点，以权力清单和责任清单建立完善为突破，稳步推进政府机构改革，大力推行政务公开、网上审批和并联审批，努力减少审批环节，提高行政效能和依法行政水平，建设诚信郑州，打造法治政府，为建设国家中心城市创造良好环境。着力激发经济发展活力，建立健全有利于企业发展的体制机制和经营模式，继续深化国有企业改革，大力发展非公有制经济，支持中小企业发展壮大，打造一批具有国际竞争力的大型企业集团，提升企业参与国际竞争的实力。加快推进重点领域改革，全面深化财税体制改革，深入推进土地管理制度改革，加快金融体制机制改革，为郑州国家中心城市高质量发展提供创新制度支持。

四、厚植腹地优势

坚实的腹地基础是国家中心城市高质量发展的基础前提，也是郑州国家中心城市高质量发展的主要优势所在。推进郑州国家中心城市高质量发展，要进一步强化郑州与腹地间的战略联系、区域协同、产业分工等，着力厚植腹地优势，提升腹地战略支撑作用，形成与腹地协同联动、良性互动、互利共赢的合作发展新局面。一方面，郑州市要树立大局意识，站位全局视野，立足战略高度，切实担负起"老大哥"的责任，扮演好"老大哥"的角色，在自身发展壮大、推进城市高质量发展的同时，更多地担当起国家、区域发展的重任，发挥好引领、辐射和带动的战略；另一方面，要积极加强与周边地区的战略合作，借助郑州航空港经济综合实验区、郑洛新国家自主创新示范区、中国（河南）自由贸易试验区、中国（郑州）跨境电子商务综合试验区、中原城市群、中原经济区等战略平台，积极推进与开封同城化发展，加快推进与洛阳、许昌、新乡、焦作一体化发展，着力加强与商丘、南阳、安阳等城市战略合作，实现与邯郸、晋城、聊城等中原经济区城市战略协作，共同推进交通互联、产业互补、市场互通、资源互用、政策互动等，支撑带动周边区域发展，形成与周边区域互利共荣的新局面。

五、强化要素保障

要素保障是推进国家中心城市高质量发展的现实基础和重要依托。推进郑州国家中心城市高质量发展，要强化土地、资金等要素支撑。积极强化土地资源保障，着力创新用地新机制，促进土地集约、节约利用，重点盘活存量土地，用好现有土地储备，合力开发地下空间，确保国家中心城市高质量发展的用地需要。提升资金保障能力，建立郑州国家中心城市高质量发展的专项资金，拓展资金多元化渠道，提升国家中心城市高质量发展的资金支持能力。提升水资源的供给能力，多渠道扩大水资源供给规模，加强城市供水后备水源建设，积极增加南水北调中线、黄河水调引量，进一步提升水资源承载水平。提升能源保障水平，提高供电安全可靠性，增强成品油供应能力，加大天然气引进力度，提高能力保障能力和水平。

第九章　中原城市群副中心城市洛阳市高质量发展的思路与举措

按照城市群高质量的战略要求，进一步提高副中心城市洛阳市的发展质量和效益，巩固基础，发挥优势，调整结构，切实把发展的重点调整到高质量发展的要求上来，不断增强副中心城市对城市群的集聚辐射带动能力。

第一节　洛阳市高质量发展的基础优势

洛阳市高质量发展具有十分重要的优势，区位交通条件优越，历史文化底蕴深厚，科技创新支撑较好，产业基础比较雄厚，生态环境优势明显。要借助优势，发挥优势，巩固优势，进一步提升城市经济社会发展的质量和效益。

一、区位交通条件优越

洛阳居天下之中，自古为"九州腹地"，具有承东启西、纵贯南北的区位优势，是我国中西部地区重要的交通枢纽。陇海铁路、焦枝铁路两大铁路干线，郑西高铁、连霍高速、二广高速、郑少洛高速、郑卢高速、洛栾高速、西南环城高速等高速公路与207国道、310国道、311国道、312国道等国道交织成网。洛阳机场是国内净空条件最好的二级机场，开辟有北京、上海、广州、深圳、包头、昆明、大连、沈阳、重庆、杭州、成都、哈尔滨、石家庄、香港、曼谷15个航点城市的定期航线。洛阳能源资源富集，境内已探明矿产资源76种，其中钼矿储量居全国首位，为世界三大钼矿之一；黄金产量居全国第三位。洛阳是重要的电力能源基地，总装机容量占河南省的1/5；管道天然气已延伸至县域和产业聚集区。水资源总量达28亿立方米，是北方地区少有的富水城市。洛阳综合功能完善，是中西部地区重要的物流节点城市，现有一类航空口岸、二类铁路和公路口岸，边防检查、口岸查验、检疫机构齐全，是豫西地区出入境旅客集散中心和集装箱进出口集散中心。洛阳先后与160多个国家和地区建立了贸易关系，吸引了美国惠普、法国迪卡侬、正威国际集团、美国霍尼韦尔等25家世界500强企业，中兴通讯、恒大集团、万达集团、深圳华强集团、青岛啤酒集团等46家国内500强企业在洛阳投资。

二、历史文化底蕴深厚

洛阳是一座底蕴深厚、名重古今的历史文化圣城。作为华夏文明的重要发祥地、丝绸之路的东方起点，历史上先后有13个王朝在洛阳建都，是我国建都最早、历时最长、朝代最多的都城。现有全国文物保护单位43处，馆藏文物40余万件。沿洛河一字排开的夏都二里头、偃师商城、东周王城、汉魏故城、隋唐洛阳城五大都城遗址举世罕见。龙门石窟、汉函谷关、含嘉仓3项6处世界文化遗产，中国第一座官办寺院白马寺，武圣关羽陵寝关林，武则天坐朝听政、朝拜礼佛的明堂、天堂，以及定鼎门博物馆、天子驾六博物馆等数十家博物馆，无不彰显着洛阳厚重的文化底蕴。洛阳是儒学的奠基地、道学的产生地、佛学的首传地、玄学的形成地、理学的渊源地，各类文化思想在此相融共生。洛阳还是全球华人的文化之根、祖脉所系，全球1亿客家人祖籍于此，中国70%的宗族大姓起源于此。作为丝绸之路的东方起点和隋唐大运河的中心，洛阳先后有6次进入世界大城市之列。同时，洛阳文化旅游资源较多，现有5A级景区5家、4A级景区23家、3A级景区37家。"北方千岛湖"黄河小浪底风景旅游区、世界地质公园黛眉山、国家森林公园白云山、"北国第一溶洞"鸡冠洞、"山岳经典·十里画屏"老君山、"北国水乡"重渡沟，以及龙峪湾、天池山、西泰山、神灵寨等风景名胜，兼具南北风光之神韵。洛阳牡丹始植于隋，盛于唐，甲天下于宋，雍容华贵，国色天香，已有1500多年的栽培史，形成9大色系、10种花型、1200多个品种。一年一度的牡丹文化节已经成为蜚声中外的国家级文化盛会，跻身全国四大名会之一，入选国家非物质文化遗产名录，成为洛阳扩大对外开放、展示城市形象的重要平台。洛阳市被命名为"中国牡丹花都"。

三、科技创新支撑较好

洛阳是全国重要的科技研发基地和国家新材料高技术产业基地、高端装备制造高技术产业基地、小微企业创业创新基地，郑洛新国家自主创新区顺利获批。现有省级科研院所14家，国家级重点实验室7个、工程实验室3个，国家级企业技术中心13个、工程（技术）研究中心3个，各类研发机构900余家；两院院士6名，中原学者8名，省级创新型科技团队30个，专业技术人员18万余人，5家军地高等院校、14家原部省属科研院所和2家军队科研机构，在新材料、航空航天、电子信息等高科技领域居全国先进水平，高速铁路、载人航天、蛟龙号载人潜水器等一大批国家重点工程中都有"洛阳制造"和"洛阳技术"的身影。近年来，洛阳积极引进中国科学院计算机技术研究所、自动化研究所等合作建设新型研发机构，科技资源更加密集，创新能力稳步增强。

四、产业基础比较雄厚

洛阳是一座工业基础雄厚、科技实力突出的现代化工业城市。"一五"时期全国156项重点工程有7项在洛阳建设，工业对经济增长的贡献率达70%左右。现已形成先进装备制造、新材料、高端石化、电子信息、旅游业五大主导产业，正在积极培育机器人及智能制造、新能源、生物医药、现代物流、电子商务、金融六大新兴产业，大力发展文化产业、科技服务、牡丹、健康养老、高效农业五大特色产业（简称"五强六新五特"现代产业体系）。拥有洛阳石化、中信重工、一拖集团、中铝洛铜等众多具有较强市场竞争力的大型企业集团。中国移动（洛阳）呼叫中心、平安保险数据中心等一大批高端服务业项目落户洛阳。

五、生态环境优势明显

洛阳自然生态良好，气候温和适中，四季分明。南有伏牛山生态绿色屏障，北有黄河及小浪底风景名胜，境内五水交汇并流，市区周边森林遍布，是北方少有的山水城市，具有得天独厚的生态资源优势。洛阳市区及周边分布着周山、龙门山、小浪底、上清宫四大森林公园和隋唐城遗址公园，伊河、洛河、瀍河、涧河、黄河五条河流纵横其间，长达20余公里的洛浦公园穿城而过。

第二节 洛阳市高质量发展存在的问题

从城市群提升运行效率角度看，城市群副中心城市洛阳市在人口规模、综合经济实力、经济增长潜力、区域发展能力、科技支撑能力、城市功能和服务能力等方面，还存在一些问题和不足，在城市群高质量发展的背景下，洛阳市在推进城市高质量发展过程中要弥补这些问题和不足。

一、要素集聚能力不强

城市群副中心城市与主中心城市一样，都要具有强大的综合竞争力和辐射带动力，能够对周边区域的经济社会发展能量和要素进行高效、有序、合理的聚集和扩散，使区域内资源要素通过自由流动得到合理配置，最终实现区域整体效益最大化。

从劳动力要素看，无论是与京津冀、长三角两大城市群副中心城市比较，还是与浙江、湖北、福建的省域副中心城市比较，洛阳的人口规模在区域中所占的比重还相对偏低，洛阳对区域人口的吸引集聚能力还不够强。人口流动情况和城镇化率也可以佐证。比如，2018 年 7 个省域副中心城市中，除了襄阳与洛阳同为人口净流出城市外，其他城市均为人口净流入城市，宁波、厦门、泉州等城市的人口集聚力甚至超过 100 万人，洛阳的常住人口城镇化率也处于末位，这都说明与上述大多数副中心城市相比，洛阳的人口吸引力和集聚力明显偏弱（见表 9 – 1）。

表 9 – 1 2018 年副中心城市人口变动情况

城市	常住人口数（万人）	户籍人口数（万人）	人口净流入数（万人）	常住人口城镇化率（%）
洛阳	688.85	713.67	– 24.82	57.6
天津	1556.87	1049.99	506.88	82.9
南京	843.62	696.94	146.68	82.5
宁波	820.20	603.00	217.20	72.9
温州	925.00	828.70	96.30	70.0
宜昌	413.59	391.87	21.72	59.9

续表

城市	常住人口数（万人）	户籍人口数（万人）	人口净流入数（万人）	常住人口城镇化率（%）
襄阳	565.40	592.00	−26.60	60.8
厦门	411.00	241.15	169.85	89.1
泉州	870.00	755.12	114.88	66.6

资料来源：各市及所在省份统计公报、统计年鉴。其中，襄阳的人口数据为 2017 年数据，宜昌城镇化率为 2017 年数据；表中负数表示人口净流出数。

从资金要素看，金融机构贷款余额反映了一个地方企业的信贷规模和贷款运行情况，在一定程度上也反映了这一地区的资金活力。从比较分析可以看出，近年来洛阳的年末金融机构贷款余额占城市群的比重相对稳定，占城市群的比重呈上升趋势，但从城市群范围看，洛阳的占比与其他副中心城市相比都处于中等偏下水平。比如，天津的年末金融机构贷款余额占城市群的比重达到了 22%，南京的占比也达到了 9%，宁波、厦门、泉州占全省的比重均超过 10%，而洛阳的区域占比分别只有 5% 和 7%。

从土地要素看，洛阳具有五山环抱的地理特征和十三朝古都的历史特征，区域内散落着大遗址群的文物保护，使得洛阳可建设用地有限，亟须国家层面加大对洛阳大遗址的保护和利用方面的政策倾斜和资金支持，以及在城市建设用地、用地指标、区划调整等方面的支持。

二、辐射带动能力不强

城市群副中心城市作为区域增长极，经济体量和发展质量是决定其辐射带动能力的关键因素。从比较分析中可以看出，相比其他副中心城市，洛阳的经济总量、全社会固定资产投资、社会消费品零售总额、财政收入等在区域中的占比相对偏低，近年来也没有出现明显增长或下降趋势。从人均地区生产总值来看，洛阳与其他副中心城市也还存在较大差距。比如，2018 年 7 个省域副中心城市中除温州的人均地区生产总值（6.51 万元）与洛阳（6.77 万元）持平外，其他 5 个城市的人均地区生产总值均高于洛阳，与最高的宁波（13.26 万元）相差 1 倍还多。所以，无论是从经济总量、增长潜力、发展效率还是质量效益上看，洛阳面临综合竞争力和辐射带动力都不强的双重考验，作为副中心城市的经济综合实力还不够强，作为区域增长极所应具有的辐射带动能力明显偏弱。

当前，洛阳产业结构正处于"调结构、转方式"的关键阶段，仍面临发展不足与发展不优的双重挑战。尽管近年来产业结构已从"二三一"转变为"三二一"，但产业结构偏重、能源结构偏煤、产业布局偏乱的基本格局还没有从根本上得到改变，战略性新兴产业、高新技术产业、高端现代服务业发展较为缓慢，新旧动能尚未完成转换，产业转型升级的任务依然艰巨。洛阳是老工业基地，传统工业的根基十分深厚，洛阳制造业规模雄厚，门类齐全，特别是装备制造业，总规模已经近 3000 亿元，但制造业结构重型化特征突出，矿山设备、农业机械等传统劳动密集型企业多，产品多处于产业链的前端和价值链的低端，轴承、农业机械等领域企业众多且同质化竞争严重，企业盈利能力普遍较低，技术实力强、品牌影响力大的领军企业发展明显不足。新材料产业虽然具有较好的基础，但大多属于有色金属深加工和建材、耐火材料等传统产业，高、精、尖和富有市场竞争力的产品较少。比如，2017 年洛阳六大高耗能行业占规模以上工业比重为 37.4%，高于全省 4.7 个百分点；规模以上工业百元主营业务成本为 87.86 元，高于全省平均水平 0.3 元；高新技术产业增加值占规模以上工业的比重为 11.2%，与宁波（40.9%）、温州（39.3%）等发达地区的副中心城市相比差距较大。

洛阳作为十三朝古都、华夏文明的起源，境内历史文化旅游资源众多，近年来文旅发展势头良好，但文旅服务设施、文旅产业链等整体上仍处于起步阶段。旅游产业链条不长，缺乏特色旅游产品和服务，综合配套能力不强，整体上还处在"门票经济"阶段，"全域旅游"远未形成。

三、创新引领作用不强

创新引领能力是副中心城市引领区域发展的重要支撑力量。洛阳自古以来就有深厚的创新文化，"四大发明"中的指南针、造纸术、印刷术都诞生于此。中华人民共和国成立初期，国家在洛阳布局了"十大厂矿"和一批科研院所，集聚了大量的创新资源，形成了坚实的科研基础。然而，近年来由于科技创新投入力度不够，创新资源协同作用发挥不充分，高层次创新人才缺乏，一些制约创新活力的体制机制障碍仍然存在，科技创新对经济发展的带动能力有待提高。

从比较分析中可以看出，尽管近年来洛阳的研发经费投入强度高于全省平均水平和中心城市，但洛阳与其他副中心城市相比研发经费投入强度整体较低，而且河南与其他省份相比科技创新投入强度整体偏弱。2018 年洛阳的研发经费支出为99.36亿元，占全省的研发经费支出比重为14.8%，而同期的宁波、温州、厦门的研发经费支出分别达到了241.91亿元、126.00亿元和155.15亿元，占全省的比重分别达到了16.70%、8.72%和24.10%。

从研发产出来看，洛阳的研发产出水平与其他副中心城市相比也存在较大差距。比如，2018年洛阳的专利申请数量为13884件，占全省的比重为9.0%，而宁波、温州、泉州等省域副中心城市的专利申请数高出洛阳近4倍，占全省比重均比较高，泉州的占比甚至高达37.1%。所以，总的来看，洛阳的创新发展水平还不高，优势创新资源不足，高端创新平台不多，科技与经济结合不够紧密，科技进步对经济增长贡献率比较低，创新引领区域发展的作用还没有发挥出来。

四、协同发展效应不强

从区域之间看，洛阳距郑州、西安两大国家中心城市的直线距离大约分别为110公里、320公里，在两市急需提高首位度的当下，不仅国家级、省级重点项目和资源向郑州和西安倾斜，而且对周边城市的虹吸效应非常明显，这两市人才、资本、技术、信息、服务等城市流的强度明显高于周边其他城市，导致洛阳城市发展资源与城市定位存在差距，其吸附资源的能力和辐射能力受到抑制，导致要素市场能级不高，吸引集聚能力较弱，金融、商贸、物流等服务体系不够完善，跨区域配置资源的能力相对不足。

从比较分析中可以看出，洛阳除了社会消费品零售总额等指标相对于省会郑州的比例保持相对稳定外，其他如人口规模、经济总量、全社会固定资产投资、财政一般预算收入、金融机构各项贷款余额等指标相对于郑州的比例近年来都呈现下降的趋势，这说明洛阳与郑州在人口集聚、经济实力、发展能力与发展潜力等方面的差距不仅没有明显缩小，反而有扩大的趋势。

另外，洛阳的大部分辐射区域被西安、郑州覆盖，在周边存在较大规模经济体的影响下，豫西北各地出现了发展战略或经济协作上的分化，在一定程度上抑制了洛阳的发展，比如焦作提出主动对接郑州构建郑州大都市区，推动"郑焦融合"发展，而三门峡、运城等城市则积极融入晋陕豫黄河金三角，洛阳想要与郑州共同承担起中心城市应有的辐射带动服务职能面临较大挑战。

五、开放门户功能不强

开放是一个国家或地区繁荣发展的必由之路，副中心城市与中心城市还应该承担起开放门户功能，进而带动整个区域实现开放发展。2005～2018 年，洛阳的外贸进出口总额从 9.6 亿美元上涨到 20.9 亿美元，但占全省的比重从 12.6% 下降到 2.6%，相当于省会郑州的比例从 0.5% 下降到 0.03%。相比之下，2018 年宁波、宜昌、厦门的外贸进出口总额分别为 1247.37 亿美元、285.91 亿美元、873.44 亿美元，占全省的比重分别为 30.7%、56.4%、48.6%，相当于省会城市的比例分别为 185.8%、91.5%、244.8%。

从外贸依存度来看，2018 年洛阳的外贸依存度为 3.1%，不仅远低于全省平均水平（11.5%）和郑州水平（41.7%），与宁波（35.0%）、温州（25.1%）、宜昌（48.4%）、襄阳（4.6%）、厦门（125.4%）、泉州（21.9%）这 6 个省域副中心城市相比也是差距巨大。

从利用外资水平来看，2005～2018 年，洛阳的实际利用外资金额从 1.10 亿美元上涨到 27.98 亿美元，占全省比重从 4.7% 上升到 15.6%，相当于郑州的比例从 0.3% 上升到 0.7%，取得了较快发展。但是从引进省外境内资金来看，2015～2018 年洛阳引进省外境内资金从 661.00 亿元上升到 811.60 亿元，占全省比重的 8.4%，相当于郑州的比例从 46.6% 下降到 38.5%，说明洛阳与郑州的对外开放水平差距在拉大。而且，与其他副中心城市相比也存在不小差距。比如，2018 年宁波的利用外资金额为 43.20 亿美元，占全省比重达到 23.2%，相当于杭州的比例达到 63.3%，引进省外境内资金达到了 1266.80 亿元。

从文化旅游的国际影响力看，近年来，洛阳在传承历史文化、发展文化旅游上取得了明显成效，但离国际文化旅游名城还有不小差距，集中表现为历史文化资源保护利用不够，很多只是传于口头上、记载书本中、埋在黄土下，人们能看到并留下深刻印象的还是"老三篇"；国际化程度不高，每百名游客中入境游只有 1 人次，低于同处于中西部地区的西安、成都等地。

洛阳作为丝绸之路的东方起点，曾先后 6 次进入国际大都市之列，创造了商贾云集、物流天下的辉煌。从前面的比较分析可以看出，目前洛阳的对外开放水平还不高，开放高端平台少，高质量开放发展的支撑力还不够强，引进"三强"项目少、招商方式亟待创新，自贸区龙头带动作用、辐射推广效应尚未显现，融入"一带一路"建设的能力和成效还有待提升，开放环境需要进一步优化。

六、服务支撑能力不强

从国际化大都市、国家中心城市、区域性中心城市的发展历程看，交通先行是城市发展的基本规律。交通的互联互通是中心城市发挥集聚和辐射功能的先决条件，虽然洛阳已经初步形成了高速铁路、公路和机场组成的综合交通网络，但还缺少南北方向的高铁快速通道，不仅与郑州的"米"字形高铁差距甚大，与商丘等地相比也不具优势；公路网还不够完善，高速公路密度仅为3.3公里/百平方公里，低于全省平均水平，36.3%的国省干线公路为三级及三级以下道路；机场发展缓慢，机场等级不高、航线密度低，旅客吞吐量只有92万人次，仅开通了10多个城市的直达航线。现有城市轨道交通建设才刚刚起步，多种交通方式的衔接、对外交通干线与城市道路的衔接不够顺畅，还未形成多式联运的货运枢纽体系，区域物流中心功能不强。这些均已成为制约洛阳发挥副中心城市功能的瓶颈。

与此同时，洛阳城市基础设施和公共服务设施建设相对滞后，教育、医疗等优质公共服务资源分配不均，城区路网密度低、公交场站严重短缺，停车场规划布局不合理，停车难、交通拥堵依然突出；中心城区热源数量总体不足、分布不均，供热设施建设滞后；主城区污水管网不够健全，生活污水直排问题依然存在。中心城区的辐射作用、县城的带动作用、特色镇（中心镇）和美丽乡村的基础支撑作用发挥不明显；伊滨新区和小城镇的公共服务、产业支撑不足，承接中心城区功能转移还有差距。生态环境压力依然突出，在2015年度全国289个城市宜居排名中，洛阳居第99位；在2016年度全省城市宜居排名中，洛阳居第6位。这些都说明从城市功能和服务水平来看，洛阳作为副中心城市的服务支撑功能明显偏弱，与洛阳副中心城市的地位不相匹配。

第三节　洛阳市高质量发展的思路与举措

黄河流域生态保护和高质量发展与中原城市群、中部崛起等国家战略交汇叠加，给洛阳发展提供了千载难逢的历史机遇。洛阳应在科学进行功能定位的基础上，牢牢把握着力点，推动城市高质量发展。

一、科学进行功能定位

城市功能是指由城市的资源、区位、产业等结构性因素所决定的城市机能，它反映了一个城市在一定范围内所能够扮演的角色。合理的城市功能定位，不仅有利于明确城市自身的战略发展方向，提升城市核心竞争力，也有助于优化区域分工和实现整体协调发展。

洛阳建设副中心城市的提法由来已久。早在 1994 年，洛阳市出台的《洛阳市城镇体系规划》就提出建设河南省副中心城市的构想。2006 年，河南省出台的《中原城市群总体发展规划纲要》将洛阳定位为中原城市群副中心城市，但彼时的中原城市群覆盖范围仅限于河南省内，洛阳副中心城市的定位并没有脱离省域限制。2012 年 9 月，《洛阳市城市总体规划（2011—2020 年）》根据国务院及有关部委的意见、建议修改后正式获批下发，提出洛阳市发展的总体目标之一是融入区域、辐射豫西、建设省域副中心城市。然而，如果突破行政区划的限制，从经济发展的客观逻辑审视，洛阳不仅仅是中原城市群的副中心城市，同时也能够影响和辐射山西、陕西有关区域。其实，2011 年国务院批复的《关于支持河南省加快建设中原经济区的指导意见》就已跳出省域限制，提出要在中原经济区范围内 "发挥洛阳区域副中心城市作用"，以 "加快中原城市群发展"。这也意味着洛阳副中心城市的功能定位已经在国家层面得到正式认可。然而，在相当长的一段时间内，洛阳在城市群内虽然经济体量长期以 "老二" 自居，但城市整体能级不够，作为副中心城市的影响力和带动力还没有充分发挥出来。洛阳市一度提出要建设 "名副其实" 的中原经济区副中心城市。特别需要指出的是，国家在 2016 年批复的《中原城市群发展规划》中已经将中原城市群的波及范围扩散至河南及周边省份的部分县市，并明确要 "进一步提升洛阳副中心城市地位"。河南省第十次党代会报告也提出要 "巩固提升洛阳中原城市群副中心城市地位"。洛阳则作为 "扩大版" 的中原城市群范围内的区域中心城市再次被寄予厚望。

洛阳作为中原城市群副中心城市的提法被确定下来，需要在顶层设计时考虑以下两个层次的内容：

第一个层次是洛阳作为中原城市群副中心城市，怎样推动与郑州的协同共振。当前，洛阳城市能级不足的主要原因，在于地处郑州、西安两个国家中心城市影响力范围交汇处，造成洛阳对人口、产业和创新资源要素的集聚能力不断下降。洛阳作为中原城市群副中心城市，在进行战略谋划的过程中，要突出与郑州的联动发展，由河南省委、省政府协调，将国家赋予郑州的一系列战略规划与平台向洛阳延伸，在中国（河南）自由贸易试验区、郑洛新国家自主创新示范区加强合作，统筹布局，协调推进的同时，加快将郑州航空港经济综合实验区、中国（郑州）跨境电子商务综合试验区、国家大数据综合试验区等国家战略规划平台赋予的先行探索试验政策向洛阳延伸，先行先试的经验向洛阳推广。

第二个层次是如何进行具体功能定位。洛阳市人大于 2015 年 5 月通过的《关于全面推进名副其实中原经济区副中心城市的决议》中提出，要把洛阳建成中原经济区重要增长极、文化示范区、最佳宜居地、开放创新城。虽然发展目标涵盖领域比较全面，但格局略小。河南省第十次党代会提出洛阳要"建设全国重要的现代装备制造业基地和国际文化旅游名城，推动豫西北各市与洛阳联动发展，形成带动全省经济发展新的增长极"。这一定位凸显了洛阳发展的工业基础与文化底蕴，以及其在区域整体发展中的辐射功能。河南省委、省政府于 2017 年先后出台了《河南省建设中原城市群实施方案》和《关于支持洛阳市加快中原城市群副中心城市建设的若干意见》，对洛阳副中心城市的功能定位更加全面，也具有应有的高度。两份文件赋予了洛阳中原城市群副中心城市建设的六个重点任务，即建设全国性重要交通枢纽、建设国家创新型城市、建设全国重要的先进制造业和现代服务业基地、建设国际文化旅游名城、支持建设"一带一路"主要节点城市、建设幸福宜居现代化城市。这些重点任务是新形势下对洛阳城市功能定位的细化，既考虑到洛阳在交通区位、创新发展、工业基础、文化旅游、城市环境、对外开放等领域的实力和潜力，也是在"一带一路"建设和中原城市群建设背景下对洛阳未来发展的期待，是对洛阳副中心城市建设的有力支撑。

蓝图绘就，关键就在于狠抓落实。若能真正符合这一科学的功能定位，洛阳必将迎来脱胎换骨的嬗变，成为高质量发展、高品质生活的现代化城市，对豫西北、陕东、晋南的资源聚合和区域辐射作用明显提高，战略引领力进一步增强，与郑州东西呼应，共同担负起推进中原城市群建设、中原经济区发展乃至中部崛起的重任。

二、构建现代产业体系

产业是城市发展的根基，产业兴则城市兴，产业强则城市强。洛阳中原城市群副中心城市建设离不开强大的现代产业体系作为支撑。近年来，洛阳着力构建以先进装备制造等五大主导产业为支撑、智能制造等六大新兴产业为引领、文化等五大特色产业为亮点的现代产业体系，推动产业结构优化升级，增强副中心城市的产业竞争力和经济辐射力。对照"建设全国重要的先进制造业和现代服务业基地"这一功能定位，洛阳需要适应新时代高质量发展的要求，大力推动质量变革、效率变革、动力变革，提高产业全要素生产率，着力建设实体经济、科技创新、现代金融以及人力资源协同发展的现代产业体系。

（一）推动产业融合发展

作为国家老工业基地和历史文化名城，洛阳在制造业发展、文化旅游等方面有着良好的基础和条件。同时，洛阳地貌多样、资源丰富，农副产品种养、乡村旅游、农产品加工等拥有一定的规模化能力和品牌效应。因而从总体来看，洛阳在统筹推进先进制造业、现代服务业和现代农业发展方面有着较高的起点。洛阳三次产业结构从 2017 年起首次实现"二三一"向"三二一"的历史性转变，"三产超二产"的格局逐渐得到巩固，然而，这并不等于说要将发展的重心放在服务业上而忽视第二产业特别是制造业的发展。在新一轮科技革命和产业变革正在孕育兴起的背景下，以数字化、网络化、智能化为标志的信息技术革命正在深刻影响着人类的生产生活方式，洛阳市也应抓住这一历史机遇，以制造业与互联网深度融合、制造业与服务业深度融合、文化与旅游深度融合、科教与创新深度融合、第一产业"接二连三"发展为重点，引导龙头企业上下延伸、左右拓展、跨界融合，持续提升产业链优势、价值链层次和供应链效率，探索"三链同构"上新路子，推动产业基础高级化、产业链现代化。

（二）协调推进传统产业转型升级与新兴产业迅速成长

构建现代产业体系应当从做强增量和做优存量两个方向上做文章，既要培育发展前景广阔的新兴产业，也要化解淘汰过剩落后产能，运用新技术改造提升传统产业，用高水平的增量来激活和带动存量优化调整。一方面，积极培育发展机器人、新能源、生物医药等新兴产业，不断夯实"新兴超传统"的基础，持续提高新兴产业和高新技术产业对全市规模以上工业增长的贡献率，提升"洛阳制造"的含金量和美誉度。另一方面，洛阳要以成功入围国家第二批产业转型升级示范区名单为契机，用好用足各项传统产业转型支持政策，千方百计为企业排忧解难，推动老工业基地焕发新活力。

（三）统筹产业链条延伸和价值链条提升

现代产业体系的构建不再简单表现为各产业间数量比例关系的此消彼长，而是更注重产业发展层次由低到高的演变，产品价值实现从低加工度、低附加值到高加工度、高附加值的转变，特别是在外部环境不确定性日益增多的情况下，还要着力强化产业基础实力和产业链的安全性。因此，要推进洛阳各类产业的集群化、链条式发展，推动产业实现上下游延伸、左右链配套，对于有行业龙头但缺乏配套的产业，要重点完善配套，拉长产业链条；对于有龙头、有配套的产业，则要提升产业规模和水平，促进产业分工"微笑曲线"向两端延伸、产业发展向价值链的中高端迈进。

（四）统筹中心城区和周边县区产业布局

建立区域联动发展机制，在更大范围内深化产业分工协作。综合人口、资源、环境、经济、社会、文化等因素，优化洛阳市及周边地区的产业功能分区，避免出现贪多求全、分工弱化、同质竞争、相互孤立等问题，引导产业根据各地比较优势实施差异化布局，实现优势互补、协作密切、联动发展。其中，洛阳市中心城区与周边组团形成核心带动与承接配套的协作关系，南部山区县重点发展生态产业，洛阳市与周边地区则重在增强经济往来，加强产业配套合作，在凸显洛阳产业辐射带动效应的同时，构建互享互补互通互融的协同发展格局。

三、推动创新驱动发展

洛阳拥有一批优质的科研院所，本地高校整体实力相对较好，科技成果产业化能力也比较强，具备实现创新发展的基础和条件。为了进一步促进新旧动能加速转化和新技术、新业态、新模式加快发展，增强在区域发展和城市群建设中的创新带动作用，早日建成国家创新型城市，洛阳要深入实施创新驱动提质增效工程，留住用好各类创新资源，着力构建创新主体协同互动、创新要素高效配置、创新活力竞相并发的现代创新体系。

（一）用足用活郑洛新国家自主创新示范区政策

完善河南省人才管理改革试验区建设方案，支持洛阳建设国家级引智试验区和国家海外高层次人才创新创业基地，按照"贴合心意"和"支持发展"的理念，努力留住创新人才和创新资源。除完善户口、住房、薪酬等硬性条件外，还应加快完善城市基础服务设施，营造良好的人居环境，充分保障子女受教育问题、长辈养老就医问题，打造成熟、开放、公平的竞争环境，形成一批蒸蒸日上、创新十足的企业，竭尽全力为人才提供巨大的上升空间和发展机会。

（二）建设和完善产业技术创新联盟

加强公共技术创新平台建设，改善科技创新效率，增强科技供给。发挥财政资金引导作用，引导多渠道资金建设综合性公共创新平台、行业和区域创新平台、中小企业公共创新服务平台等载体，围绕关键共性技术研究和产业化应用示范，建设一批制造业创新中心、重点领域制造业工程数据中心和科研实验设施，提升平台体系的支撑力，提高科技资源公共服务能力。明确以企业为主导开展除部分基础研究外的技术创新，发挥市场配置创新资源的决定性作用，采取市场手段，组织相关高校、科研院所等力量，统筹开展针对性强的技术攻关、标准制定、产业化、市场应用和品牌打造。集群引进国内一流院所高校和行业龙头企业在洛阳建设新型研发机构。鼓励高校和科研院所尽可能采取转让、许可或者作价投资等方式向企业或其他组织转移科技成果，减少自行投资转化方式，回归科研本源。

（三）建立产供用协同创新体系

有研究表明，基于技术的创新主要是由沿着技术轨道的技术进步、产业结构的变化和市场需求引起的，其创新过程显示为用户、生产者、供应商之间的复杂互动，这就要求产供用紧密协作推动创新。因而，要加大产供用协同创新支持力度，支持企业成立由上下游企业组成的技术创新战略联盟，建立和完善在洛阳央企和地方之间科技成果对接转化机制以及地区间技术转移合作交流机制，广泛开展技术创新合作与交流，搭建技术创新信息公共服务平台，降低不同产、供、用技术创新的沟通交易成本。

（四）完善科技金融服务体系

千方百计地降低企业融资难度，提高融资效率，破解创新发展的资金"拦路虎"难题。通过引导基金、股权投资、科技保险、公共技术服务等多种方式，降低企业技术创新成本。进一步完善中小企业融资担保机制，建立包括政策性担保机构、商业性担保机构以及互助性担保机构在内的多元化担保体系。鼓励和引导银行等金融机构针对不同产业特点开展信贷活动，开发创新金融产品。做好河南省促进科技与金融结合试点工作，在完善科技创新券、"科技贷"等创新做法的基础上，进一步促进产业链、创新链、资金链、人才链"四联融合"，加快科技成果就地转化效率。

四、完善基础设施体系

基础设施是一个涵盖交通运输、邮政通信、能源安全、生态环境等方面的综合性系统。区域基础设施建设能够为物流、人流、资金流、信息流、技术流、能源流的传输提供有效载体和通道，是推进区域一体化发展的重要手段和动力。以郑州与洛阳基础设施资源共建共享、互联互通为方向，构建内部畅通、关联周边、影响全国的互联互通的基础设施体系，是建设中原城市群副中心城市的必然要求。

（一）构建现代化综合交通运输体系

以打造全国性重要交通枢纽为目标，统筹推进铁路、公路、航空和城市交通设施建设。适时启动洛阳机场改扩建三期工程，推动郑州航空港经济综合实验区先行先试政策向洛阳空港延伸，强化郑州、洛阳空港的联动发展，支持洛阳在航线开辟、空铁联运、口岸建设、跨境电子商务等领域享受与郑州航空港经济综合实验区同等政策。巩固提升铁路枢纽地位，积极拓展对外铁路通道网络，加快呼南高铁豫西通道建设工作，统筹推进连接周边地级市的城际铁路建设。加快构建"三横三纵三环"高速公路网、"三纵五横"国道公路网和"六纵九横三连接线"的省道公路网。持续推进城市轨道交通建设，深入实施城市道路畅通工程，布局建设一批换乘便捷的交通枢纽，强化各种运输方式的衔接，打造层次清晰、内捷外通的城市交通网络。强化区域物流中心功能，依托发达的道路交通网络，加快货运场站建设改造，构建以洛阳为中心、辐射豫西、影响晋陕的物流集散圈。

（二）建设和提升信息网络体系

在现代信息技术条件下，城市群内部的网络互联互通越发重要，完善的信息基础设施对于大数据、云计算、物联网等新型产业发展和电子商务、现代物流等新兴业态培育有着重大促进作用，也有助于推动提升城市群一体化发展水平。洛阳应以入选"宽带中国"示范城市建设为契机，落实好通信基础设施专项规划，优化升级光纤宽带和4G移动通信技术网络，积极推进5G商用部署，实现免费高速无线局域网在热点区域和重点交通线路全覆盖。积极推进智慧洛阳建设，构筑覆盖全面、广泛的互联智能感知网络和互联互通的数据平台，建设智慧市政、智慧交通、智慧社区。

（三）建设现代能源保障体系

优化能源供应结构，在洛阳全域及周边地区不再新建燃煤纯凝发电项目和燃煤锅炉，严格控制煤炭并逐步削减煤炭消耗总量，加快实施电热进程和燃煤替代，淘汰停运低效燃煤机组，布局建设生活垃圾焚烧发电设施，推进城市生活垃圾焚烧发电设施共建共享，加大风能、太阳能、地热能、生物质能源等清洁能源的开发利用力度，实现因地制宜、多能互补。完善能源储运体系，推进特高压直流输电工程、市区输变电工程和乡村电网提升工程，提高电网安全可靠运行水平。积极支持和配合日照—濮阳—洛阳原油管道建设，配套完善洛阳—三门峡—

运城成品油管道及储配设施。

（四）强化水生态安全保障

实施最严格的水资源管理制度，规范水资源统一调度管理。支持建设陆浑水库西水东引、引伊河入北汝河等重大水利工程建设。持续推进伊河、洛河、涧河、瀍河"四河同治"，中州渠、大明渠和铁路防洪渠"三渠联动"，推动河长制落实，深化重点流域治理和城市河道综合整治，在全域范围内完成黑臭水体整治工作。加强工业用水治理，针对不同功能区的水生态环境特征和承载能力，实施差别化的环境准入措施。加强饮用水水源地安全保障达标建设和环境风险防控，确保城乡供水安全。

五、加快幸福都市建设

副中心城市建设需要洛阳进一步壮大城市体量，提升城市品质，解决人口吸引力不足的问题，而建设幸福宜居现代化城市的功能定位正是对这一需求的呼应。城市的发展归根结底是"人"的发展，唯有坚持人民城市为人民的理念，建人民向往的城市，增强人在城市的幸福感和归属感，才能吸引更多人群的集聚，让城市变得更有活力。

（一）促进城乡融合发展

优化城乡空间布局，统筹推进中心城区、县城、中心镇和美丽乡村建设，合理布局生产、生活、生态空间。深入实施一中心多组团式发展战略，通过系列重大项目的实施，加强各组团县（市）与中心城区的产业承接、交通连接和生态对接。建设一批产业基础好、资源禀赋优、发展潜力大的特色小镇。深入实施乡村振兴战略，探索建立健全有利于城乡要素合理配置、公共服务普惠共享、基础设施一体化发展的体制机制，积极申报国家城乡融合发展试验区，加快形成工农互助、城乡一体、共同繁荣的新型工农城乡关系。

（二）建设生态美丽洛阳

围绕"美丽洛阳"建设，牢固树立绿色发展理念，坚持走生态优先、绿色发展之路。持续实施蓝天行动、碧水行动、净土行动、国土绿化行动和生态修复行动，开展农村人居环境整治，推进矿产资源及尾矿资源综合整治和利用，构筑山地生态保护屏障。狠抓污染防治责任、突出环境治理工作重点，推进污染防治措施落地，完成省定大气污染防治攻坚战目标任务。巩固提升中心城区与周边组团间的生态廊道，围绕铁路沿线、过境干线公路、高速公路立交桥及出入口区域实施绿化工程。推进城市"双修"，广泛开展城区小游园建设和城郊森林公园提升，营造推窗见绿、出门有花、移步入园的城市景观。

（三）高标准推进新型城市建设

加快推进智慧城市建设，建立覆盖范围广、感知能力强、数据应用广泛的智能化城市管理监督系统，健全智慧城市运行管理机制，构建多元参与的高效城市治理体系，推进城市管理在科学化、精细化、智能化方面取得长足进展。积极开展、统筹推进被动式超低能耗建筑示范区城区、海绵城市和地下综合管廊建设，在城市集约高效发展、低碳节能建设方面走在前列。加快推进文明城市建设，既要注意保护历史文化，加强对历史文化街区、历史建筑、文物古迹、古树名木等的管理和保护，又要加强对城市精神内涵的宣传，加强对城市居民文明素质的教育，进一步提高城市文明程度。加快提升城市综合服务功能，保障各类人群的生存尊严。通过优先发展现代化教育、高标准配置医疗卫生资源、建立完备的公共文化服务体系、构建完善的全民健身体系、提升社会保障基本服务水平等，为创建文明城市提供优质的公共服务。

六、提升对内对外开放水平

在我国开放型经济体系建设格局中，中原城市群承担着成为"内陆地区双向开放新高地"的重要职责。对于建设中原城市群副中心城市的洛阳而言，全面推进国内国外开放，既是功能定位使然，也是自身发展所需。洛阳要以郑洛西高质量发展隆起带为示范和支撑，着力构建多层次、全方位、立体化的现代开放体系，在国际文化旅游名城建设和"一带一路"主要节点城市打造中提高城市的国际影响力和能见度，不断推进洛阳从内陆腹地走向开放前沿。

（一）优化有利于"引进来"的环境

高水平打造中国（河南）自由贸易试验区洛阳片区，争取洛阳综合保税区早日封关运行。搭建招商平台，创新招商方式，保持招商引资政策的连续性，鼓励引导境内外资本重点投向高新技术产业、高端服务业以及基础设施和民生领域，以高水平的招商引资促进洛阳各类产业集群集聚、集约发展，实现延链、强链、补链。提高行政服务效率，规范中介机构管理，提升要素资源保障能力，严厉打击各类违法违规和失信行为，真正使各类市场主体公平公正地竞争。

（二）创新有助于"走出去"的方式

加强空中、陆上、海上、网上丝绸之路建设，完善提升铁路、公路口岸功能，争取洛阳一类航空口岸扩大开放项目早日获批。提升各级外贸转型升级基地的档次和规模，加快国际商贸中心建设，积极申报建设国家级供应链创新与应用试点城市和国家跨境电商综合试验区试点城市。推动服务贸易创新发展，争创国家服务外包示范城市。开展地方层次的政府间对外合作和各类民间交流，加强对接各类公共信息平台和资金通融渠道。引导企业对外开展链条式投资、园区化经营、集群式发展。巩固和提升跨境电商等新业态新模式。完善企业涉外服务体系，培育国际化、市场化的中介服务机构。创新人才引进和激励机制，实行多样化、灵活性的国际人才战略。

（三）拓展开放领域，实现经贸往来和人文交往相互支撑、齐头并进

在商品、资金、技术等领域互通有无的同时，积极培育国际文化旅游、文化创意、文化展示等现代服务业，开展古都文化、戏曲文化、佛教文化、牡丹文化、中医药文化、饮食文化及各类民俗文化的对外传播，打造华夏文明传承创新展示中心，充分展现河洛文化根源性、厚重性、融合性的特质，带动文化贸易和文化交流融合前行。建设丝绸之路文化交流中心，在文化遗产保护传承、文化艺术创作等方面与"一带一路"沿线城市开展务实合作。突出构建龙门石窟等精品文化旅游品牌，用文化内核提升旅游资源的核心竞争力。

第十章　中原城市群地区性中心城市
南阳市高质量发展的思路与举措

加强南阳高质量发展的研究，从根本上讲，就是通过梳理南阳高质量发展的历史脉络、展现南阳高质量发展的历史成就，来振奋南阳人精神，凝聚南阳人力量，形成强大发展合力，实现南阳的赶超跨越，助推全面建成小康社会进程，提升南阳在河南、全国乃至国际层面的影响力。

第一节　南阳市高质量发展的优势和劣势

要切实明确南阳高质量发展存在的良好的生态环境、丰富的文化资源、优越的区位条件、巨大的发展潜力等优势，以及存在的社会观念转变较为滞后、产业发展层次相对较低、城市化水平比较低、基础设施建设相对滞后等劣势，才能有的放矢，切实实现南阳的高质量发展。

一、主要优势

新形势下，促进南阳高质量发展，实现南阳的赶超跨越，要科学把握南阳高质量发展的优势，充分彰显南阳高质量发展的特色，以优势助推发展，以特色凸显价值，开创形成赶超跨越、腾飞崛起的新局面，加快推进全面建成小康社会进程。

（一）良好的生态环境

南阳四季分明，生态优良，山水景观兼容南北特色。伏牛山湖光山色、美景醉人，世界人与自然生物圈宝天曼林海莽莽，郁郁葱葱，生物呈多样性分布，一派原始森林风光；老界岭群峰竞秀，姿态万千，是山地度假的理想之地；恐龙蛋化石群规模大、种类全，保存完整，对研究远古生命具有极其重要的价值。白河穿越南阳中心城区，形成了北方少有的湿地公园和万亩碧水扬波的壮观景象。优越的生态环境为提升南阳发展质量奠定了坚实基础。

（二）丰富的文化资源

南阳起源较早，历史悠久。早在四五十万年前，人类祖先"南召猿人""淅川猿人"在白河上游繁衍生息；战国时期，南阳是全国著名的冶铁中心；两汉时代，南阳是全国繁荣和富庶的地区以及东汉的陪都。名人众多，人才辈出。载入史册的历史名人达800人之多，如商圣范蠡、科圣张衡、医圣张仲景、智圣诸葛亮"四圣"，南朝史学家范晔，唐代边塞诗人岑参等。资源丰富，文化厚重。历史文化资源丰富，文化遗址遗迹众多，如武侯祠、医圣祠、张衡墓、汉画馆、内乡县衙、社旗山陕会馆、荆紫关古建筑群、楚长城、菩提寺等。丰富的历史文化积淀，为提升南阳发展高质量，凸显南阳的战略价值，提供了重要战略支撑。

（三）优越的区位条件

南阳地处豫鄂陕三省的交界地区，处于连南贯北、承东启西的区域位置，区位条件较为突出，战略价值十分重要。正是由于南阳的交通要冲地位，在漫长的历史长河中，南阳成为各方政权与势力争夺的重点和焦点区域，同时也奠定了南阳的军事战略地位。同时，随着郑万高铁、宁西二线、蒙华铁路等重大交通设施的加快推进，南阳的区位交通条件将大为提升，为提升南阳的高质量发展，实现南阳的赶超跨越发展，提供了良好条件。

（四）巨大的发展潜力

近年来，南阳经济社会发展取得了显著成绩，经济实力日渐壮大，人民生活不断改善。2018年，南阳国内生产总值达到3566.77亿元，比上年增长7.2%，连续多年居全省第三位，仅次于郑州和洛阳；形成了"631"，即六大战略支撑产业、三大战略性新兴产业和高新技术产业协调推进的产业体系。城镇化率达到46.2%，总体上进入了工业化、城镇化加速发展时期。尤其是近几年，随着承接产业转移力度的不断加大，南阳新上了一批重大工业项目，潜能亟待释放，发展动力充足，发展潜力巨大，为全面建成小康社会和加快南阳高质量发展、实现跨越赶超奠定了坚实基础。

二、存在劣势

当前，推进南阳高质量发展，实现南阳发展的赶超跨越，在科学把握南阳发展优势的基础上，也应清醒认识南阳发展存在的劣势，从而趋利避害、化劣为优，走出一条后发地区赶超跨越、科学发展的路子。

（一）社会观念转变较为滞后

目前，从整体上来看，制约南阳高质量发展和赶超跨越的最大约束，不在于项目的多寡，也不在于增速的快慢，而在于思想的保守、观念的滞后。从目前看这些观念已成为制约南阳赶超跨越和全面建成小康社会的最主要因素。因此，如何进一步解放思想、更新观念，尤其是在各级领导干部中形成赶超跨越的良好氛围，成为当前南阳高质量发展最为急迫的课题。

（二）产业发展层次相对较低

南阳现有产业结构与中高端水平发展要求不相适应，第一产业、第三产业对经济增长的贡献率仍然偏低，高新技术产业比重和现代服务业比重不高；粗放型的增长方式尚未根本转变，工业内部能源资源型和初加工型产业比重较大、产业链条短、附加值低，第三产业仍以传统服务业为主，现代服务业规模小、比重低，产业层次有待提升，企业自主创新能力较弱，对核心技术和关键环节的研发、储备不足。相对较低的产业层次和自主创新能力，为南阳高质量发展新兴产业和高端产业，塑造新的竞争优势带来不小困难。

（三）城市化水平比较低

南阳市是传统农业大市，农业农村人口比重大，城市化水平低，城市化发展较为滞后，不仅落后于全国平均水平 13.4 个百分点，而且落后于全省平均水平 5.5 个百分点。城市化水平低已成为当前制约南阳高质量发展的关键障碍和主要症结。特别是作为全市核心和龙头的中心城区，发展相对滞后，经济规模和人口规模相对较小，首位度、宜居度、承载力和辐射力较低，直接影响着新型城镇化的快速推进和经济社会高质量发展。因此，加快推进南阳城市化进程，做大做强南阳中心城区已成为当务之急。

（四）基础设施建设相对滞后

交通基础设施总量不足。南阳公路密度达到 29 公里/百平方公里，但低于全省 47.6 公里/百平方公里的平均水平，各层次路网规模及其功能不够匹配，影响了整个路网功能和作用的发挥。南阳机场支线客货运输还很落后，航线结构有待于进一步提高和调整。环保基础设施建设严重滞后。目前南阳主城区生活污水收集、处理率仅为 60% 左右，远不及国家规定的到"十二五"末城市生活污水收集处理率达到 85% 以上的要求。产业集聚区内的供水、供热、供气等基础设施建设与县城基础设施还没有实现完全有机衔接。相对滞后的基础设施和缺乏链接的网络体系，给南阳高质量发展带来很大制约。

第二节 南阳市高质量发展面临的机遇与挑战

当前，国际产业分工格局加速调整，全球科技和产业变革孕育新突破，新技术和信息技术的广泛运用，正在形成新的生产方式、商业模式和增长空间。尤其是党的十八大以来，党中央根据形势变化，制定和实施了一系列重大战略谋划，提出"四个全面"战略布局，推进"四大板块"与"三个支撑带"战略组合，实施自贸区发展、"互联网＋"等战略，以及河南众多国家战略的深度实施等，为南阳发挥后发优势、实现高质量发展提供了重大机遇。要牢牢把握这些发展新机遇，着力谋划南阳高质量发展的新理念、新思路、新举措，积极促进南阳发展新跨越。

一、主要机遇

南阳高质量发展面临着诸如改革开放深度实施营造发展新红利、新一轮科技革命激发发展新活力、区域发展新战略提供发展新机遇、产业转移加速推进提升发展新动力、重大基础设施加快建设构筑区域发展新优势等机遇，要切实把握机遇，因势利导推进城市高质量发展。

（一）改革开放深度实施营造发展新红利

未来一个时期，全面深化改革和扩大开放是我国经济社会发展的主旋律。国家全面深化改革的深度实施，河南全面深化改革的部署落实，南阳在行政管理体制、财税体制、投融资体制、公共事业等领域的改革快速推进，尤其是在生态文明上的制度创新，将有利于南阳争创制度新红利，增强南阳高质量发展的新动力。同时，国家实施全方位对外开放，推动形成"一带一路"开放大格局，深度融入全球经济，积极拓展经济发展空间；河南积极融入"一带一路"建设，着力申建自贸区，推进内陆腹地走向开放前沿；尤其是南阳作为古代丝绸之路的重要源头之一，对外开放的深度实施特别是"一带一路"建设的加速推进，将有利于促进南阳的对外贸易和人文交流，提升开放型经济发展水平；有利于南阳积极实施开放带动战略，加快构建内陆开放型经济新高地，争创开放型经济新红利。

（二）新一轮科技革命激发发展新活力

当前，新工业革命蓬勃兴起，全球迎来新一轮科技革命和产业变革的大潮，随着移动互联网、大数据、云计算等新一代信息技术的突飞猛进，新技术、新产品、新业态、新模式不断涌现，通过互联网在各个行业的渗透、融合，既能改造传统产业实现升级，也能催生新兴产业实现转型，推动产业的存量提升和增量发展。新一轮科技革命的兴起、现代科技的推广运用、科技成果向现实生产力转换步伐的加快，将有利于南阳传统产业的改造升级和战略性新兴产业的发展，有利于南阳推进文化旅游、现代物流、金融服务等现代服务业的发展，尤其是为南阳发展移动互联网、云计算、大数据等新一代信息技术和电子商务、互联网营销等现代服务业，提供难得的战略机遇期。

（三）区域发展新战略提供发展新机遇

国家重点实施"一带一路"、京津冀协同发展、长江经济带、黄河流域生态保护和高质量发展等，统筹四大板块区域发展，国内各区域间的要素流动和产业转移日益加快，相互之间的经济依存和互动效应逐步加深，南阳可利用京宛合作的良好基础、紧邻长江经济带地缘优势等优越条件，积极对接国家战略，加快推进与京津冀经济圈、长江经济带等的战略合作，为南阳高质量发展提供更加广阔的发展空间和发展舞台。河南粮食生产核心区、中原经济区、郑州航空港经济综合实验区等国家战略规划深入实施，全国以及河南省在生态文明建设、改善民生、公共设施、战略性新兴产业、现代化农业等方面的政策扶持力度将进一步加大，有利于南阳在国家生态文明先行示范区建设、新兴产业培育、设施农业发展等方面继续享受或争取优惠政策、资金奠定坚实基础。

（四）产业转移加速推进提升发展新动力

由于市场、成本以及国家政策变化等多方面原因，我国东部沿海地区劳动密集型、能源密集型及部分资金密集型产业正在加快向中西部地区转移。在空间梯度上，南阳处在焦柳铁路、宁西铁路两大国家级货运干线上，有可能成为仅次于京广—京沪—京九、长江陆桥的产业转移空间轴线。在比较优势上，南阳有极其充裕的中低端廉价人力资源，以及丰富优质的可建设用地。在产业需求上，南阳迫切需要发展传统高端产业的关联配套产业，提升地方资源型产业的发展层次。南阳拥有便利交通区位、丰富的劳动力资源和优越产业发展环境等诸多优势，为南阳积极承接东部沿海地区的产业转移带来很大机遇。

（五）重大基础设施加快建设构筑区域发展新优势

"十三五"时期，国家继续实施积极的财政政策和稳健的货币政策，积极推进包括中西部铁路、城际铁路、国家高速公路"断头路"和普通国道"瓶颈路段"、内河高等级航道、新建干线机场等重大基础设施项目建设。特别是郑万高铁、蒙华铁路、宁西复线、南水北调工程、抽水蓄能电站等国家重大基础设施的建设，将对南阳高质量发展和生产力布局产生重大影响，对增强南阳的基础支撑能力、培育竞争新优势将发挥重大作用。例如郑万高铁将极大地缩小南阳与省会中心城市郑州、西部中心城市重庆的时空距离，一方面提高郑州、重庆对南阳的辐射强度，另一方面强化南阳对豫、陕、鄂、渝地区的交流能力。

二、面临挑战

在新的形势下，南阳高质量发展面临着难得的重大机遇，但同时还存在着工业发展更加困难、周边城市竞争日益加剧、资源要素约束不断凸显等一些困难和挑战，急需引起我们的高度重视。

（一）发展工业更加困难

当前，我国经济发展进入新常态，呈现出速度变化、结构优化、动力转换三大特点，消费需求、投资需求、生产能力和产业组织方式、生产要素相对优势、市场竞争特点、资源环境约束、资源配置模式和宏观调控方式等发生趋势性变化。在带来重大机遇的同时，也给一些地区的发展带来很大挑战，尤其是南阳等后发地区推进工业发展将更加困难。一是经济新常态下，传统发展模式将难以为继，各种土地政策、财税政策等优惠政策的操作空间越来越小，拼资源、拼政策等的招商引资模式将发生根本转变，给南阳招商引资和承接工业产业转移带来很大困难。二是国家产业结构调整步伐加速推进，化解产能过剩政策日趋严格，给南阳传统产业发展，尤其是南阳高载能、低效益等工业项目的发展带来很大挑战。三是国家工业化进程进入中后期，国家产业政策将更加偏重于战略新兴产业发展，更加偏重于高端、先进、高层次产业发展，给处于工业化进程加速阶段的南阳带来不少问题。因此，在这样的背景下，推进南阳工业发展和工业化进程将更加困难。

（二）周边城市竞争日益加剧

在经济发展新常态背景下，面对国家转方式、调结构、促转型的战略要求和经济社会持续发展的战略需要，与南阳相邻的平顶山、驻马店、信阳、襄阳、十堰、商洛等城市，以及外围地区的郑州、西安、武汉等省会城市，均把着力承接产业转移和发展新产业、新业态、新模式作为战略重点，积极谋划产业发展的未来布局，给南阳的发展，尤其是战略性新兴产业的推进带来巨大压力。特别是与南阳同处豫鄂陕边界地区和南襄盆地的襄阳、十堰，其地理位置条件相似、历史文化脉络一致、发展阶段大体相当，都面临着加快发展、实现转型的历史任务，都有着赶超跨越、实现崛起的迫切愿望。与襄阳、十堰相比，南阳城市中心职能相对较弱，工业总产值贡献度居三市末位。与襄阳、十堰中心强、县市弱的发展态势不同，南阳呈现中心弱、县市强的发展格局。同处于工业化、城镇化加速发展的南襄盆地，襄阳、十堰的竞争将会给南阳的发展带来不小的挑战。

（三）资源要素约束不断凸显

未来一个时期，随着南阳经济社会的持续快速发展，资源要素和环境制约日益凸显。一是南水北调中线工程水源地生态环境保护约束持续增强。作为南水北调中线工程的起源地，保护水源地和出境水质安全是南阳义不容辞的责任，生态环境保护压力巨大。南水北调中线工程在给南阳带来重大发展机遇的同时，也给南阳高质量发展带来不小的影响。二是土地空间紧缺。随着工业化和城市化的加快推进，对土地的需求日益旺盛，面对国家土地政策的日益趋紧，南阳的发展受限于土地要素资源约束日益突出，给项目的引进和建设带来一定的困难。三是高端人才稀缺。随着南阳经济社会的发展，人才不足的问题日益凸显，尤其是高层次人才不足、创新团队建设滞后等问题，直接制约着南阳高质量发展。

（四）和谐社会建设面临新挑战

随着经济社会结构、各种利益格局的深度调整，南阳的教育、医疗、文化等社会事业发展相对滞后，公共服务体系不健全问题，就业和社会保障压力加大问题等日益突出和显著，成为南阳当前全面建成小康社会的主要短板。如何在加快发展中切实解决事关群众切身利益的一些问题和矛盾，如何在赶超跨越中加快推进民生和社会事业发展，让人民群众过上更加美好的幸福生活，南阳面临着不小的压力。

第三节 南阳市高质量发展的思路与举措

当前，促进南阳高质量发展，提升南阳发展的战略地位，凸显新时期南阳在全国、全省中的战略作用，如期或率先实现全面建成小康社会的宏伟目标，要在政治、经济、文化、社会、生态、人才等方面，积极谋划新思路，科学采取新举措，着力实现新突破，加快形成赶超跨越发展的新局面，为全面建成小康社会和提升在全省、全国发展大局中的战略地位，打下具有决定性的战略基础。

一、充分认识南阳在国家和河南的战略地位

长期以来，南阳人民一直具有强烈的国家意识和民族意识，把国家和民族利益看得至高无上，关心国家命运，思考民族未来。在漫漫历史长河中，以范蠡、张衡、张仲景、诸葛亮、彭雪枫等为代表的南阳人，以自己的方式报效国家，赤子情怀，拳拳动人；从丹江口水库开工到南水北调中线工程兴建的50多年时间里，以淅川移民为代表的南阳人，"坚持国家利益至上"的胸怀和情操，为给北方焦渴的土地送去源源不断的甘霖，"赤胆铁肩擎碧水，离家舍业为京津"，展现出了以国家利益为最高利益、以民族大义为最高道义的宽广胸怀和担当精神。在新的历史时期，要充分认识南阳在国家和河南的战略地位，积极树立新时期南阳的责任意识、大局意识和担当意识，为中华民族的伟大复兴贡献南阳力量。

（一）充分认识南阳在国家和河南的战略地位

南阳是河南乃至中国的缩影，是全省乃至全国重要的区域大市、人口大市、农业大市、经济大市和南水北调中线工程的源起地，在河南乃至全国的发展大局中占据十分重要的地位，发挥着至关重要的作用。地域面积大，南阳是河南国土面积第一大市，国土总面积2.66万平方公里，占全省国土总面积的15.9%；人口总量大，是河南第一人口大市，2018年全市常住人口1001.36万人，占全省的10.4%，占全国的0.7%；粮食产量大，2018年南阳粮食总产量达到700.84万吨，占河南粮食产量的1/10，全国粮食产量的1%；经济规模大，2018年全市生产总值实现3566.8亿元，占全省的7.4%，居全省第三位。同时，南阳又是南水北调中线工程的源起地，承担着京津重地和豫冀两省沿线城市的用水安全重任。

（二）着力弘扬南阳淅川移民精神

作为南水北调这一人类历史上最伟大的调水工程，物质层面的调水任务完成了，但是对思想文化层面的背后力量和支撑精神的挖掘、总结、概括还远远没有完成。近两年来，淅川县开展"淅川移民精神"宣讲报告，在北京、天津和中央国家机关获得良好反响，但是南阳市和河南省没有引起重视。今后一个时期，南阳应把积极弘扬淅川移民精神作为重点，提炼总结移民精神，宣传推广移民精神，积极弘扬移民精神，让移民精神融入新时期河南精神和中华民族精神，成为激励河南亿万群众和南阳千万人民奋勇前进、赶超跨越的精神动力，成为全面建成小康社会、推进中华民族伟大复兴的重要力量。

（三）积极树立新时期南阳担当精神

责任意识和担当精神是历代南阳人的优秀品质与精神内涵。无论是刘秀、范蠡、张衡、张仲景、诸葛亮的家国责任，还是新时期淅川移民的忠诚担当，均表现出对国家、对民族的责任意识和担当精神。在新的历史起点上，南阳要继续强化南阳的责任意识、担当意识和大局意识，在推进中原崛起、河南振兴、富民强省的进程中，在实现中华民族伟大复兴的征程中，切实担当起南阳的历史责任。一方面，要切实加强南水北调中线工程渠首和水源地的保护，强化生态建设和环境治理，保护南水北调中线工程的水质安全，"确保一库清水送京津"，切实保障沿线地区和京津重地的用水安全。另一方面，要加快推进南阳高质量发展，助推南阳转型跨越、赶超发展。当前，加快南阳高质量发展，实现南阳的赶超跨越，是南阳最大的责任担当和大局体现。南阳这座曾经繁荣昌盛的历史文化名城，由于种种原因，落在了全省、全国发展的后头。因此，只有实现南阳高质量发展以及南阳的赶超跨越和腾飞崛起，才能在全省全面建成小康的过程中不拖后腿，才能在中原崛起、河南振兴、富民强省中充分发挥南阳作用，才能在中华民族伟大复兴中更好地实现南阳担当。因此，加快南阳高质量发展，实现南阳赶超跨越，迫在眉睫。

（四）大力倡导敢想敢干勇于竞争精神

敢想敢干，勇于争先，勇于竞争，善于创新和创业，是历史上南阳名人共同的优点。在当代改革开放发展社会主义市场经济的今天，更需要大力培养现代创新创业精神。所以提升南阳发展质量，凸显南阳战略价值，必须把南阳人敢想敢干这一精神精髓突出出来，与改革开放新时代的要求相适应。要在南阳企业家队伍中发现创业创新杰出人物，结合南阳历史文化大力宣传，让企业家精神、创业创新精神、现代商业诚信、法治精神和儒商文化精神与范蠡商圣文化精神连接起来，用厚重历史文化土壤为南阳经济、南阳企业固本培根，用南阳竞争精神凝聚加快转型跨越、绿色崛起的"南阳力量"。

二、着力夯实全面建成小康社会的经济基础

当前，巩固提升南阳高质量发展在全国以及河南大局中的地位，着力凸显南阳在国家以及河南发展全局中的战略价值和战略作用，如期或率先实现全面建成小康社会的宏伟目标，要着力在经济发展上积极作为、持续发力、久久为功，在区域发展、产业发展、城镇化建设、基础设施、改革开放等几个关键要点和重点领域上积极谋划、率先突破，取得扎扎实实的成效，为南阳高质量发展和全面建成小康社会打下决定性的基础。

（一）优化调整区域布局，谋划区域发展新思路

当前，国家正在积极推动四大板块和众多支撑带区域战略组合，河南也在谋划调整新时期河南区域发展的新思路。在这一大背景下，南阳要积极调整区域发展的战略思路。一是要积极靠拢对接国家和河南区域发展战略，积极融入区域发展新棋局，尤其是要积极发挥比邻优势，着力推进与襄阳、商洛、十堰等城市的战略合作，谋划建设豫鄂城市群或者生态文明示范区，并把其上升为国家战略；积极发挥地缘优势，借势融入长江中游城市群和长江经济带；积极发挥南水北调中线工程的纽带作用，着力加强与沿线城市的战略合作，特别是加强与京津冀经济圈的战略合作；积极借助郑万高铁建设的重大机遇，着手谋划启动与成渝经济区的战略合作。二是要积极调整全市生产力布局，构筑形成"弓箭形"发展新格局。"弓"主要包括桐柏、淅川、西峡、内乡、南召和方城的部分区域等，构筑形成的半弧形区域，重点进行生态建设和特色高效农业发展；"箭"主要依托宁西铁路、沪陕高速等交通通道，主要包括南阳中心城区、镇平县、内乡、唐河等区域，重点进行工业化、城镇化建设和现代农业发展；"弦"主要依托郑万高铁、许平南高速等通道，主要包括社旗、中心城区、新野和方城的部分区域等，重点推进产业发展和城镇化建设。

（二）构建现代产业体系，提升跨越发展新动能

产业发展是一个国家和地区高质量发展的核心动力，决定着一国或地区的竞争能力、发展水平和富裕程度。当前，实现南阳高质量发展，全面建成小康社会，一定要把产业发展置于核心位置，做大做强产业规模，提升产业发展实力和

辐射带动力。一是在工业发展上，要坚持壮大总量和提升质量并举、改造提升传统产业与发展战略性新兴产业并重的思路，以建设先进制造业强市为重点，强力实施现代工业发展"龙腾计划"，加快推进装备制造、食品、纺织等传统产业优化升级，积极推进新能源、光电信息、新材料、生物医药等战略性新兴产业发展，打造千百亿级产业集群和龙头骨干企业，推进产业结构迈向中高端，建成国内外具有较强竞争力的装备制造、纺织服装、电子信息、新能源产业基地，打造先进制造业强市。二是在服务业发展上，以建设豫鄂陕区域性现代服务业中心为重点，强力实施服务业发展"雁阵计划"，重点发展文化旅游、现代物流、大健康产业等优势主导产业，积极发展科技服务、电子商务、数据产业等新兴服务业，培育一批服务业集群和龙头企业，打造现代服务业发展新高地，形成区域经济转型发展"新引擎"。三是在农业发展上，一方面要继续巩固粮食生产的优势地位，强化粮食生产核心区的战略作用；另一方面要加快特色高效农业发展，培育一批特色农业产业化集群，如西峡的桃、菌、药产业集群，新野的肉牛产业集群等。四是在企业发展上，要加大支持扶持力度，积极支持诸如孙耀志、朱书成、秦英林等一批优秀企业家，重点打造一批诸如龙城集团、皖西制药、牧原食品等优势企业和潜力企业，形成百亿级、千亿级企业集团。

（三）加快推进新型城镇化建设，开创城乡一体发展新局面

城镇化具有牵一发而动全身的作用，是推动经济社会发展的强大引擎。当前，南阳城镇化发展相对落后，城镇化水平相对较低，还有很大的空间亟待释放。因此，未来一个时期，南阳应把新型城镇化发展作为战略重点，全面推进新型城镇化进程。一是要按照"抓两头促中间"的新思路，统筹推进南阳新型城镇化建设。所谓"抓两头"就是一方面抓南阳中心城区建设，通过完善功能、提升品位等综合举措，着力提升中心城区"两度两力"；另一方面抓小城镇建设，就是通过打造和培育一批特色乡镇，来提升小城镇的发展水平和综合承载能力，提高南阳城镇化水平。所谓"促中间"就是通过中心城区和小城镇建设，来促进和带动县城的发展，提升县城的综合发展水平。二是加快推进农业转移人口市民化。按照"一基本两牵动三保障"的思路，通过推进户籍制度改革、促进基本公共服务均等化、完善农业转移人口促进机制等多种举措，鼓励符合条件的农业转移人口向城镇集中、集聚。其中要把握两个关键点：一方面，要创造条件鼓励和支持农业转移人口向南阳中心城区集中，着力膨胀中心城区人口规模，力争中心城区人口规模达到500万人；另一方面，要积极支持农业转移人口向县

城集聚，努力把西峡、新野、唐河等县城打造成为 30 万以上人口规模的城市。三是建设社会主义新农村。要以深入开展农村人居环境整治和"美丽乡村"建设为抓手，按照产业、村庄、土地、公共服务和生态规划"五规合一"的要求，分类推进新农村建设，发展中心村、保护特色村、治理空心村，切实改善农村居民的生产生活条件。四是努力建设人文城市。积极挖掘南阳历史文化特色，注重旧城改造中的历史文化遗迹和传统风貌保护及周边环境治理，注重在重大城镇建设项目中融入历史文化元素，推进历史文化街区建设，加强文化名镇、名村、传统村落保护，开展重点区域城市设计，规划建设一批文化主题鲜明、本土风情浓郁的城市公共文化休闲空间，塑造具有鲜明地域特色和时代气息的城镇风貌。五是正确处理与邓州的关系。南阳与邓州地域相连、文化一体、民风相同，在历史文化、民风民情等方面是不可分割的有机体。因此，在南阳发展的过程中，要正确处理好与邓州的关系，积极帮助邓州解决发展中面临的一些问题，特别是要切实帮助邓州解决干部使用难题。

（四）加强交通设施建设，构筑区域发展新优势

"要想富，先修路"，充分说明了交通设施的重大战略作用。推进南阳跨越发展，要把加快构建现代综合交通体系放在突出位置，着力提升南阳交通设施的互联互通能力。一是加强对外联系通道建设。铁路方面，重点加强郑万高铁建设，积极谋划宁西高铁、二广高铁等高铁项目尽快进入国家和省级规划，加快推进宁西铁路二线、蒙华铁路建设，积极推进合肥至西安客运专线建设，积极谋划与周边城市的城际铁路建设，打造全国重要的能源运输大通道和快速客运铁路枢纽。同时，积极谋划好郑万高铁南阳站的建设，拿出几十平方公里土地规划建设豫鄂渝高铁经济带合作区，吸引高端人才、资源和高端服务业向南阳聚集。航空方面，积极扩大南阳机场规模，提高航线辐射能力，加强与郑州、北京等城市的机场和南方航空等集团战略合作，谋划建设西峡、淅川等通用航空机场。公路方面，加快推进武西高速、周南高速、方唐枣高速等高速公路建设，拓宽改造许平南高速公路，推进干线公路改造升级。内河运输方面，加快建设唐河复航工程和公路、铁路、水运联运枢纽，构建通江达海水运通道。二是完善内部交通网络体系。一方面要围绕"一心五环六射"干线公路网建设，加快推进连接各个县城的快速通道建设，改善提升城乡公路水平，提高"县县畅、乡乡联、村村通"水平；另一方面提前规划南阳地铁或者轻轨项目，规划建设旅游专用公路。三是推进综合交通枢纽建设。建设城乡一体化示范区铁路、公路、航空综合交通枢

纽，实现各种运输方式的高效衔接，完善南阳交通枢纽网络体系。

（五）深化改革开放创新，激发经济社会发展新动力

深化改革开放创新是促进经济高质量发展的不竭动力。推进南阳高质量发展，要坚持把改革开放创新放在关键位置，以改革开放创新破除发展障碍、培育发展动力、增创发展优势。一是积极深化改革。聚焦影响经济社会发展的突出障碍，聚焦群众反映强烈的突出问题，围绕影响南阳发展稳定的突出问题，加快推进改革步伐，重点推进行政管理体制改革、财税体制改革、投融资体制机制改革、农村各项改革等，激发动力活力。二是着力加强对外开放。以实施开放带动主战略为重点，以卧龙综合保税区建设为突破口，以融合河南自贸区建设为契机，构建开放型经济新体制，加强招商引资、引智、引技力度，完善开放载体平台，推进京宛、沪宛、杭宛等区域合作，加快形成全方位、多层次的对外开放新格局，以大开放推动大发展、实现大跨越。三是实施创新驱动战略。坚持把创新驱动作为转型跨越的新动力，以建设国家创新型试点城市为载体，实施创新驱动战略，加快科技创新和体制机制创新，大力推进创新体系和创新能力建设。积极营造创新环境，鼓励大众创新，支持非公有制经济和小微企业发展，加快培育和催生新的增长点。

三、推动文化大市向文化强市跨越

对于拥有厚重、独特历史文化地位的南阳来说，促进南阳高质量发展，提升新时期南阳战略价值，扩大南阳区域影响力和国内外知名度，需要充分挖掘和有效利用南阳丰厚的历史文化资源，积极丰富南阳历史文化资源的载体建设，着力加大南阳的宣传营销力度，让全省、全国、全世界更多的人认识南阳、了解南阳和熟知南阳。

（一）谋划长远发展战略

南阳文化博大精深，底蕴深厚，开发利用历史文化资源必须具有长远战略谋划。要凝聚一大批历史文化爱好者、研究者、实干家、企业家，长年坚持不懈地献身于这一事业。要对南阳文化深入学习研究认知洞察，借鉴运用现代文化传播理论，制定谋划南阳文化建设战略规划，要像搞经济建设一样长年坚持推进。

（二）强化资源保护、传承与创新

文化是根，文化是魂，文化是南阳人的精气神，文化是南阳最丰富的矿藏和最宝贵的资源。要珍惜南阳的历史地位和文化资源，坚持以保护和传承为基础。

比如，利用南阳的杰出历史人物和历史遗迹资源，建设和打造一批文化遗址遗迹公园、名人故里等，或者可以通过命名学校、命名道路、命名重要建筑物和广场游园等途径，使杰出历史人物鲜活起来。同时，要在此基础上，注重创新，与时俱进。当前，我国进入建设中国特色社会主义新的历史时期，改革开放的时代精神、社会主义市场经济精神深入人心，整个中华大地呈现出生机勃勃发展局面，南阳人民意气风发，南阳的工业化、城镇化、信息化、农业现代化和生态绿色化发展取得了巨大成就，南阳大地发生了天翻地覆的历史巨变，形成了具有时代特色的改革开放时代南阳新文化，我们要把这些时代精神和崭新文化赋予南阳历史文化的丰富内涵之中，作为南阳文化的历史新篇。

（三）打造城市文化品牌

南阳历史悠久、文化厚重，单就南阳的名人群体就有"数量众多、门类齐全和层次高、贡献大"等突出特征。要加强南阳历史文化资源特别是杰出历史人物资源的挖掘利用，通过对历史上南阳在"重要朝代、重要人物、重大事件、重大贡献"的持续挖掘和宣传，叫响南阳文化品牌，支撑"南阳历史地位"，提升南阳文化的影响力。一是楚风汉韵。依托淅川"青铜器"、楚长城等文化遗迹遗产，围绕刘秀、二十八星宿、南都和汉文化，加大保护开发力度，培育打造展示载体，策划举办高端文化论坛，展示楚风汉韵文化魅力。二是南阳"四圣"。加大南阳"四圣"文化宣传推广力度，着力叫响"四圣"品牌，让"四圣"精神世世代代深入人心，让"四圣"成为南阳人永恒的形象和杰出代表。三是人杰地灵。坚持把"人杰地灵"作为文化总基调，围绕"人杰地灵"加大宣传推广力度，打造"人杰地灵"文化品牌。四是三国文化。南阳的历史地位通过《三国演义》家喻户晓，而三国文化也因为刘关张和诸葛亮等鲜活历史人物、历史事件和戏剧性细节而具有永恒的生命力和感染力。当前应当紧紧抓住"三国文化"这一重要抓手，推进"三国文化"建设、三国历史人物形象揭示、"三国文化"精神的传承，树立"三国文化"品牌。五是南水北调。围绕南水北调中线工程，讲好南水北调中线工程故事，展示南水北调中线工程成就，弘扬淅川移民精神，培育打造南水北调品牌。六是书香南阳。南阳文化厚重，南阳人好学、上进、爱读书，南阳文化最突出特征是崇文重教，南阳人的天性就在于书香文化熏陶。历史上南阳文人大家多，现代南阳又出现了享誉全省全国的"南阳作家群"。现在国家提出要建设书香社会、书香城市、书香中国，南阳要高举"书香南阳"这一文化旗帜，开展书香南阳建设文化活动，把书香南阳文化品牌擦亮。七是好山好水。山水资源丰富是南阳最为明显的特征，也是当前南阳的重要优势。要用足用好南阳山水资源，加快推进丹江口水库、老界岭、宝天曼、淮河源等开发力度，规划建设一批养生养老、健身康体、生态休闲等高端项目和风景名胜区，加大宣传推广力度，打造好山好水品牌。

（四）加大宣传推广力度

积极利用现代传媒资源，加大南阳文化的宣传推广力度，不断提升南阳文化的影响力。一是注重核心理念传播。要大力传播先进文化，传播催人奋进的价值观，培养公民对地域文化的热爱，应当精选能够被人们广泛接受的核心广告语，在全市、全省、全国持续推出。比如，"人杰地灵看南阳""楚风汉韵看南阳""三国文化看南阳""好山好水看南阳""书香社会看南阳"等。二是围绕楚风汉韵、南阳"四圣"、人杰地灵、三国文化、南水北调、书香南阳、好山好水品牌建设，制定宣传营销计划，创新宣传策略，构建推广体系，开展形象推介。比如，拍摄制作高水平的历史文化、景区景点等南阳城市宣传片、纪录片和影视片，编辑出版一批展示南阳厚重文化的优秀出版物，邀请全国知名美术家创作南阳山水风光、历史人文典故等方面的美术作品等。三是整合全市对外宣传资源，联系邀请国际著名媒体以及重点客源国媒体进行文化旅游宣传，邀请国内知名媒体关注南阳、走进南阳、传播南阳、推广南阳。四是利用报纸、广告、网络、微博、微信、微电影等媒体，与谷歌、腾讯等网络巨头和乐途、携程等在线旅游企业开展深度合作，对南阳的名城、名人、名山、名水等进行文化创意宣传营销，展示南阳良好形象。五是建立影视题材库，聘请优秀编剧导演创作拍摄在全国有影响力的影视作品。六是开展节会活动营销，策划推出新的节会活动项目，引进、承办影响大、品位高的区域性、全国性和全球性节会、演出、体育赛事，开拓境外潜在市场。

（五）建立完善保障机制

文化建设是慢功夫，需要久久为功，必须建立起政治保障机制、资金投入机制、市场运作机制、大众参与机制、人才引领机制等保障措施。一是建立政治保障机制。南阳市委、市政府要把推进文化建设、提升南阳地位、振奋南阳精神、美化南阳形象作为南阳发展的大事常抓不懈，成立领导小组，建立规章制度。二是建立资金筹措机制。文化建设必须有稳定投入，一方面要提高财政投入比例，形成长效投入机制，另一方面要吸引企业、社会包括外资向南阳文化建设投入。同时要切实提高文化创意的谋划水平和能力，并更多地向河南省和国家争取资金。三是建立激励机制。文化建设本质上是精神现象，一定要建立与文化建设相适应的激励和奖励机制，鼓励支持全社会更多优秀人才热爱本职工作，传承南阳文化。比如政府和有关部门结合，可以设立多种文化奖项，类似国家的茅盾文学奖、鲁迅文学奖、白求恩医学奖等，南阳完全可以设立多项有南阳文化特色的奖项，奖励各方面做出突出贡献的人才，达到既催人奋进，又引领社会风气，还可以传承南阳文化之目的。比如，医药界可以设"张仲景"奖，科技教育界设"张衡"奖，商界设"范蠡"奖，智库界设"智圣"奖，文学创作界设"姚雪垠"奖、"二月河"奖等，让每年的评奖开奖成为南阳文化的盛典，并通过全国、全省媒体宣传，使其成为扩大南阳影响、提升南阳地位的载体。四是建立大众参与机制。文化在本质上是大众的。只有大众认可的、大众热爱的、大众参与的，才是真正有生命力的文化。一定要建立广泛的吸引大众参与的文化活动机制，要讲好南阳故事，写好南阳剧本，谱出南阳好歌曲，拍摄宣传南阳的微电影、微电视、微视频、微广告等，这些都可以通过组织广泛的群众参与、群众评选、群众点赞途径引入竞争机制，形成万众参与文化活动的崭新局面。

四、着力开创包容和谐社会建设新局面

相对于经济的快速发展，民生保障和公共服务建设滞后是南阳高质量发展和全面建成小康社会的短板。新时期，南阳要把全面改善民生、增进人民福祉、促进社会公平正义作为经济社会发展的根本目标，秉持保基本、补短板、兜底线、促公平的思路，积极推进基本公共服务均等化，努力使发展成果惠及全体人民，确保如期实现全面建成小康社会的目标。

（一）大力发展社会事业

加快推进教育、医疗、文化、体育等社会事业发展，着力破解社会事业发展相对滞后的问题。优先发展教育事业，实施优质教育倍增工程，集中力量解决好中心城区和县城上学难、大班额、优质教育资源稀缺等突出问题。借力南水北调，做好北京重点高校在南阳合作办学等引智工作，支持南阳医学高等专科学校升格为张仲景医学院，推动南阳师范学院更名转型，全面提升南阳理工学院等高等院校办学水平。加快发展卫生事业，推进市县公立医院综合改革，加大社会办医力度，形成多元化办医格局，实施一批重大卫生项目，全面提升卫生保障能力。大力发展体育事业，广泛开展全民健身活动，以全民健康促进全面小康。大力发展文化事业，重点推进"三馆一院"等重大文化基础设施，推动文化大市向文化强市迈进。

（二）着力完善社会保障体系

按照全覆盖、保基本、多层次、可持续的方针，以增强公平性、适应流动性、保证可持续性为重点，以社会保险、社会救助、社会福利为基础，全面建成覆盖城乡所有人群的社会保障体系。建立最低生活保障、失业保险标准和困难群众救助标准自然增长机制。努力提高城乡居民养老、医疗保险财政补助标准、医保政策范围内住院医疗费用报销比例，切实提高社会保障水平。启动实施城镇居民大病保险。全面推进社会保障一卡通。继续提高城乡低保、农村五保和优抚对象补助标准。实行城乡统一的独生子女父母奖励扶助制度和计划生育家庭特别扶助制度。加强社会养老服务体系和县级社会福利中心建设，发展慈善、残疾人、妇女儿童、红十字、老龄等事业。健全农村留守儿童、妇女、老年人关爱服务体系。全面实施临时救助制度，努力让每一个身处困境者都能得到关爱。

（三）积极创新社会管理体制

以维护最广大人民根本利益为目标，创新社会治理方式，提高社会治理水平，最大限度增加和谐因素，增强社会发展活力，确保人民安居乐业、社会安定有序。改进社会治理方式，建立健全"党委领导、政府主导、社会协同、公众参与"的社会治理格局。健全基层民主科学决策机制、矛盾调解化解机制、基层便民服务机制、党风政风监督检查机制，推进基层治理法治化。推行重大决策社会稳定风险评估机制，推动社会矛盾调处由事后处置向事前预防转变。加快实施政社分开，推动社会组织健康有序发展，推进社会组织明确权责、依法自治、反映诉求、发挥作用。

五、着力推进大美南阳建设

良好的生态环境是南阳高质量发展的重大战略优势。推进南阳高质量发展，凸显南阳的价值作用，促进南阳转型跨越，应打好生态环境建设这张王牌，坚持以生态高效示范市建设为重点，通过优化主体功能布局、加强水源地保护、推进生态建设、强化环境治理、建立生态文明制度等系列举措，着力推进绿色发展、循环发展、低碳发展，走出一条绿色发展、绿色崛起之路。

（一）优化主体功能区布局

按照国家和河南主功能区规划对南阳的功能定位，结合南阳地理地貌条件和发展状况特征，着力优化国土空间开发格局，合理划定生态保障区、农业主产区、核心引领区、支撑协作区，引导经济发展、人口布局、城镇化建设、基础设施、生态环境建设，形成功能明确、结构合理、协同发展的主体功能区发展新格局。

（二）加强南水北调中线工程水源地保护

实现"一渠清水永续北送"，维护京津重地的用水安全，是南阳义不容辞的责任，也是新时期南阳的政治担当。因此，南阳应坚持把南水北调中线工程水源地保护作为工作的重中之重，以贯彻落实《丹江口库区及上游水污染防治和水土保持规划》为重点，持之以恒地抓好水源地环境整治和生态建设，切实保护南水北调中线工程水质安全。要按照生态经济化、经济生态化的理念和思路，加快推进水源保护区涉及区域的产业结构调整，积极发展生态产业、低碳产业和绿色产业。要加快推进水源保护区工业点源污染治理防控和农村面源污染治理，积极完善垃圾处理、污水处理设施建设，着力提升完善水源区污水、垃圾处理能力，切实改善水源区生态环境质量。积极加强环丹江口库区绿色生态屏障和南水北调中线生态走廊建设，力争纳入国家生态补偿支持范围。强化水安全预警制度，加强水质监测，确保丹江口水库水质稳定保持Ⅱ类标准。

（三）建设中原水城

南阳是南水北调中线工程水源地和渠首所在地，分属长江、淮河、黄河三大水系，境内河流众多。境内主要河流有丹江、唐河、白河、淮河、湍河、刁河、灌河等，中心城区内有贯穿南北的温凉河、梅溪河、三里河等8条内河。因此，南阳应充分利用河流资源丰富、内河水系发达的基础优势，以申报国家海绵城市试点为契机，以水生态文明为主线，以人水和谐为目标，加快推进中心城区生态水系建设，大力实施保护白河"母亲河"行动，加快推进中心城区温凉河、护城河、汉城河、十二里河等7条内河综合开发整治，积极实施河道疏浚、河道截污治污、沿岸滨水街区建设、沿岸生态景观建设工程，着力构建清水长流、人水和谐的城市生态水网，打造"九水绕宛城、二龙戏明珠"的"中原水城"。鼓励支持西峡、淅川、社旗、唐河、新野等县，积极利用境内河流资源和过境河流，加强县城生态水系、湿地公园、生态廊道等建设，打造形成生态水韵城市。

（四）推进生态系统建设

以建设国家生态文明先行示范区为重点，全面推进生态建设和重要生态功能区保护，积极推进生态廊道建设，构建形成多层次、网络化、功能符合的生态系统。围绕"三区三带"生态布局，积极加强伏牛山地生态区、桐柏山地生态区、平原生态涵养区建设，着力推进南水北调中线生态走廊、沿白河生态涵养带和沿淮河生态保育带建设。积极推进生态屏障建设，重点加强伏牛山山地森林绿色生态屏障、桐柏山山地森林绿色生态屏障、渠首水源地绿色生态屏障、鸭河口水库及白河流域绿色生态屏障等建设。加快推进环城林系、廊道绿化、湿地公园等生态工程建设，重点抓好境内国道、省道、高速廊道、铁路绿化和唐河、白河、淮河、湍河、刁河、灌河等江河水系两岸以及南水北调路线引入渠沿线两侧防护林带建设，重点加强岗丘、平原地带高效生态经济林建设，构建纵横交错的生态林网。加快推进石漠化综合治理，积极加强矿区生态恢复和地质灾害防治。

（五）加强环境综合治理

以群众最关心的突出环境问题为重点，以实施三大工程为抓手，统筹推进水污染、大气污染、土壤污染等污染综合治理，切实改善环境质量。全面实施蓝天工程，深入开展"环保排雷"行动，加快推进工业脱硫脱硝等关键环节和蒲山等重点区域专项治理，积极抓好黄标车治理、建筑工地及道路交通扬尘治理、秸秆焚烧整治等环保工程，不断改善大气环境质量。积极实施碧水工程，重点加大"两源两河"（南水北调中线水源、淮源、唐河及白河）等重点流域水污染防治力度，积极开展丹江口水库、鸭河口水库等综合整治。大力实施乡村清洁工程。以清洁家园、清洁水源、清洁田园为重点，深入实施乡村清洁工程，重点推进农村环境连片综合整治、土壤污染防治、畜禽养殖污染防治，逐步改善农村生态环境质量。

（六）强化资源节约集约利用

加强全过程资源能源节约管理，积极发展循环经济，建立资源循环利用体系，打造资源节约型社会。以强化节能减排约束性指标为导向，实行强度目标和总量目标"双控"责任制，推动工业、建筑、交通和公共机构等重点领域节能减排降碳，确保完成国家下达的节能减排目标任务。积极推进节水、节地工作，确保资源利用效率大幅提高。大力发展循环经济，争创国家级可持续发展实验区，推进全市各级产业集聚区循环化改造，围绕园区产业基础，积极构建油碱化工、装备制造、电力能源、冶金建材、纺织服装、食品加工等工业循环产业链。加快推动生活方式绿色化，实现生活方式和消费模式向勤俭节约、绿色低碳、文明健康的方向转变。

（七）完善生态文明制度

坚持源头严控、过程严管、后果严惩，建立健全生态文明制度，用制度保护生态环境。建立健全自然资源资产产权制度和用途管制制度，对水流、森林、荒地、滩涂等自然生态空间进行统一确权登记，形成归属清晰、权责明确、监管有效的自然资源资产产权制度。建立考核评价体系，把资源消耗、环境损害、生态效益纳入经济社会发展考核评价体系，完善高效生态经济示范市建设考评办法，形成严格的考核、奖励机制。完善生态补偿制度，推行节能量、碳排放权、水权交易制度，争取建设南水北调中线工程水权交易中心。健全多元化生态环境保护投入机制，推行环境污染第三方治理。健全污染物排放环境保护管理制度，完善污染物排放许可制度。健全生态环境保护责任追究制度和环境损害赔偿制度，开展环境污染责任保险试点。建立区域协调制度，加强与湖北省十堰市等南水北调丹江口库区及上游地区生态文明建设的协调衔接，在生态文明建设各领域、各层面进行广泛的交流与合作。完善环境信息公开和举报制度，强化社会监督。

六、打造人才会聚中心和高层次人才集聚高地

当前和今后一个时期，随着经济社会的发展和人口红利的消失，我国将进入"抢人时代"，一方面高端人才的竞争将日益加剧，另一方面低端劳动力的竞争也将随之展开，目前东南沿海已出现这样的苗头。因此，当前推进南阳高质量发展，要未雨绸缪、抢占先机，积极把人才建设放在重要位置，秉持挖掘、培养、引进、合作多措并举的思路，着力把南阳打造成为人才会聚的高地和创新创业者的乐园。

（一）深度实施人才回归和人口回流工程

今后，要重点关注以下两大领域：一是要深度实施人才回归工程。利用在外南阳籍丰厚的人才资源，建设南阳籍在外人才信息库，完善扶持政策，畅通创业渠道，吸引和鼓励在外各类人才以总部回迁、项目回移、资金回流、技术回乡、信息回馈、智力回哺等方式返乡创业或者智力支持家乡建设。二是积极实施人口回流工程。加快推进产业发展和承接产业转移，吸引在外务工劳动力回乡就业创业，并给予一定的政策支持；鼓励支持在外务工劳动力在南阳市中心城区、各县城和乡镇购买住房，并把其纳入城镇社会保障范畴。

（二）加快实施高端人才会聚工程

充分借鉴无锡"530"计划、郑州"智江郑州·1125聚才计划"等先进经验，加快制定南阳高端人才引进计划，培育、引进和会聚一批高层次人才。紧紧围绕南阳市优势产业、高新技术产业、战略性新兴产业及重点学科、研究基地，重点引进掌握核心技术、具有较强创新创业能力的领军人才，高层次创新创业紧缺人才和领军型科技创新创业团队。加强与中国科学院、中国工程院、西安农林

科技大学、郑州大学、河南农业大学等科研院所、高校的战略合作，联合打造人才创新联盟和人才培养引进基地。积极发挥离退休老专家的作用，围绕南阳产业发展优势和产业发展方向，鼓励海内外著名离退休老专家、两院院士等知名专家，在南阳建立工作室、研发中心、研发基地等平台，支持在南阳建立培训基地、科研院所等机构。

（三）积极打造优秀企业家群体

无论是从全球视角看，还是从国内视角看，企业家，尤其是优秀企业家，都是一种至关重要的战略性稀缺资源，是一个国家或地区经济发展的核心推动力。目前，南阳市已形成了诸如孙耀志、朱书成、李书成、张晓阳等为代表的本土化、团队化、职业化现代企业家群体，成为推动南阳经济发展的核心力量。当前，南阳应从地区经济发展基础性、战略性、决定性的视角和高度来重新认识企业家的地位，通过有计划地组织他们到高等院校培养深造、实施"新一代企业家"培养工程、建立与企业家定期联系制度、给予企业家政治经济待遇等系列举措，加快培育和打造企业家群体，凝聚提升南阳经济社会发展的核心动力。

（四）加快推进人才创业创新平台载体建设

创业创新平台是培养人才、吸引人才、留住人才、使用人才的重要载体。南阳要把创业创新平台建设作为重点，坚持企业主体、市场导向、政府引导、院校支撑的合作模式，大力推进一批创新平台和创新载体建设，实现"以平台引人才、以人才强平台"的良性循环。加快推进卧龙综合保税区、京宛科技综合服务平台、中关村科技产业园、电子商务创业基地等重要载体的建设，打造高层次创业创新人才基地。谋划建设创业者家园、创业者园区，打造一批低成本、便利化、全要素、开放式的众创空间。

（五）大力实施人才队伍能力提升工程

今后一个时期，应重点关注以下两个方面：一是领导干部能力提升工作。要以实施"头雁计划"为契机，以提高领导水平和执政能力为核心，以转变领导干部思想观念为重点，着力加强领导干部培训工作，深化与外地干部的交流合作，吸引省内外高层次人才到南阳挂职锻炼，打造一支高素质党政人才队伍。二是实施全民技能振兴工程和职教攻坚工程。积极制定培训计划，完善培训机制，加大对全市各行各业现有人才的培训力度，加快培养高素质企业管理人才、城市规划和建设人才，以及教育、卫生、文化、农业、民政等领域专业技术人才，全面提升人才对经济社会发展的支撑力。

第十一章 中原城市群县级城市偃师市高质量发展的思路与举措

面对高质量发展的战略要求和极为错综复杂的形势，偃师市必须准确判断重要战略机遇期内涵及条件的变化，坚定信心，持续探索，科学谋划，真抓实干，努力推进经济社会的高质量发展，为全面开启现代化建设的新局面奠定坚实基础和保障。

第一节 偃师市高质量发展的优势基础

偃师市推进高质量发展具有良好的发展优势，文化传承创新发展基础深厚，现代产业发展支撑扎实有力，自主创新驱动发展大幅增强，山水田园交融生态环境秀美，这些都为高质量发展打下了良好的基础保障。

一、现代产业发展支撑扎实有力

工业基础支撑扎实有力，三轮摩托车、新材料、新能源三大优势特色产业规模快速增大，已经成为全国最大的三轮摩托车生产基地，正在朝着全国有影响力的新能源车产业基地迈进，市场竞争力不断增强；新材料、新能源等新兴产业坚持创新发展导向，随着产业创新实力逐步提升，创新链有效带动产业链、产品链和价值链向中高端升级；制鞋、电线电缆、耐火材料、壁纸等传统优势产业加快转型升级，新型工业化提质增效取得了明显成效。现代服务业快速兴起，交通运输、房地产、仓储、邮政、批发零售、住宿餐饮等传统服务业保持稳定发展态势，文化旅游、现代物流、电子信息等高成长性服务业不断发展壮大。"互联网＋"成为产业转型升级的重要助力，电子商务信息平台、电子商务支付体系、电子商务人才保障体系等日益完善。现代农业发展能力和水平稳步提升，小麦良种、鲜食葡萄、无公害蔬菜、花卉苗木四大现代高效特色农业快速发展。同时，随着偃师市调结构、促转型各项工作持续深化推进，结构调整成效日益显著，产业结构不断优化。

二、自主创新驱动发展大幅增强

偃师市位于郑洛新国家自主创新示范区范围之内，享受相应的政策红利、改革红利、制度红利等，拥有创新创业的良好氛围。随着郑洛新国家自主创新示范区快速发展，郑州、洛阳、新乡三地成为全省创新资源最富集、创新体系最完备、创新活动最丰富、创新成果最显著的区域，将日益成长为中原地区具有较强辐射能力和核心竞争力的创新"高地"。根据中国中小城市科学发展评价体系研究成果，偃师市在"投资潜力""创新创业"两大榜单中分别跻身全国百强，全市创新实力得到快速提升，进一步激发了经济社会发展的动力、活力。

三、文化传承创新发展基础深厚

偃师市拥有丰富的历史文化遗存、悠远的宗教文化及独特的根亲文化，文化事业和文化产业创新发展的基础雄厚。近年来，偃师市高度重视并大力推进二里头遗址保护、商城遗址等文化遗产保护工程，坚持城市发展避让大遗址保护区，努力实现文化遗产保护与经济社会发展相协调。积极开发玄奘文化这一偃师市独有的文化资源优势，将玄奘故里文化产业园项目作为文化旅游产业的龙头来抓，对玄奘故里进行了保护性开发。努力使文化"软实力"成为经济社会发展的"硬支撑"，为推动文化传承创新，推动偃师高质量发展奠定了坚实的基础。

四、山水田园交融生态环境秀美

偃师市区周边环山，伊河、洛河穿境而过，自然风光秀丽，历史文化底蕴厚重，具备打造特色鲜明山水生态城市的优势。近年来，偃师通过实施环境治理工程、污染减排工程、绿色创建工程和环境基础工程等，单位生产总值能耗、二氧化碳排放量、主要污染物排放量明显下降，生态建设和环境保护工作取得了显著成效。此外，偃师市还投入巨资建设虎头山生态公园和首阳山森林公园，为居民提供了集生态绿化、环境保护、旅游观赏、休闲娱乐于一体的去处，提高了城市发展和人民生活的品位。秀美的自然山水和良好的生态环境，都为偃师高质量发展奠定了坚实的基础。

第二节　偃师市高质量发展的有利条件和不利因素

偃师市高质量发展具有良好的有利条件，同时也存在着一些不利因素，要积极利用有利条件，破解发展不足，切实把高质量发展推进前行，开展经济社会发展的新局面。

一、有利条件

偃师市高质量发展面临着国家发展新布局开启发展新空间、河南发展新战略带来发展新机遇、洛阳发展新思路迎来发展新机会、偃师发展新亮点塑造发展新优势等重大机遇，要充分利用这些机遇扎实推进高质量发展。

（一）国家发展新布局开启发展新空间

当前我国由东向西、由沿海向内地，立足大江大河和交通干线，依托航空、高铁要素发展效应，区域发展逐步呈现沿海与中西部相互支撑、良性互动的新格局。特别是党的十八大以来，中央在坚持继续深入实施"西部开发、东北振兴、中部崛起、东部率先"区域发展总体战略的同时，谋划布局并推动实施了"一带一路"建设、京津冀协同发展战略、长江经济带发展战略，统筹推进"四大板块"与"三个支撑带"的战略组合，进一步释放区域协调发展新空间，这也为偃师市的发展提供了新的发展机遇与政策红利。尤其是洛阳市被列入丝绸之路经济带的重要节点城市，将为偃师市组织企业"走出去"、消化过剩产能、发展对外贸易、促进对外文化交流等方面，带来重大发展契机。

（二）河南发展新战略带来发展新机遇

近年来，为加快推进中部地区发展，中央部署及出台了一系列重大战略及政策措施，全力推进了中部崛起进程。在此背景下，河南科学把握发展大势，积极推进经济社会平稳增长，谋划实施了一大批打基础、增后劲的大事要事，成功推动粮食生产核心区、中原经济区、郑州航空港经济综合实验区、郑洛新国家自主创新示范区、中国（河南）自由贸易试验区、中原城市群等上升为国家战略，为经济社会平稳较快发展打下坚实基础。随着这些国家战略的深度推进和实施，一方面河南集中释放从中央获得的政策优惠，为偃师实现跨越发展创造了难得的外部环境；另一方面伴随着国家战略的实施，河南打造了一系列的发展平台和载体，将加快助推偃师形成跨越发展、开放发展、创新发展新格局，有利于促进偃师智能装备、新材料、新能源等战略性新兴产业发展及现代物流、电子商务、文化旅游等现代服务业发展，也将为偃师提升自主创新能力、促进产业升级和构建创新链、价值链提供重大战略机遇。

（三）洛阳发展新思路迎来发展新机会

继郑洛新国家自主创新示范区、中国（河南）自由贸易试验区等获批之后，河南省又提出"巩固提升洛阳中原城市群副中心城市地位，建设全国重要的现代装备制造业基地和国际文化旅游名城"，打造郑州、洛阳"双引擎"。同时，"十三五"期间，洛阳全面推进"副中心"建设，将带来交通设施建设、产业发展、人才要素会聚等方面的政策支持，偃师紧邻洛阳城区，在洛阳将更多地获得这一总体战略的发展红利。尤其是，近些年洛阳明确提出推进洛偃一体化，不断加快实现洛阳与偃师的产业对接和功能互补。与此同时，偃师也全力打造首阳新区，逐步承担洛阳城市发展的部分功能。随着洛偃一体化进程加快，将更有利于偃师吸引高端项目、高端人才和先进技术，促进偃师经济社会高质量发展。

（四）偃师发展新亮点塑造发展新优势

偃师作为国家级重点开发区域和河南城乡一体化试点，将为经济社会全面发展带来更大的发展空间。偃师民营经济基础好、活力足、创新能力较强，"双创"战略的深入实施，将为偃师民营经济的再次腾飞带来新的机遇。在经济发展新常态下，偃师的产业发展不断呈现新亮点，传统产业加快转型升级、新材料行业发展迅速、现代物流业蓬勃发展，尤其伴随着移动互联网、大数据、云计算等新一代信息技术的突飞猛进，互联网思维下的新业态、新模式层出不穷，特色农产品、三轮摩托车、制鞋及针织等消费型传统产业也将迎来"再创业、再崛起"的发展机遇，有利于推动偃师打造特色县域电商经济。

二、不利因素

偃师的高质量发展虽然面临着一些重大机遇，但同时也存在着产业转型压力加大、区域竞争日益激烈、要素制约日趋凸显、思想观念亟待转变等不利因素，要利用重大机遇坚决破除这些不利因素，扎实推进经济社会的高质量发展。

（一）产业转型压力加大

当前，经济发展进入新常态，偃师劳动力资源、自然资源等一些传统优势正在弱化，改革红利、创新活力等新动力尚未形成有效支撑，经济下行压力相对较大。尤其是产业转型升级，偃师产业发展仍是较多遵循传统路径，仍过多依赖低端产业、低小散企业、低成本劳动力、资源要素消耗以及传统商业模式。一是产业发展方式粗放，集聚集群优势不明显，主要表现为低端产业占比较大，产业发展层次整体偏低，新产业、新业态新模式发展滞后，尤其是制鞋、电线电缆、石化管件、针织、耐火材料、壁纸等传统产业升级面临较大困难，处理不好会导致实体经济风险和财政金融风险相互交织、相互传递。二是龙头领军型企业匮乏，商业模式明显落后，且现有初具规模的企业，家庭式管理和决策的机制较为普遍，具有大谋虑、敢于创新突破的大企业家匮乏，现代企业管理水平低下。

（二）区域竞争日益激烈

当前，在发展经济的强烈愿望下，地方政府对微观经济主体的过多干预和短期行为造成的政策性过剩日益严重，进一步增大了区域竞争压力。一方面，20世纪90年代成为偃师迅速崛起助力的郑州、洛阳，随着郑州全力践行航空港综合经济试验区、自贸区等国家战略，洛阳聚力打造河南名副其实副中心城市，郑州、洛阳发展的制度红利日益明显，偃师在人流、物流、资金流、信息流等核心要素集聚方面遭受郑州、洛阳的虹吸效应正在逐步显现，如偃师在招商引资吸引力上压力较大，在本地金融资源利用上发展缓慢，在平台优势上差距明显等。另一方面，聚焦周边县区，巩义、荥阳依托雄厚的发展基础正在加速跨越发展，伊川、宜阳、新安、栾川等县区也在充分发挥比较优势加快承接产业转移。与之相比，偃师高质量发展不具有绝对的优势，在资源、产业、企业、资金、人才等要素配置上面临着周边县区的激烈竞争。

（三）要素制约日趋凸显

当前，偃师转型发展仍然面临资金、人才等核心生产要素支撑不足的局面，企业融资难题仍然突出。据不完全统计，偃师通过民间借款及企业拆借方式流动的资金达10亿元左右，基本与银行贷款总额持平。人才短缺问题严重，与偃师经济社会发展迅速的需求相比，不管是管理人才，还是具有专业知识背景，熟悉相关产业领域，懂得资本运作、上市融资、电子商务的各种优秀专业人才都相对缺乏，这些都成为制约偃师发展的现实瓶颈。此外，受历史文化资源保护约束，偃师发展空间制约日益突出。作为历史文化名城，偃师行政区划面积的2/3为文物保护区，在严格保护历史文化遗产资源的同时也面临城市发展空间拓展受限的困境，招商引资、承接产业转移项目在很大程度上受到影响，这也将导致偃师经济高质量发展后续动力不足。

（四）思想观念亟待转变

面对市场经济加速转型，尤其是经济发展进入新常态后，偃师许多中小企业家仍存在"小富即安、小进即满、看家守本、求稳怕乱"的思想。由于偃师的民营经济起步早，大多集中于适应家庭作坊式发展的传统产业，产业小而散、小而全，自发式发展，如针织、制鞋、电线电缆等传统支柱产业缺乏技术创新、管理创新、品牌创新、营销创新的动力，"先发优势"逐渐转变为"先发劣势"，面对企业发展新形势，"不想转、不敢转、不会转"的现象普遍存在。与此同时，少数领导干部也存在只求"稳"不求"进"的思想，积极进取、争先进位的主动性、积极性不足；在重大项目规划实施、征地拆迁、民生保障等事关全市经济社会发展的重难点工作上，不敢担责任，害怕担风险，事事追求稳妥，错失发展良机；在改革创新发展上，意识缺失，内心拒绝承认差距，安于现状。整体而言，偃师经济社会发展在思想解放方面形成了路径依赖，改革创新、不破不列的思想观念有待进一步更新。

第三节　偃师市高质量发展的思路与举措

面对依然严峻复杂的国内外经济形势，偃师市高质量发展应认清新形势、主动新作为，有效施策、精准发力，坚持稳中求进的工作总基调，以提高经济发展质量和效益为中心，以推进供给侧结构性改革为主线，着力优化产业结构，着力增强改革推动力、开放带动力和创新驱动力，着力夯实基础支撑，着力保障和改善民生，积极促进经济平稳健康发展和社会和谐稳定，为加快推进偃师高质量发展、全面决胜小康社会奠定坚实基础。

一、培育经济增长新动力

坚持以增强动力、激发活力、强化支撑为重点，持续优化产业结构，深入推进创新驱动发展，不断强化载体平台支撑，形成经济增长的新动力，走出一条结构更优、活力更足、支撑更强的发展新路子。

（一）促进产业结构优化升级

围绕产业高级化、高端化、生态化的战略导向，结合洛阳市"五强六新五特"的现代产业体系，坚持传统产业转型升级与战略性新兴产业培育壮大"两轮驱动"、高端制造业与高端服务业"两高引领"，着力构建富有偃师特色的现代产业新体系。一是加快形成"222"产业发展格局。持续壮大先进装备制造、新材料两大战略主导产业，积极培育新能源和现代物流两大新兴产业，着力打造电子商务和文化产业两大特色产业，加快形成"222"产业发展新格局，着力强化偃师跨越发展的产业根基。二是改造提升传统产业。秉持"打造品牌、创新提升、龙头带动、集聚发展"的思路理念，围绕制鞋、电线电缆、石化管件、针织、耐火材料、壁纸等传统优势产业，通过嫁接先进技术、延长产业链条、更新关键设备等综合举措，进一步焕发活力、增强动力、提升质量，巩固提升传统产业发展新优势。三是加快发展现代农业。坚持以打造现代农业示范区为抓手，进一步培育壮大小麦良种、鲜食葡萄、无公害蔬菜、花卉苗木、畜牧养殖等现代高效农业，培育打造一批休闲农业、特色农业产业集群，积极推动三次产业融合发展，加快推进农业产业化进程，不断提升农业产业竞争力。

（二）增强创新发展新优势

积极抢抓新一轮技术革命和产业变革的重大机遇，聚焦偃师产业升级和新旧动能转换需要，大力实施创新驱动战略，持续推进创新主体培育、创新平台建设、创新人才集聚、创新服务体系建设等工作，不断增强创新发展驱动力。一是强化企业创新主体地位。大力推动工业企业技术改造，着重支持企业增资扩产、设备更新等项目实施，重点支持制鞋、电线电缆、石化管件、针织、耐火材料等传统行业购置先进适用设备，提升技术水平。积极引导企业加大科技研发投入，组织开展关键产业技术攻关，加快技术革新步伐。大力培育发展高新技术企业，鼓励支持企业向国家重点支持的高新技术领域、战略性新兴产业发展。二是加快创新载体建设。发挥智能装备协同创新研究院、河南省社科院偃师分院等创新载体的引领作用，加快建设建龙公司分子筛院士工作站、恒森公司硬质材料博士后工作站及研发中心、东风新能源动力研究院、亚明 LED 新光源研究院、大河新能源车辆研究院等研发机构，有效为企业科技咨询、研发等服务。鼓励企业建立研究中心、技术中心、重点实验室等研发平台，支持企业积极参与国家、省、市重点科技项目。三是建设创新创业战略高地。坚持以"大众创业、万众创新"为抓手，加快建设创新创业型载体，着力引陪创新创业型人才，积极发展创业公寓、天使茶馆、天使联盟等新业态新模式，完善提升创新创业氛围，激发全社会创新创业活力。

（三）打造跨越发展新平台

积极强化产业集聚区、特色商业区等平台载体建设，打造形成跨越式发展新平台、新支撑。一是加快产业集聚区建设。按照"五规合一""四集一转""产城互动"的要求，持续完善产业集聚区综合服务中心公共检测服务、技术研发、技能培训等平台功能，统筹推动招商引资、产业提升和集群培育，促进产业集聚区上规模、上水平、上层次，将其打造成为全市经济发展的重要载体和强大引擎。二是加快特色商业区建设。大力引进龙头企业和高端品牌，强化商业集聚，突出地方特色，完善配套设施建设，培育产出高效、功能复合、业态集聚、就业充分的现代服务业集群，培育形成新的经济增长点。

二、塑造品质偃师新形象

积极抢抓城乡一体化试点、河南省百城建设提质工程等重大机遇，加快推进新型城镇化，统筹推进中心城区、特色小镇和美丽乡村建设，强化基础设施战略支撑，加速城乡一体化进程，着力塑造品质偃师新形象。

（一）形成多点支撑新格局

大力推进新型城镇化建设，统筹协调中心城区、中心镇、特色镇、美丽乡村建设，加快形成多点支撑联动高质量发展新格局。一是完善提升中心城区品质。按照中心城区"四大片区"功能布局，突出重点、协同推进、分类施策，全面提升中心城区发展品质和城市形象。综合提升老城区，大力实施老城区品质综合提升工程，做好重点窗口地块规划设计，着力增强基础设施承载能力，完善提升老城区综合服务功能，不断提升老城区的整体形象。加快发展滨河片区，重点加快棚户区、城中村改造步伐，加大滨河生态建设力度，高品位推进生态规划与建设，不断提升生态宜居功能。完善发展首阳片区，重点围绕公共服务中心主体功能定位，全面加强基础设施和公共服务设施建设，着力强化产业支撑能力建设，不断凸显新城市新业态功能。加快建设产业集聚区，按照以产兴城、以城促产的发展思路，紧紧围绕主导产业发展，强化"四集一转"，着力将产业集聚区打造成为产城融合示范区。二是加快发展中心镇和特色镇。秉持"规划建镇、产业立镇、特色兴镇"的发展思路，重点发展府店、翟镇、顾县、高龙四个重点镇，强化产业和功能完善，不断提升辐射带动周边区域发展的能力，培育形成支撑带动全市发展的新增长极；支持具有特色资源、区位优势的缑氏、山化、邙岭、大口等乡镇，积极通过规划引导、市场运作，因地制宜地发展文化旅游、果蔬采摘等特色产业，提升综合服务功能，着力打造一批独具影响力、辐射力的工业强镇、文化名镇、商贸重镇、旅游名镇和特色小镇。三是加快美丽乡村建设。坚持以农村综合环境整治为重点，积极推进社会主义新农村建设，突出做好美丽乡村试点工作，加快完善乡村基础设施和公共服务设施建设，重点围绕沿北部中州路发展轴和南部洛偃快速通道发展轴，加快建设一批美丽乡村，打造美丽乡村示范带。

（二）厚植基础设施支撑新优势

坚持以交通网络体系建设为重点，全面加强基础设施建设，不断提升基础设施承载水平，厚植基础设施支撑新优势。一是加快推进交通网络体系建设。重点围绕"五纵八横"路网架构，全面加强对外联系通道建设，积极强化与郑州、洛阳、巩义、温县等周边城市的通道对接，重点加快洛偃间城际公交、城际轻轨等交通项目建设；强化内部交通联系，完善提升中心城区与重点镇、特色镇的交通连接，提高道路等级，提升通行能力和联系强度。大力实施乡村通畅工程，全面提升乡村公路通行能力和通行水平。二是完善城乡基础设施建设。加快推进城乡供水、供热、供气、电信、电力等基础设施建设，提升设施能力和水平。

（三）创新城乡一体发展新机制

围绕建设全省城乡一体化发展示范区，健全城乡发展一体化的体制机制，加速推进城乡一体化进程。健全农村基础设施投入长效机制，推进交通、供水、供电、信息、污水垃圾处理等基础设施向农村延伸，推进基本公共服务和社会服务网络向农村覆盖，促进城乡公共资源均衡配置。深化农村产权制度改革，落实承包土地"三权分置"政策，积极推进农村集体经营性建设用地入市、土地征收制度和农村土地承包经营权、农民住房财产权抵押贷款改革试点。探索建立促进人口转移市民化新机制，建立健全由政府、企业、个人共同参与的农业转移人口市民化成本分担机制。

三、打造经济发展新动能

坚持以供给侧结构性改革为重点，以融入"一带一路"建设和省市开放大格局为关键，坚定不移地全面深化改革、扩大开放，着力培育体制机制新优势，不断拓展开放发展新空间，打造经济高质量发展新动能，为经济社会高质量发展注入勃勃生机。

（一）加快推进供给侧结构性改革

按照中央和省市关于推进供给侧结构性改革的总体要求，深入推进"三去一降一补"五大任务，促进供给侧结构性改革取得新进展。按照省市战略部署，结合偃师实际，积极妥善淘汰落后产能，着力化解过剩产能。积极调控房地产市场，通过加大货币化安置力度、鼓励农民进城购房等系列举措，加快减少房地产库存。有效降低企业综合成本，全国落实国家和省市降低实体经济企业成本工作方案，制定实施偃师降低企业成本的实施意见，进一步降低企业成本，促进实体经济发展。深入推进补短板工作，坚持补硬短板与软短板并重、发展短板与社会短板并举，加快实施高层次人才引进计划、公共服务能力提升工程、基础设施攻坚工程、生态环境建设工程等项目，切实补齐各项短板。

（二）深化重点领域和关键环节改革

聚焦影响经济社会发展的突出障碍和群众反映强烈的突出问题，坚持以经济体制改革为重点，强化问题导向，破除一切不利于科学发展的体制机制障碍，让生产要素从低效率领域转移到高效率领域，建设活力新偃师。加快行政改革，坚持以行政审批制度改革为重点，进一步简政放权，制定完善部门权责清单，加快建立统一的网上行政审批平台，提高行政审批的便捷度、透明度和审批效率。深入推进财税体制改革，建立健全预算制度，深化部门预算、预算绩效管理、预算公开等预算管理制度改革；完善政府债务风险预警机制，确保政府性债务安全可控。深化投融资体制改革，推动城投、交投、伊洛投资公司，国有资产管理公司等投融资平台市场化转型，推广实施 PPP 模式。持续推进教育、医疗卫生等体制改革，释放制度红利，激发发展动力。

（三）全面融入"一带一路"建设

充分利用毗邻陇海大通道的区位交通优势，坚持以融入"一带一路"建设为重点，大力实施开放带动战略，加快形成双向开放新局面。支持重点企业在"一带一路"沿线国家投资布局，推动建设一批境外合作产业园。加快对接中国（河南）自由贸易试验区，积极复制推广自由贸易试验区改革创新试点经验，规划建设一批优质对接平台和载体，加快推进投资便利化、贸易便利化、金融服务等领域改革创新。扩大对外开放领域，放宽市场准入，促进利用外资方式多样化，重点支持外资进入偃师主导产业、现代农业、文化旅游、基础设施等领域。创新招商方式，围绕主导产业招商，以商招商、专业招商、产业链招商和委托招商，加强与国内外知名企业的产业对接，积极承接一批符合偃师资源特点、关联度大、成长性强、附加值高、辐射带动能力强的重大项目。充分利用偃师在外创业、工作人员多的优势，重视驻外商会建设，实施"偃商回归工程"。

（四）持续开创洛偃融合发展新局面

围绕洛阳加快建设中原城市群副中心城市的战略布局，以完善交通通道连接为重点，以产业互补联动发展为关键，深度推进洛偃交通连接、产业联动、生态共建，进一步推进洛偃一体化纵深发展。加强洛偃交通连接，实施公共交通同城化发展，建立洛偃之间城际公交、城际轻轨综合交通体系；完善交通通道建设，重点推进洛偃间的旅游通道、物流通道等通道建设。实施产业错位发展，立足偃师资源优势和发展基础，实现与洛阳错位互补发展，积极承接洛阳商贸物流业外迁，着力发展高品质的生活性服务业，大力发展商务地产、文化旅游、休闲产业、健康产业，培育新的增长点，服务洛阳发展大局。实施生态环境共建，坚持以伊河、洛河全流域综合治理，水生态景观一体化打造，以及北邙山、南万安山生态屏障建设为重点，加强洛偃间的生态建设和环境保护方面的合作共建。积极完善合作机制，共建一批重大生态工程与环保设施，共同推进水资源和湿地保护，促进生态旅游资源保护与开发联动发展，持续提升区域环境承载力。

四、开创秀美偃师新局面

坚持以对人民、对子孙后代高度负责的态度，秉持生态优先、低碳发展的理念，全面加强生态建设，深入开展环境整治，集约节约利用资源，走出一条绿色低碳发展的路子，全面改善生态环境质量，着力打造天蓝、地绿、水净的美丽新偃师。

（一）全面加强生态建设

按照"两个廊道""两条屏障""两园三湖"的生态布局，全面加强生态建设，提高生态支撑保障能力。推进生态林工程建设，重点推进南部防护林屏障、北邙生态屏障"两条屏障"建设。加快生态廊道网络建设，重点依托生态林和景观廊道等工程，全力打造交通生态廊道和伊河、洛河沿岸生态廊道，加快推进葡萄庄园生态廊道建设，重点做好洛偃快速通道、新310国道、洛河、伊河等通道沿线的绿化工作。加强城区生态建设，重点围绕"两园三湖"工程实施，建设一批城中湖、滨水公园和郊区公园，全面改善城区生态环境。大力推进绿色村镇建设，着力打造一批生态环境优美、人居条件良好、基础设施完备、管理机制健全的田园生态型小城镇，谋划建设一批美丽乡村。

（二）深入开展环境整治

以创建全国环保模范城市为契机，以实施蓝天工程、碧水工程、乡村清洁工程等为重点，全面加强环境整治工作，切实改善生态环境质量。深入落实国家"大气十条"和河南省大气污染治理战略部署，推动重点区域、重点行业、重点领域的污染综合治理，完善多元共治的大气污染防治体系，坚决打赢大气污染防治攻坚战。强化水环境综合整治，坚持以水生态文明城市、"海绵城市"建设为抓手，重点实施洛河全流域治理工程，全面提升伊河、洛河流域水污染防治水平，积极强化化工行业、纺织印染、屠宰行业等行业的废水治理，全面改善水生态环境质量。深入开展土壤污染防治，重点加强工矿企业、农业生产过程环境监管，有序搬迁或依法关停严重污染土壤企业，严厉打击随意倾倒、堆放危险废物的行为，加快推进污染土地治理修复。

（三）集约节约利用资源

强化资源节约循环高效利用，实行能源和水资源消耗、建设用地等总量和强度双控行动，发展循环经济，推进绿色清洁生产，培育以低碳、绿色为特征的新经济增长点。大力推进节能降耗，实施工业节能综合改造、建筑节能、低碳交通等重点节能工程，推广先进节能技术、设备和产品，合理控制能源消费总量，减少碳排放。大力发展绿色产业和循环经济，下决心淘汰一批高污染、高耗能的落后产能，有序推进和发展清洁能源，推进绿色化生产。建立节约集约用地机制，促进土地合理高效利用。加强水资源保护和合理利用，优化水资源配置。推行绿色低碳生活，引导市民改进生活习惯，鼓励市民积极购买节能型、环保型产品，倡导绿色低碳消费。

五、共享小康社会新生活

坚持以共享的理念为引领，聚焦民生重大问题和群众重大关切问题，充分发挥政府保基本、兜底线的作用，把有限的财力物力更多地用在改善民生上，建设幸福新偃师。

（一）积极打造文化高地

坚持以国家公共文化服务体系示范区建设为重点，完善文化设施建设，推进文化产业和事业发展，着力打造区域性文化高地。提升文明素质，深化各行业道德实践活动，全面推进群众性精神文明创建活动。健全公共文化基础设施，完善市、镇、村（社区）公共文化设施体系，丰富群众文化生活。创新发展文化产业，重点推进文化创意、文化旅游等产业发展，重点做好文化旅游等重大文化项目建设，突出抓好二里头夏都遗址博物馆、玄奘故里景区、商城遗址保护展示、翰林苑博物馆、春秋滑国故城保护展示等文化项目建设。深化文化体制改革，支持传统媒体与新兴媒体融合发展，继续推进国有经营性文化单位转企改制，鼓励非公有制文化企业发展，建立多层次文化产品和要素市场，营造优越的文化改革发展环境。

（二）着力完善城乡保障体系

坚持"全覆盖、保基本、多层次、可持续"的方针，加大公共财政对社会保障的投入，加快建立覆盖城乡居民的，更加公平、更可持续的社会保障体系。积极稳妥地推进机关事业单位养老保险制度改革和城乡居民养老保险制度整合。实现职工基础养老金全国统筹，建立基本养老金合理调整机制。深化医疗保险制度改革，整合城乡居民基本医疗保险制度，全面实施城乡居民大病保险。深入推进医疗、医保、医药、医院"四医联动"，积极推动基本医保、大病保险、医疗救助、商业健康保险、社会慈善等衔接配合，构建多层次的医疗保障体系。健全新型社会救助体系和福利体系，加强农村"三留守"人员关爱服务，切实兜住困难群体民生底线。

（三）优质提供城乡公共服务

加快建立以教育、科技、卫生等为主要内容的公共服务体系，逐步实现全域均等化，让全市广大群众共享改革发展成果。继续深化教育体制机制改革，积极整合教育资源，全面推进"改薄"工程和优质教育资源提升工程，促进基础教育、高中教育、职业教育协调发展，推动城乡教育资源均衡化。深化科技体制改革，加强科学技术普及，不断提高人民群众的科学素养。巩固省级卫生城市创建成果，以创建"国家卫生城市"为抓手，提高公共卫生服务水平，加快公共卫生信息区域共享平台建设，促进智慧医疗建设。积极完善社区卫生、计划生育服务机构布局，强化农村三级预防保健网络建设，加快镇卫生院改扩建和示范村卫生室建设，形成梯次网络化的医疗格局。切实保障妇女、儿童合法权益，支持残疾人事业发展。

（四）持续创新社会治理机制

积极创新社会管理机制，进一步完善党委领导、政府负责、社会协同、公众参与的社会管理格局。健全基层社会治理体系，加强市、镇、村三级综合服务管理平台规范化建设，推进网络化管理、社会化服务。完善矛盾调解化解和风险预警机制，加强矛盾纠纷排查化解，健全完善群众利益协调机制、诉求表达机制、权益保障机制，坚决纠正损害群众利益的行为，从源头上预防和减少社会矛盾。

第十二章 提升我国城市群运行效率的对策建议

提升我国城市群运行效率，促进我国城市群高质量发展是一项系统工程，需要着力构建区域协调机制、利益共享机制、社会均衡机制、环境协同机制和产业协作机制五大机制，推动实现城市群内部各城市的功能有序衔接有机契合，产业错位互补互动协调，基础设施互联互通，生态环境和公共服务共建、共享、共治的城市群协调联动发展新局面。

第一节 建立城市群区域协调机制

当前，我国城乡经济发展差异依然较大，统筹城乡协调发展是区域经济走向均衡发展的必然要求。城市群作为我国经济最发达、最具有区域带动作用的区域，是促进区域和城乡协调发展的重要基础。一方面，我国城市群要继续保持经济发展的领先和示范作用，继续发挥集聚和规模经济效应，提升综合竞争力，保持区域经济发展的引擎作用。另一方面，城市群与欠发达地区之间形成反哺机制，通过建立中央财政政策转移支付、对口援建、承接产业转移和安排优先项目等支持落后地区城市群快速发展，避免发达地区城市群对周边落后城市的资源和要素的虹吸效应和抽空效应，避免同周围地区形成过大的经济势差。与此同时，城市群之间、城市群内部也需要形成良性的协调发展机制。尤其是在人才、投资等资源争夺过程中，城市群之间以及城市群内部不同城市之间的竞争与摩擦不断升级，更需要建立国家层级或者城市群层级标准的协调机构以及协调机制。

一、建立城市群高质量发展的综合协调机制

可以设立国家城市群协调工作委员会，全面负责制定统一的国家层级上的城市群高质量发展战略规划，统一确定不同城市群间发展的空间范围、产业分工和战略定位，协调处理各类利益冲突与竞合关系，定期举办城市群工作联席会议、城市群市长高峰论坛等，构建城市群一体化发展的信息共享平台。当前，探索建立城市群内不同城市之间的垂直领导和高层战略合作的统一协调机制已经较为成熟，并在充分发挥自身垂直合作的基础上，开始向跨区域扁平化方向迈进，对此国内已经有相关的探索和实践，如长三角城市群已经连续举办了 15 次长三角城市经济协调会和长三角城市群市长联席会议，通过该会议协调长三角地区城市间的各类发展问题，并取得了良好的成果。为推进环渤海区域经济、文化等各方面协调发展，通过平等协商、自愿参与组成政府间区域性合作组织，成立了环渤海区域合作市长联席会，为京津冀城市群和环渤海地区提供了一个区域发展协调的平台。

二、建立各类跨区域的行业协会

通过行业协会的约束、引导作用不断促进城市群产业发展的资源配置和合理分工，实现各类合作信息的交流与共享，构建相对统一符合标准的谈判机制，进而降低城市群之间、城市群内部的人流、物流、信息流的流动成本与壁垒，加快城市群的融合、联动与发展。为保障城市群沟通与合作顺畅，还需要推动建立城市群协调发展的立法进程，以法律的形式规范和保障城市群合理高效发展，如建议完善《中华人民共和国城乡规划法》，增加有关城市群协调发展的规章制度。进行财政制度改革，改变财政分权制度所形成的地方只追求本地区利益而忽略周围地区的现状，充分利用好财政转移支付政策，通过财政转移支付来实现城市群内外的协调分配。

三、建立城市群区域协调发展的问责机制

加大对违反城市群协调发展、恶性竞争的惩罚力度，使问责机制常态化，进而约束和保障城市群区域协调机制所规定的各项任务得到有效实施。在城市群发展协调会议或者高层论坛达成的诸多共识，在签署和公布的时候也要按照法律和法规的程序进行，并明确其权利和义务。

四、建立城市群区域协调发展共同基金

为有效破解城市群发展不平衡、不充分之间的矛盾，可以适当考虑由城市群共同发起成立城市群区域协调发展共同基金会，设立发展共同基金，用来支持和引导欠发达地区城市群优先发展，缩小发展差距，补齐发展短板，实现各城市群之间在经济发展、创新驱动、社会保障、基础设施互联互通、公共服务共建共享和生态环境共创共治等方面的均衡发展。例如，长三角城市群在协调发展过程中设立了长三角城市群发展共同基金，由 25 个地级城市共同发起组建，基金的经费来源按照不同城市的发展程度按比例来收取，基金主要用于支持城乡居民可支配收入、人均 GDP 低于长三角城市群整体发展水平 3/4 的城市发展和基础设施建设。

五、探索纳入城市群整体发展的指标体系

随着城市高质量发展要求的不断完善，科学合理的城市化已经不再仅仅体现在建高楼广场、修大路大桥这些最显眼的城市建设项目上了，更重要的是体现在城市的规划、建设及管理这三个方面的综合协调上面。城市高质量发展的最终目标应该是通过城市健康有序地运行，为经济社会的发展和市民的生产生活提供更好的平台。因此，城市高质量发展理念要加快实现由"重建轻管"转向"建管并重"，按照"建管并重，重在管理"的思路，实现城市运行的精细化、标准化和信息化。在确定城市定位和规模的时候，有必要将城市的环境容量和综合承载能力作为基本依据，将提高城市运行效率作为城市发展的重要目标，实现城市在规划、建设与管理三者之间的良性互动。尤其是在城市规划过程中，将城市运行效率纳入论证范围，作为考察城市规划是否合理的重要依据，并将城市运行管理过程中发现的问题加以反馈和分析，再反过来修正城市规划中的偏差。

第二节　建立城市群利益共享机制

作为一种典型的跨界合作区域，城市群始终存在着高度的竞争与合作。构建科学合理的城市群利益共享机制，是统筹城市群发展资源、强化空间管治的重要

基础，能够从根本上缓解地区利益冲突，从而实现共建、共享、共治和合作共赢，最终形成以城市群为主体形态，大中小城市和小城镇协调发展的城镇格局。

一、强化共同发展意愿

实现城市群利益共享，面临的最大障碍在于区域和体制的分割，只有消除或者减少区域和各类主体间的不确定性和不稳定认识，尽快达成一致、目标加速相互融合使之真正成为政府和市场共同的行动。而在这个过程中，不断就协同发展的各类重大问题寻求和建立共识，成为构建城市群利益共享机制的前提。以长三角城市群为例，其政府间的协调就是在不断寻求共识的过程中推动的，尤其是在一些容易达成共识的问题和领域。例如，上海、江苏、浙江两省一市党政主要领导每年都要聚会一次，就区域发展中的重大问题进行沟通商讨以尽快达成共识。

二、加强规划引导

合理规划是体现城市利益和统筹城市发展资源的科学前提，也是构建城市群利益共享机制具体行动和集体利益的体现，得到不同形式的重视。认识、尊重、顺应城市发展规律，因地制宜，实事求是，创新城市发展理念，科学编制城市群发展战略与规划。科学定位城市群功能，坚持精明增长和紧凑型城市发展理念，合理确定城市群规模、开发边界和开发强度。加强城市设计和风貌管控，提倡城市修补，重点在城市空间立体性、风貌整体性、平面协调性、文脉延续性等方面加强规划，保持城市自身的文化特色和建筑风格，传承创新城市文化脉络，全面提升城市内在品质。健全规划管理体制机制，创新规划编制方法，提高公众参与程度，扩大公众知情权、参与权和监督权，严格执行城市规划，强化规划的严肃性，防止随意变动和修改规划。

三、构建合理的城市体系

与大城市的人口膨胀相比，我国很多中小型城市对人口的吸引和吸纳能力较小。尽管中小城市在户籍制度方面的政策较为宽松，但由于产业支撑能力较弱，特别是资源型城市转型压力较大，加之公共服务、基础设施、生活配套设施不够完善，中小城市在吸纳外来人口方面的能力明显较弱。因此，如何缓解大城市的人口压力，增强中小城市吸引吸纳人口的能力，是今后一个时期考验城市运行效率的关键所在。在一定的地域范围内，城市的规模应该是大中小相结合的。有必要加快构建合理的城市体系，继续推进中心城市组团式发展，强化大城市对周边中小城市的辐射带动作用，这样既能够缓解日益严重的大城市病，减轻大城市的运行负担，又能够增强周边中小城市在承接产业转移、提供公共服务、加快人口集聚等方面的功能，从而促进中小城市的发展。

四、加强城市基础设施建设

完善的基础设施是实现城市群利益协调、构建共享机制的重要物质基础条件，得到各地城市群建设的普遍重视。加强交通、信息、能源、水利等基础设施建设，提升互联互通和现代化水平。提升城市管理水平，按照"建管并举，重在管理"的思路，提升城市管理标准化、信息化、精细化水平，推进城市管理向服务群众生活转变，提高人民群众生活的便利性和舒适性。加快新技术在城市建设与管理中的应用，深化城市规划、基础设施建设、公共服务、社会管理领域信息化应用，继续加强数字化城市管理系统建设和运营管理，用大数据创新城市管理方式。加强城市安全管理，编制城市安全网。推进城市管理由粗放型向精细型转变，实施定量管理、动态管理，城市管理和运行效率全面提高。

第三节　建立城市群社会均衡机制

习近平总书记在党的十九大报告中指出，中国特色社会主义进入新时代，我国社会的主要矛盾已经转化为人民日益增长的美好生活需要和不平衡不充分的发展之间的矛盾。建立相对均衡、包容有序的城市群社会发展机制是践行以人民为中心的发展思想，提升人民健康水平和人口素质，强化社会保障和社会治理，增强公共服务有效供给能力，推进制度对接和协同配合，全面提升城市群公共服务共享水平的根本之策。

一、实现包容发展

包容发展是普适性理念。联合国人类住区中心于 21 世纪初发起了"健全的城市管理全球运动"，以实现可持续的人类住区发展目标。2000 年 5 月，该中心在肯尼亚首都内罗毕发表了《健全的城市管理：规范框架》，该文件提出健全的城市管理是实现"包容性城市"的手段，而所谓的"包容性城市"是指城市中的每个人不论财富、性别、年龄、种族或宗教信仰，均得以参与城市所能提供的生产性机会。因此，实现城市群的包容发展应注重弱势群体的利益。目前，生活在城市里的老年群体、残疾人群体数量庞大，政府对其生活也非常关注，在养老问题和残疾人社会保障问题上投入了很多资源，大大改变了其生活处境，提高了其生活质量。但是相比于这两个群体的社会需求而言，相关服务仍有很多可以改善的空间。养老机构不足、专业人才欠缺仍是当前的主要困境，而残疾人的整体社会保障水平和生活质量仍然和健康人有很大的差距，这与共享社会发展的理念不符，也与全面建成小康社会、实现包容发展的政策目标相悖。因此，着力解决这两个群体的社会服务问题，城市政府有责任在这个领域广泛作为，加大投入，还要深入动员各种社会资源，培育相关服务组织，培养各类服务人才，创新服务方式，以期最大限度地改善相关群体的生活处境，实现共享发展。包容发展还应考虑流动人口的利益。随着新型城镇化的推进，流动人口大量涌入城市，成为社会发展的巨大动力，为城市经济社会建设做出了卓越贡献。但是，城市居民在个体心理层面对流动人口仍然存在社会排斥，在制度层面上流动人口的社会融入仍有很多壁垒。应不断加强社会保障、医疗制度、教育制度等建设，保障劳动力的流动性与人力资源空间配置的合理性和高效率。主要包括社保关系的无障碍跨地区转移、医疗保险、教育公共服务共建共享、异地就医结算、住房公积金异地使用等促进社保一体化举措。

二、夯实城市社区治理

治理体制、机制问题是完善社会治理的重要方面。鉴于目前在城市治理体制方面存在的问题，注重城市治理体制"增量创新"的同时，应注重"存量改革"。加快行政管理体制改革，完善两级政府、三级管理、四级网络，提升街道职责权限，做实社区。加快社会体制改革，尤其是社会组织管理体制改革，以分担政府职能转变和城市治理中的公共事务。进一步深化市场经济体制改革，强化市场在城市治理中的主体社会责任。加快政府社会信用监管体系建设，建立和完善信用信息共享机制，以信用消费为基础培育信用服务市场，在全社会弘扬诚信文化，提升公民诚信素养。最终，形成不同组织机构、不同参与主体相互协作，共同参与城市治理的体制机制。

三、建立城市公共服务体系

优质的公共服务体系是化解错综复杂的社会矛盾、实现社会和谐稳定和保障经济可持续发展的基础，是提高城市群城市综合承载能力的重要手段。按照以人为本的宗旨，提供全覆盖、制度化、高质量的公共服务，是提升城市群城市社会承载力的关键。要积极主动适应新型城镇化发展态势，从人民群众生产生活需要出发，构建权责明晰、服务为先、执法规范、安全有序的现代城市管理体制；以"互联网＋"为手段，加快城市管理方式创新，提升城市信息化管理水平，跃升城市建设和运行效率。加大对城市的幼儿园、小学、中学进行全覆盖的财政支出，鼓励社会力量参与教育投入，完善各级教育设施的建设，加大对贫困家庭的助学力度，全面提升教育质量，推动全日制基础教育和职业教育协调发展，提升城市人口素质。强化城市危机管理意识，建立门类齐全的预警系统，健全危机预警机制，提高应对社会突发事件的能力，降低潜在风险的集中爆发。要严格保障城市城区的供水、燃气、公共交通、社会保障、医疗卫生等公用产品和服务的有效供给，强化对食品安全状况的监督。优化城市发展的商务环境和生态环境，降低创新创业成本，把城市建设成为有意愿、有能力的公民进行创新创业的目的地。营造容忍失败、推崇成功的社会氛围，形成大众创新、万众创业的社会文化，促进社会阶层的纵向流动和公平正义。

四、推进城市群发展绿色化

积极防治城市病，根据资源环境承载能力调解城市规模，选择与城镇要素禀赋相适宜的发展模式，依托山水地貌优化城市形态功能，合理划定城市边界，逐年减少建设用地增量。推广绿色建筑和坚持，加大既有建筑节能改造的力度，对新建建筑全面执行节能强制性标准，全面推进可再生能源建筑规模化应用。全面推进绿色公共交通的发展，实施公交优先战略，加大快速轨道交通的建设力度，多管齐下，引导城市自行车出行比例由下降趋势转为快速回升通道。打造绿色化空间格局。构建科学合理的城市化格局、农业发展格局、生态安全格局、自然岸线格局。合力布局城市生产空间、生活空间、生态空间，按照生产空间集约高效、生活空间宜居适度、生态空间山清水秀的目标，大力开展生态修复，创造优良人居环境，把青山绿水融入城市。完善城市内部布局，提升城市的通透性和微循环能力。推动生产生活方式绿色转型。树立绿色消费理念，提高全民的环境意识和绿色消费知识水平，自觉参与和践行节约资源和保护环境，在衣、食、住、行、游等各个领域向绿色化转变，主动使用绿色产品，坚持绿色低碳出行，倡导绿色休闲模式。以绿色消费倒逼生产方式绿色转型，促进传统产业绿色化改造，推动构建科技含量高、资源消耗低、环境污染少的产业结构，推动生产方式绿色化，提高经济绿色化程度。构建绿色低碳循环发展的产业体系。以生态环境保护为前提，加快产业结构调整，重点发展技术含量高、经济效益好、低耗能、低污染的产业。

第四节　建立城市群环境协同机制

建立城市群环境协同机制，把生态环境建设放在提高城市群运行效率，促进城市群高质量发展的突出重要位置，坚决打赢大气、水、土壤污染治理攻坚战，建立城市群多元化、规范化横向生态补偿，提供更多的优质生态产品，不断满足人民群众日益增长的优美生态环境需要。

一、建立城市群多元化、规范化横向生态补偿

城市群跨地区间的横向生态补偿具有复杂性、动态性特征。在补偿领域中，涉及水资源、水土保持、森林、草原等多个生态领域；在补偿构成中，涉及生态服务成本补偿、生态保护成本补偿、发展机会成本补偿等多方面内容；在补偿方式中，包含了资金补偿、技术补偿、政策补偿、实物补偿等多种形式；在补偿关系中，包含了生态受益或受损的多个利益主体间的单向补偿、多向补偿等不同类型。显然，建立以多元化为特征的城市群地区间横向生态补偿机制，是公平、高效推进跨区域生态补偿的现实要求。应在全局考虑、多元选择的基础上，明确利益主体、界定生态责任，因地制宜选择补偿内容和方式，进而科学、合理地确定横向生态补偿方案。另外，应建立规范化横向生态补偿机制。城市群地区间横向生态补偿的核心问题，最终体现在两个方面，即界定利益主体和确定补偿额度。但是，由于目前缺乏科学、统一、规范的判定依据、判定方法，使得横向生态补偿面临标准不一、权责不一，进而导致利益纷争、责任推诿等难题。因此，要通过推行生态补偿标准的规范化，按照国家相关政策要求，科学、合理地确定生态

补偿标准、形成标准体系；通过推行生态监测评估的规范化，尽快建立监测评估指标体系，完善生态监测网络建设，优化量化评估方法，客观、真实地制定生态补偿价格；通过推行生态补偿责任判定的规范化，充分体现生态效益、环境损害和保护成本，实现城市群地区间环境污染外部效应内部化。

二、构建完善城市生态安全管理体制机制

与城市安全的其他领域相比，当前城市生态安全研究还主要限于安全评价、基本机制机理，缺乏系统的实践探索。因此，改善城市生态安全现状，还需要从理论研究和应用实践探索，加强从生态、环境、经济、社会、法律等多学科交叉研究，深入探索城市生态系统的运行规律。基于理论研究和实践探索，加快形成循环经济发展的市场机制和调控体系，加快推进节约资源和保护环境的社会建设，加快完善相关法律法规、技术规范、技术标准，加快形成主体、职能、责任明确的管理体制和管理机制，构建和完善城市生态安全建设和管理的体制机制。

第五节　建立城市群产业协作机制

建立城市群产业协作机制，着力突出新兴产业和新业态培育、传统产业转型升级、产业深度融合创新，有序承接产业转移，引导产业集群发展，构建优势互补、协作紧密、联动发展的现代产业体系。

一、加快产业结构优化与调整

发挥各地的资源优势，推动新型产业发展，加快新型工业化步伐，大力发展现代服务行业，推进区域特色的现代农业产业体系，以市场化、规模化、专业化、集约化、标准化、规范化为导向，构建具有地区特色的完整的现代产业体系。

二、实施产业错位发展策略

不同城市群城市要从实际的产业发展状况出发，着力发展具有比较优势的产业，对行业竞争力进行评估，打造区域特色品牌，避免不同城市群城市之间产业

同质同构的现象，实现错位发展，达到资源优化配置、提高城市产业承载力的目标。

三、实施产业对接发展策略

目前，我国整体上仍然处于工业化中期，城镇化进程也进入快速发展阶段。先进制造业和高技术服务业主要集中在中心城市。城市产业发展应本着"发挥优势、突出特色、利益分享、共生共赢、联动发展"的思路，采取互补共建式、链接联盟式、协作嵌入式等模式，积极与中心城市在产业上对接发展，为中心城市提供高质量的现代服务和生产配套，实现产业功能互补，与中心城市融合发展，建设区域现代产业发展新高地。

四、积极承接产业转移

借鉴国内外发达地区城市群、大都市区产业发展的模式和经验，要优化产业发展的环境，按照产业链匹配的方式，积极承接国际产业转移和国内沿海先发地区的产业转移。既要积极承接现代服务业和先进制造业的产业转移，更不能忽视承接劳动密集型产业转移。通过积极承接产业转移，吸收引进适用技术和管理模式，推动传统产业转型升级，解决就业问题，壮大产业实力，提升城市的经济总量和经济质量。

第十三章　结　论

本书在分析我国城市群运行效率及测评体系的基础上，揭示影响我国城市群运行效率的关键因素，提出提升我国城市群运行效率、促进我国城市群高质量发展的实施路径和政策建议，以期为提升我国城市群整体运行效率，促进我国城市群高质量发展，提供有益的策略或思路。

第一节　主要观点与结论

本书通过着力回答"是什么、为什么、怎么办"四个基本问题，得出一些主要观点和结论，以期为提升我国城市群运行效率、促进我国城市群高质量发展提供重要参考。

一、本书着力回答的四个基本问题

第一，我国城市群的运行效率究竟怎样？

城市群是最有效的空间组织形式，也是世界各国或者地区推进区域发展和城镇化建设的主体形态。20 世纪 80 年代以来，随着我国经济社会的快速发展，城市群在我国逐渐兴起，各地基于城市群整体效益的认识和国外城市群发展的成功经验，纷纷组建规模不等、大小不一的城市群、都市圈、城镇密集区和经济带等，能否构建或融入城市群一时成为国内各省或地区区域发展的目标。特别是党的十八大以来，以城市群为主体形态的新型城镇化战略的实施，城市群建设再次成为热点。据统计，全国 31 个省（自治区、直辖市）中（不包括港澳台），有 29 个提出以城市群为主体推进新型城镇化发展。通过本书研究，我们认为：虽然在我国城市群发展过程中存在着这样或那样影响城市群整体运行效率的问题，但总的来说，这都是城市群发展过程中一时存在的不足，我国城市群的运行效率仍在不断提升。

首先，从静态层面来看，我国 11 个城市群的平均运行效率在 2001～2016 年只有 2007 年处于非有效状态，其他年份都处于超效率状态，并且超效率值呈现出三个阶段，即 2005 年之前稳步提升，之后开始回落，在 2012 年左右又开始逐步提升。另外，在城市群之间的比较上，长三角城市群、珠三角城市群、关中城市群、山东半岛城市群和辽宁半岛城市群都一直处于有效状态，其他城市群则都处于非有效状态。同时，高效率城市群和低效率城市群之间的差异较为悬殊，且在 2014 年之后，这种差异的波动更加明显。

其次，从动态层面来看，总体上 2001～2016 年我国城市群运行效率是上升的，年均增长 3.4%。但可能正是由于我国城市群建设的起点较低，具有后发优势，因此由外在技术进步带来的效率提升作用明显，进而导致对城市现有要素使用效率层面的忽视，即技术效率贡献偏低，同时城市群建设规模过小也导致规模效率的不足，城市群的粗放式扩张对经济运行效率并未带来较大的积极效应。但是，从最近几年的效率指数测算可以发现一些新的迹象，即技术效率的贡献开始大幅提升，而技术进步的作用开始下降。这一方面说明我国的供给侧结构性改革以及向高质量发展阶段转变的形势促使企业开始重视对现有生产要素潜力的挖掘，提高使用效率；另一方面也说明我国的后发优势正在逐步丧失，外生的技术进步空间开始变小，我国需要更加注重对原创性技术进步的培育和关注。

第二，影响城市群运行效率的关键因子是什么？

影响我国城市群运行效率有很多因素，我们通过 Tobit 模型研究影响中国城市群运行效率的外在因素，实证结果表明，劳动生产率和城市的互联互通强度能够显著促进城市群运行效率的提高，这说明就现阶段来说，这两个因素是推动我国城市群各种要素配置效率提高的关键。而经济规模、产业结构、政府管制以及科技教育水平和城市群经济运行效率之间均呈现出显著的负相关关系，这说明，一些理论上应该能够提升城市群运行效率的因素并未起到应有的作用，我国以前的城市群建设是粗放型的，属于外延式的扩张，这和动态层面效率测度的结果是一致的。

第三，提升我国城市群运行效率应从哪些方面着手？

本书以我国长三角城市群、珠三角城市群、京津冀城市群、山东半岛城市群、辽宁半岛城市群、长江中游城市群、中原城市群、成渝城市群、关中城市群等 11 个城市群为研究对象，分析我国城市群运行效率的影响因素，提出提升我国城市群运行效率，应坚持以习近平新时代中国特色社会主义思想为指导，遵循"和谐、共生、协同、高效"的思路理念，坚持统筹推进、优势互补、链式整合、集约高效的基本原则，从构建产业网络、创新网络、生态网络、基础设施网络、公共服务网络"五大网络"，推动要素配置优化、空间结构优化"两个优化"，构建协同推进体系、协同规划体系、协同开放体系、协同政策体系"四大体系"等方面着手，来提高我国城市群的运行效率，促进我国城市群高质量发展。

第四，怎样促进城市群的高质量发展？

本书认为，提升我国城市群运行效率是促进城市群高质量发展的关键，当前我国城市群应在建立城市群区域协调机制、城市群利益共享机制、城市群社会均衡机制、城市群环境协同机制、城市群产业协作机制等方面努力，来完善我国城市群发展的制度框架，激发城市群的创新制度活力，促进我国城市群的高质量发展。

二、本书的主要观点和启示

第一，理解城市群运行效率的科学内涵，可以从理解"效率"的内涵开始。一般来说，"效率"一词指的是"最有效地使用社会资源以满足人类的愿望和需要"。按照这个理解，城市群运行效率应该是判断城市群投入产出能力的指标，即提供更多有限资源（主要包括土地、资金、劳动力、能源、信息等）的产出（包括经济发展、公共服务、人民生活、生态环境等），其内涵可以表述为城市群范围内单位投入的产出最大化。这个产出最大化不仅包括硬指标（经济性产出）还包括软指标（服务性产出）。可以看出，城市群运行效率涉及结构的协调性和资源的匹配度，结构的协调性包括交通、经济、社会、生态等，资源匹配度包括人力资源、能源、信息等。

第二，从对城市群运行效率的基本内涵看，城市群运行效率的构成要素应包括经济运行效率、社会发展效率、资源配置效率、生态环境效率等，并且是一个相互促进、相互制约、相互联系的整体，但是在城市群演进中存在着先经济、再社会、后生态的发展次序问题。

城市群经济运行效率指的是在当前科技水平和资源配置下的经济产出效率。经济运行效率体现出一个城市群的投入产出组合能力，是衡量城市群运行效率的一个关键指标，更是城市群发展质量的基础支撑。城市群运行效率主要受分工水平和产业结构影响，分工水平低和产业同构是制约城市群运行效率提升的重要因素，城市群内部大中小城市之间如果形成"大城市研发创新与现代服务""中型城市制造加工""小城镇原料供应初级加工"的产业分工格局，经济运行效率将会大幅提升，但是由于各类城市都想发展所谓的高端产业，造成资源错配，大城市效率和中小城市效率都明显压低。

城市群社会发展效率指的是当前经济发展水平下城市群公共服务产出效率，关注的是城市群中人的生活水平。城市群社会发展效率绝不是公共服务的平均化和同样化，而是根据人的需求差异提供使用效率最高的社会服务，通过城乡一体化、公共服务一体化等同城化举措，使人的不同需求可以在城市群内部得到最大满足——高端需求在大城市满足，中低端需求在中小城市满足，实现公共服务配置效率最大化。

城市群资源配置效率指的是资源在城市群内部与外部的优化配置，单位资源通过在城市群内部的自由流动和组合实现产出最大化。从内部看，由于地方竞争，稀缺资源往往并没有配置到最佳位置，如受政策优惠入驻县级层面的高技术产业大多数并没有获得好的发展空间；从外部看，城市群尤其是中西部的城市群内部核心城市在全国范围内配置能力偏低，对高端要素的吸引力和承载力不高，制约了内部资源配置效率。

城市群生态环境效率指的是生态环境对城市群经济社会发展的促进作用和效率。这与发展阶段相关，在发展初期，为提高对中低端产业的吸引力，往往以牺牲生态环境提高经济效益，但是，随着城市群不断发展，高端产业与高端要素对生态环境的要求逐渐提高，好的生态环境成为城市群高质量发展新的竞争优势。当前，伴随着我国产业结构高级化，我国城市群高质量发展已经进入更加注重生态环境的阶段。

需要再次强调的是，经济运行效率、社会发展效率、资源配置效率、生态环境效率等是一个有机的整体，相互促进、相互支撑，共同促进城市群运行效率的提升，尤其是随着经济社会发展阶段的演进，不同构成要素之间的协调性和匹配度就更加重要。

第三，城市群是指在城市化道路上不断发展进步，最终形成成熟稳定的繁荣阶段的城市地域空间组织的重要形式，已经成为发达国家城市化的主体形态。它从发展到成熟主要经历了三大阶段：第一阶段，是凝聚了城市化特点的以一些大城市为首的渐变转化阶段，在这一阶段，城市中的人口数量及产业化发展不断地被大城市的力量所吸引，渐渐聚集到一起，通过人口集中、产业资本骤升和科学技术汇聚等将大城市的能级逐步扩大，因此，这一阶段也叫作能量核心化时期。第二阶段，是聚集与扩移共同存在的时期。一方面，人口数量继续增加、产业资本不断扩大，它们同时持续地向大城市核心力量聚拢；另一方面，城市中的人口、商业和产业等不断从拥挤的城市中心逐步向周边郊区转移，致使郊区的各行业及人口不断增加而快速发展，至此"郊区化"的情况出现在人们的视野中。这一阶段被认为是大城市化过渡时期。第三阶段，是指某些地域中的一群有着相互关联的大城市彼此靠拢相接，共同发展，形成了在区域上相连的一个群体，该群体拥有庞大的地域区间及先进的科学技术能力。该阶段是区域性城市化相连接的时期，也即城市群形成阶段。

第四，影响我国城市群运行效率的因素，主要在于一些城市群未形成合理的圈层结构、半城市化给城市群的发展带来负效应、生态环境和资源性约束日益凸显、城市群内部和城市群之间的协调度有待提高、城市群综合交通体系建设和社会公共服务一体化有待完善等诸多方面。

第五，从经济运行效率方面来看，2016 年，京津冀城市群、珠三角城市群无论是纯技术效率还是规模效率在 11 个城市群当中最高，其次是长三角城市群，综合技术效率和规模效率均为 0.931619。这也印证了长三角城市群、珠三角城市群、京津冀城市群是我国经济最为发达的三大城市群。除了哈长城市群外，其他城市群的经济运行效率均在 0.8 以上，处在较高的经济发展水平，这表明整体上，我国经济发展呈现良好的发展态势。2001～2016 年，长三角城市群、珠三角城市群、京津冀城市群三大城市群的经济运行效率仍然处在前三位，除了哈长城市群、关中城市群的经济运行效率在 0.7 以下，其他城市群的经济运行效率均在 0.7 以上，这一定程度上印证了东北地区和西部地区的经济发展效率低于中东部地区的现状。

第六，从资源利用效率来看，2016 年，长三角城市群、珠三角城市群、京津冀城市群、辽宁半岛城市群的资源利用效率最高，关中城市群、成渝城市群的资源利用效率在 0.7 以下，处在最后两位，其他城市群的资源利用效率均在 0.7 以上。2001～2016 年，长三角城市群、珠三角城市群、京津冀城市群、辽宁半岛城市群处在前列，关中城市群、成渝城市群处在末位的格局没有发生变化。这表明，我国东部地区相较于中西部地区，在高效整合生产资源和资源利用效率方面明显走在全国的前面，具有较强的发展竞争力。

第七，从生态环境效率方面来看，2016 年，京津冀城市群、长三角城市群、珠三角城市群、山东半岛城市群的生态环境效率最高，其他城市群的生态环境效率均不高。2001～2016 年，这种格局没有发生太大变化。这表明，目前我国面临突出的生态环境问题，形势仍十分严峻，我国城市群需要贯彻绿色化的发展理念，加大生态环境保护力度，不断提高生态环境效率。

第八，从社会发展效率方面来看，2016 年，长三角城市群、珠三角城市群、京津冀城市群的社会发展效率最高，其次是山东半岛城市群、关中城市群，长江中游城市群、辽宁半岛城市群和中原城市群处在最后三位。2001～2016 年，这种格局没有发生太大变化。这表明，长三角城市群、珠三角城市群、京津冀城市群在利用公共财政、提高人均工资方面表现出较高的水平，社会发展程度较其他城市群更加成熟，不断向高质量发展迈进。

第九，从综合运行效率来看，2001～2016 年，综合运行效率呈现明显区域差异。长三角城市群、京津冀城市群、珠三角城市群的综合运行效率位列 11 个城市群的前三位，其次是中原城市群、海西城市群和山东半岛城市群，哈长城市群居 11 个城市群的最后一位。2001～2016 年，长三角城市群、京津冀城市群、珠三角城市群的 Malmquist 指数位列 11 个城市群的前三位，哈长城市群、中原城市群的 Malmquist 指数位列 11 个城市群的最后两位。我国中等和低综合运行效率的城市群仍有较大的提升空间。

第十，我国城市群运行效率属于技术进步主导型，即技术进步"单轨驱动"模式，但根据实证结果，该模式已经到了拐点，下一步各城市群主体应当在继续推动技术进步的同时，加大供给侧结构性改革的力度和方向，采取有效措施继续拓展各城市群的规模。另外，还要注重提升城市群运行效率中的技术效率程度，最终实现技术进步和技术效率对城市群经济运行效率提升的"双轨驱动"模式。由于该举措实施的主体是地方政府，但结合对政府管制的实证结果，各地方政府应当注意对市场的管控力度。

第十一，继续加大对网络基础设施的投资力度，增强城市群内部以及城市群之间的互联互通强度。城市群建设不仅要重视新出现的经济主体或要素的网络化、信息化程度，还要重视对城市群中既有要素，或者说旧要素的网络化、信息化程度的建设。因为在当前情况下，既有要素的规模是远强于新要素规模的，而对既有要素网络化程度的加强将对城市群经济运行效率中技术效率的提升起到至关重要的作用，这正是供给侧结构性改革的重点领域，也是现实中刚出现的城市群经济运行效率提升的新方向。

第十二，加大科学技术和教育的投资力度，这不仅应该体现在绝对规模的增加上，更应当体现在和经济规模相当的相对比重层面上。技术进步以及技术创新的难度进一步加大，作为生产率提升关键的科技教育投资比重应当呈现出相对比重的上升，而不应局限在由一个既有的固定比率带来的绝对规模的提升上，只有这样才能通过劳动生产率的提升以及产业结构的不断优化，维持城市群经济运行效率的稳定上升。

第十三，本书研究认为，提升我国城市群运行效率，促进我国城市高质量发展，应坚持以习近平新时代中国特色社会主义思想为指导，遵循"和谐、共生、协同、高效"的思路理念，坚持统筹推进、优势互补、链式整合、集约高效的基本原则，从构建"五大网络"、推动"两个优化"、构建"四大体系"等方面着手，同时在建立城市群区域协调机制、城市群利益共享机制、城市群社会均衡机制、城市群环境协同机制、城市群产业协作机制等方面努力，完善我国城市群发展的制度框架，激发城市群的创新制度活力，促进城市群的高质量发展。

三、本书的主要政策建议

在本书中，针对我国城市群运行效率的现状，在借鉴吸取国内外经验教训的基础上，对提高我国城市群运行效率提出了相应的对策建议。

（1）建立城市群区域协调机制。一是建立城市群高质量发展的综合协调机制。例如设立国家城市群协调工作委员会，全面负责制定统一的国家层级上的城市群发展战略规划，统一确定不同城市群间发展的空间范围、产业分工和战略定位，协调处理各类利益冲突与竞合关系，定期举办城市群工作联席会议、城市群市长高峰论坛等，构建城市群一体化发展的信息共享平台。在城市群内部，探索建立城市群内不同城市之间的垂直领导和高层战略合作的统一协调机制。二是建立各类跨区域的行业协会。通过行业协会的约束、引导作用不断优化城市群产业发展的资源配置和合理分工，实现各类合作信息的交流与共享，构建相对统一符合标准的谈判机制，进而降低城市群之间、城市群内部的人流、物流、信息流的流动成本与壁垒，加快城市群的融合、联动与发展。三是建立城市群区域协调发展的问责机制。加大对违反城市群协调发展、恶性竞争的惩罚力度，建立问责机制的常态化，进而约束和保障城市群区域协调机制所规定的各项任务得到有效实施。同时，在城市群发展协调会议或者高层论坛达成的诸多共识上，在签署和公布的时候也要按照法律和法规的程序进行，并明确其权利和义务。四是建立城市群区域协调发展共同基金。设立发展共同基金，用来支持和引导落后地区城市群优先发展，缩小发展差距，补齐发展短板，实现各城市群之间在经济发展、创新驱动、社会保障、基础设施互联互通、公共服务共建共享和生态环境共创共治等方面的均衡发展。五是探索纳入城市群整体发展的指标体系。城市发展理念要加快实现由"重建轻管"转向"建管并重"，按照"建管并重，重在管理"的思路，实现城市运行的精细化、标准化和信息化。在确定城市定位和规模的同时，有必要将城市的环境容量和综合承载能力作为基本依据，将提高城市运行效率作为城市发展的重要目标，实现城市在规划、建设与管理三者之间的良性互动。尤其是在城市规划过程中，将城市运行效率纳入论证范围，作为考察城市规划是否合理的重要依据，并将城市运行管理过程中发现的问题加以反馈和分析，再反过来修正城市规划中的偏差。

（2）建立城市群利益共享机制。一是强化共同发展意愿。实现城市群利益共享，面临的最大障碍在于区域和体制的分割，只有消除或者减少区域和各类主体间的不确定性和不稳定认识，尽快达成一致、目标加速相互融合使之真正成为政府和市场共同的行动。而在这个过程中，不断就协同发展的各类重大问题寻求和建立共识，成为构建城市群利益共享机制的前提。二是加强规划引导。科学编制城市群高质量发展战略与规划，科学定位城市群功能，合理确定城市群规模、开发边界和开发强度。加强城市设计和风貌管控，提倡城市修补，重点在城市空间立体性、风貌整体性、平面协调性、文脉延续性等方面加强规划，保持城市自身的文化特色和建筑风格，传承创新城市文化脉络，全面提升城市内在品质。健全规划管理体制机制，创新规划编制方法，提高公众参与程度，扩大公众知情权、参与权和监督权，严格执行城市规划，强化规划的严肃性，防止规划随意变动和修改。三是构建合理的城市体系。要加快构建合理的城市体系，继续推进中心城市组团式发展，强化大城市对周边中小城市的辐射带动作用，这样既能够缓解日益严重的大城市病，减轻大城市运行负担，又能够增强周边中小城市在承接产业转移、提供公共服务、加快人口集聚等方面的功能，从而促进中小城市的发展。

（3）建立城市群社会均衡机制。一是实现包容发展。着力解决老年人和残疾人群体的社会服务问题，不断深化以户籍制度为分类基础的社会保障、医疗制度、教育制度等建设，保障劳动力的流动性与人力资源空间配置的合理性和高效率，实现包容发展。二是夯实城市社区治理。加快行政管理体制改革，优化政府组织结构，遵循政令与政事分开、"条"与"块"结合、责权利相统一、统一领导与分级负责相衔接、综合治理与专业管理相补充，形成不同组织机构、不同参与主体相互协作，共同参与城市治理的体制机制。三是建立城市公共服务体系。要积极主动适应新型城镇化发展态势，从人民群众生产生活需要出发，构建权责明晰、服务为先、执法规范、安全有序的现代城市管理体制；以"互联网＋"为手段，加快城市管理方式创新，提升城市信息化管理水平，跃升城市建设和运行效率。四是推进城市群发展绿色化。积极防治"城市病"，根据资源环境承载能力调解城市规模，选择与城镇要素禀赋相适宜的发展模式，依托山水地貌优化城市形态功能，合理划定城市边界，逐年减少建设用地增量，推动城市群绿色发展。

（4）建立城市群环境协同机制。一是共筑生态安全网络体系。全面落实主体功能区战略，划定生态保护红线并实施严格管控，维护自然生态空间，着力推动形成以"两横三纵"为主体的城市化战略格局、以"七区二十三带"为主体的农业战略格局、以"两屏三带"为主体的生态安全战略格局。二是建立城市群多元化、规范化横向生态补偿。在全局考虑、多元选择的基础上，明确利益主体、界定生态责任，因地制宜选择补偿内容和方式，进而科学、合理地确定横向生态补偿方案和补偿额度。三是构建完善城市生态安全管理体制机制。改善城市生态安全现状，还需要从理论研究和应用实践探索，加强从生态、环境、经济、社会、法律等多学科交叉研究，深入探索城市生态系统的运行规律。基于理论研究和实践探索，加快形成循环经济发展的市场机制和调控体系，加快推进节约资源和保护环境的社会建设，加快完善相关法律法规、技术规范、技术标准，加快形成主体、职能、责任明确的管理体制和管理机制，构建和完善城市生态安全建设和管理的体制机制。

（5）建立城市群产业协作机制。一是加快产业结构优化与调整。发挥各地的资源优势，推动新型产业发展，要加快新型工业化步伐，大力发展现代服务行业，推进区域特色的现代农业产业体系，以市场化、规模化、专业化、集约化、标准化、规范化为导向，构建具有地区特色的完整的现代产业体系。二是实施产业错位发展策略。不同城市群城市要从实际的产业发展状况出发，着力发展具有比较优势的产业，对行业竞争力进行评估，打造区域特色品牌，避免不同城市群城市之间的产业同质同构的现象，实现错位发展，达到资源优化配置、提高城市产业承载力的目标。三是实施产业对接发展策略。城市产业发展应本着"发挥优势、突出特色、利益分享、共生共赢、联动发展"的思路，采取互补共建式、链接联盟式、协作嵌入式等模式，积极与中心城市在产业上对接发展，为中心城市提供高质量的现代服务和生产配套，实现产业功能互补，与中心城市融合发展，建设区域现代产业发展新高地。四是积极承接产业转移。要优化产业发展的环境，按照产业链匹配的方式，积极承接国际产业转移和国内沿海发达地区的产业转移。既要积极承接现代服务业和先进制造业的产业转移，更不能忽视承接劳动密集型产业。通过积极承接产业转移，吸收引进适用技术和管理模式，推动传统产业转型升级，解决就业问题，壮大产业实力，提升城市的经济总量和经济质量。

第二节　可能的创新与进一步研究的方向

提高城市群运行效率、促进城市群高质量发展，是一项复杂的系统工程，受很多复杂的因素影响。本书紧紧围绕提升城市群运行效率的影响因素，力图在提高城市群运行效率的理论和实践研究方面进行尝试性创新。但由于提升城市群运行效率本身的复杂性，还有待进一步深入研究。

一、本书可能的创新

本书可能的创新主要体现在以下几个方面：

（1）在学术思想方面。一是尝试理论与实证研究相结合，揭示城市群运行效率的科学内涵、影响因素、运行特征；二是加强运行效率分析，构建效率评价体系，并以效应评价为观照促进城市群运行效率政策优化；三是提出从构建"五大网络"、推动"两个优化"、构建"四大体系"等方面着手，来统筹提升我国城市群运行效率，促进我国城市群高质量发展。

（2）学术观点方面。一是科学分析我国城市群的经济运行效率、资源利用效率、生态环境效率、社会发展效率和综合运行效率，确定提高我国城市群运行效率的影响因素和实施路径，为提高我国城市群运行效率拓展新思维；二是突出提高我国城市群运行效率的系统性，强化顶层设计并兼顾区域异质性，为提高机制和政策的精准度提供新思路，实现我国城市群高质量发展。

（3）研究方法方面。综合运用多种计量方法，并注重各方法的适用性和可行性，如在分析我国城市群运行效率时，分别使用数据包络分析法、Malmquist生产率指数模型和TOPSIS综合评价法等；在分析我国城市群运行效率影响因素时，分别使用超效率DEA模型、Malmquist指数模型、Tobit模型和投入产出模型等。

（4）实践应用方面。一是在实证分析我国城市群运行效率的影响因素的基础上，科学指出经济规模的增加并未对城市群运行效率的提升产生显著的正向效应，反而呈现出显著的负效应；产业结构的调整未对城市群经济运行效率的提升产生正向效应，也呈现出负的显著性；政府管制对城市群运行效率产生显著的负效应；科技创新对城市群运行效率产生负的显著性，并且数值极大；互联互通强度对城市群运行效率的提升起着正向促进作用等，并针对性地指出提高我国城市群运行效率的实施路径。二是指出提高我国城市群运行效率要强化制度供给，着力从城市群区域协调机制、城市群利益共享机制、城市群社会均衡机制、城市群环境协同机制、城市群产业协作机制等方面，完善我国城市群发展的制度框架，激发城市群的创新制度活力，促进城市群的高质量发展。

二、进一步研究的方向

由于提高我国城市群运行效率是一项非常复杂的系统工程，加之影响因素的交叉性和复杂性，提高我国城市群运行效率的制度创新及配套政策所蕴含的丰富内容，本身也在不断动态演进和发展之中，所以，本书只是初步的研究，许多方面还有待进一步深入研究。

首先，提高我国城市群运行效率的理论体系有待进一步完善。需要进一步丰富城市群运行效率的内涵和构成要素，使其更为系统和完善，与此相对应，应形成更为全面、系统的城市群运行效率的理论体系。

其次，我国城市群运行效率的构成纬度有待进一步细化。本书在评价我国城市群运行效率时，仅对城市群的经济运行效率、资源利用效率、生态环境效率、社会发展效率、综合运行效率等进行评价，今后应加强除上述纬度之外的运行效率的评价，如空间结构运行效率评价等。

再次，深入城市群内部城市来进行评价。本书在进行我国城市群运行效率评价时，是对城市群各个城市数据加总来进行评价，未来应深入城市群内部，对城市群各个城市的运行效率情况进行评价。

最后，我国城市群运行效率的实证研究有待进一步拓展。影响城市群运行效率的因素十分复杂，既有宏观因素，也有微观因素；既有经济因素，也有非经济因素。需要根据城市群高质量发展的需要，尤其是在城市群高质量发展的背景下，各城市群推进区域一体化、提高城市群运行效率的实践将进一步丰富，因而需要加强对城市群高质量发展实践的跟踪调研和深入研究，并结合城市群高质量发展、一体化发展等需要，进一步提出完善和创新促进我国城市群运行效率提升的制度完善和配套政策的对策建议。

参考文献

[1] 姚士谋，陈振光，朱英明等. 中国城市群 [M]. 北京：中国科学技术出版社，2006.

[2] 彭翀，顾超林. 城镇化进程下中国城市群空间运行及其机理 [M]. 南京：东南大学出版社，2011.

[3] 刘道兴，谈得胜. 郑巩洛一体化发展研究 [M]. 郑州：河南人民出版社，2016.

[4] 杨兰桥. 中原城市群一体化发展研究 [M]. 北京：社会科学文献出版社，2018.

[5] 喻新安. 经济新常态与河南发展新方略 [M]. 北京：经济管理出版社，2015.

[6] Alonso W. The economics of urban size [J]. Paper of the Regional Science Association, 1971, 26 (1)：66 – 83.

[7] Au Chun – chung, J. V. Henderson. Are Chinese cities too small? [J]. Review of Economic Studies, 2006, 73 (1)：549 – 576.

[8] J. V. Henderson, Hyoung Gun Wang. Urbanization and city growth：The role of institutions [J]. Regional Science and Urban Economics, 2007, 37 (3)：283 – 313.

[9] Coelli T., Perelman S. Efficiency measurement, multiple – output technologie and distance functions：With application to European railways [J]. Applied Economics, 1996 (32)：1967 – 1976.

[10] 杨开忠，谢燮. 中国城市投入产出有效性的数据包络分析 [J]. 地理学与国土研究，2002 (3)：45 – 47.

[11] 王小鲁，夏小林. 优化城市规模，推动经济增长 [J]. 经济研究，1999 (9)：22 – 29.

［12］金相郁．中国城市规模效率的实证分析：1990－2001［J］．财贸经济，2006（6）：78－82.

［13］方创琳，关兴良．中国城市群投入产出效率的综合测度与空间分异［J］．地理学报，2011（8）：1011－1022.

［14］王小鲁，樊纲．中国收入差距的走势和影响因素分析［J］．经济研究，2005（10）：24－36.

［15］李东光，郭凤城．产业集群与城市群协调发展对区域经济的影响［J］．经济纵横，2011（8）：40－43.

［16］刘荣利．城市群产业分工的意义和机理［J］．商业现代化，2007（20）：252－253.

［17］庞中英．1945年以来的全球经济治理及其教训［J］．国际观察，2011（2）：1－8.

［18］黄国华．劳动力要素流动与区域协调发展的协同机制研究［J］．重庆工商大学学报（社会科学版），2010（4）：26－30.

［19］张祥建，唐炎华，徐晋．长江三角洲城市群空间结构演化的产业机理［J］．经济理论与经济管理，2003（10）：65－69.

［20］王蕊．我国城市群发展问题的新制度经济学透视和对策建议［J］．时代经贸（学术版），2008（12）：94－95.

［21］黄金川，林浩曦，陈明．2000—2013年中国城市群经济绩效动态实证分析——基于DEA和Malmquist生产率指数法［J］．地理科学进展，2017，36（6）：685－696.

［22］何好俊，彭冲．城市产业结构与土地利用效率的时空演变及交互影响［J］．地理研究，2017，36（7）：1271－1282.

［23］苗洪亮，曾冰，张波．城市群的空间结构与经济效率：来自中国的经验证据［J］．宁夏社会科学，2016（5）：129－137.

［24］田万慧，赵永平．城镇化效率优化研究：一个文献综述［J］．生产力研究，2018（3）：152－160.

［25］胡媛，马瑜．海西城市群绿色经济效率的测算以及实证研究——基于熵权法和DEA方法［J］．云南农业大学学报（社会科学版），2018，12（3）：69－75.

［26］邵明伟，金钟范，张军伟．中国城市群全要素生产率测算与分析——

基于 2000—2014 年数据的 DEA—Malmquist 指数法［J］．经济问题探索，2018
（5）：110 – 118.

［27］钱龙．中国城市绿色经济效率测度及影响因素的空间计量研究［J］.
经济问题探索，2018（8）：164 – 170.

［28］任宇飞，方创琳，蔺雪芹．中国东部沿海地区四大城市群生态效率评
价［J］．地理学报，2017（11）：2047 – 2063.

［29］黄成南．中国十大城市群综合经济效率研究［J］．中国人口·资源与
环境，2015，25（S2）：65 – 68.

［30］黄珂，张安录，张雄．中国城市群农地城市流转效率研究——基于三
阶段 DEA 与 Tobit 模型的实证分析［J］．经济地理，2014，34（11）：74 – 80.

［31］彭培芳．长江中游城市群空间效率的时空分异研究［J］．邵阳学院学
报（社会科学版），2018，17（3）：27 – 34.

［32］卢新海，唐一峰，匡兵．长江中游城市群城市土地利用效率空间溢出
效应研究［J］．长江流域资源与环境，2018，27（2）：252 – 261.

［33］覃成林，周娆．城市群协调发展：内涵、概念模型与实现路径［J］.
城市发展研究，2010（12）：7 – 12.

［34］党兴华，赵璟，张迎旭．城市群协调发展评价理论与方法研究［J］.
当代经济科学，2007（6）：110 – 115.

［35］程玉鸿，罗金济．城市群协调发展研究述评［J］．城市问题，2013
（1）：26 – 31.

［36］张协奎，周鹏峰．基于城市流强度的广西北部湾城市群协调发展研究
［J］．广西财经学院学报，2012（3）：29 – 35.

［37］敖丽红，王刚，陈群元．基于哲学思辨的城市群协调发展研究［J］.
城市发展研究，2013（10）：101 – 105.

［38］袁金明，刘新荣．论城市群产业协同博弈策略［J］．中国集体经济，
2008（12）：24 – 25.

［39］项光勤．世界城市圈理论及其实践对中国城市发展的启示［J］．世界
经济与政治论坛，2004（3）：15 – 18.

［40］刘乃全，东童童．我国城市群的协调发展：问题及政策选择［J］．中
州学刊，2013（7）：21 – 26.

［41］黄家骅．我国城市群协调发展的空间架构研究［J］．福建论坛（人文

社会科学版），2011（2）：111 - 117.

［42］熊雪如，覃成林．我国城市群协调发展模式分析——基于长三角、珠三角和长株潭城市群的案例［J］．学习与实践，2013（3）：5 - 12.

［43］谢涤湘，文吉祥．新制度经济学视野下的城市群协调发展探讨［J］．特区经济，2005（7）：114 - 116.

［44］程前昌．中国区域协调发展的多极格局——基于城市群的培育［J］．城市发展研究，2013（10）：94 - 100.

［45］岳红举．中原城市群协调发展机制研究［J］．湖北经济学院学报（人文社会科学版），2012（10）：8 - 9.

［46］顾朝林．城市群研究进展与展望［J］．地理研究，2011（5）：771 - 784.

［47］方创琳，刘海燕．快速城市化进程中的区域掠夺行为与调控路径［J］．地理学报，2007（8）：849 - 860.

［48］陈秀山，张帆．新经济地理学视角下区域政策研究的新进展［J］．学习与实践，2012（10）：5 - 15.

［49］王婧，方创琳．中国城市群发育的新型驱动力研究［J］．地理研究，2011（2）：335 - 347.

［50］孙久文．"十二五"时期我国生产力布局优化的基本方向［J］．新疆财经，2012（2）：5 - 11.

［51］王德利，方创琳．城市化发展质量研究进展及展望［J］．现代城市研究，2012（7）：15 - 21.

［52］王丽，邓羽，牛文元．城市群的界定与识别研究［J］．地理学报，2013（8）：1059 - 1070.

［53］刘士林．城市群的全球化进程及中国经验［J］．学术界，2012（6）：19 - 28，269 - 273.

［54］习明明．城市群发展的现状、问题与政策建议［J］．中国市场，2012（24）：55 - 60.

［55］王红，石培基，魏伟，王文静．城市群间及其内部城市的质量差异分析——以山东半岛、中原、关中城市群为例［J］．国土与自然资源研究，2012（6）：1 - 4.

［56］郭荣朝，宋双华，苗长虹．城市群结构优化与功能升级——以中原城

市群为例 [J]. 地理科学, 2011 (3): 322 - 328.

[57] 柳士双. 城市群竞合问题研究 [J]. 经济与管理, 2011 (11): 28 - 32.

[58] 钟业喜, 文玉钊. 城市群空间结构效益比较与优化研究——以江西省为例 [J]. 地理科学, 2013 (11): 1309 - 1315.

[59] 颜玮, 姬超, 周光伟. 西部城市群培育过程中的若干问题分析——基于比较制度经济学的视角 [J]. 未来与发展, 2013 (3): 75 - 78.

[60] 魏后凯, 高春亮. 新时期区域协调发展的内涵和机制 [J]. 福建论坛 (人文社会科学版), 2011 (10): 147 - 152.

[61] 方创琳, 王德利. 中国城市化发展质量的综合测度与提升路径 [J]. 地理研究, 2011 (11): 1931 - 1946.

[62] 李红锦, 李胜会. 基于 DEA 模型的城市群效率研究——珠三角城市群的实证研究 [J]. 软科学, 2011 (5): 91 - 95.

[63] 王德利, 方创琳, 杨青山, 李飞. 基于城市化质量的中国城市化发展速度判定分析 [J]. 地理科学, 2010 (5): 643 - 650.

[64] 李晔, 秦梦. 基于灰色关联分析法的城镇化水平综合评价——以中原城市群为例 [J]. 河南科学, 2013 (3): 388 - 393.

[65] 李胜会, 冯邦彦. 基于综合城市化的城市群效率研究——我国三大城市群的实证比较 [J]. 学术研究, 2012 (1): 66 - 73.

[66] 刘爱梅, 杨德才. 论我国三大城市群发展的"效率陷阱"——基于日本城市群发展的经验 [J]. 现代经济探讨, 2010 (7): 82 - 85.

[67] 陈秀山, 徐瑛. 我国区域差距的结构性特征与发展趋势 [J]. 教学与研究, 2004 (6): 24 - 31.

[68] 张旭亮, 宁越敏. 长三角城市群城市经济联系及国际化空间发展战略 [J]. 经济地理, 2011 (3): 353 - 359.

[69] 陈明星, 陆大道, 张华. 中国城市化水平的综合测度及其动力因子分析 [J]. 地理学报, 2009 (4): 387 - 398.

[70] 陈明星, 陆大道, 查良松. 中国城市化与经济发展水平关系的国际比较 [J]. 地理研究, 2009 (2): 464 - 474.

[71] 宣超, 中村良平. 中国城市及城市群技术效率差异研究 [J]. 经济经纬, 2013 (3): 14 - 19.

[72] 方创琳, 祁巍锋, 宋吉涛. 中国城市群紧凑度的综合测度分析 [J].

地理学报，2008（10）：1011 - 1021.

［73］方创琳，关兴良. 中国城市群投入产出效率的综合测度与空间分异［J］. 地理学报，2011（8）：1011 - 1022.

［74］中国社会科学院《城镇化质量评估与提升路径研究》创新项目组. 中国城镇化质量综合评价报告［J］. 经济研究参考，2013（31）：3 - 32.

［75］袁东霞. 中国大陆三大城市群城市发展的环境效率研究［J］. 特区经济，2012（9）：21 - 23.

［76］方创琳，宋吉涛，张蔷，李铭. 中国城市群结构体系的组成与空间分异格局［J］. 地理学报，2005（5）：827 - 840.

［77］宋吉涛，方创琳，宋敦江. 中国城市群空间结构的稳定性分析［J］. 2006（12）：1311 - 1325.

［78］方创琳. 中国城市群形成发育的新格局及新趋向［J］. 地理科学，2011（9）：1025 - 1034.

［79］方创琳，张舰. 中国城市群形成发育的政策保障机制及对策建议［J］. 中国人口·资源与环境，2011（10）：107 - 113.

［80］方创琳. 中国城市群形成发育的政策影响过程与实施效果评价［J］. 地理科学，2012（3）：257 - 264.

［81］方创琳. 中国西部地区城市群形成发育现状与建设重点［J］. 干旱区地理，2010（5）：667 - 675.

［82］孙久文，和瑞芳. 基于省际时空差异的区域系统协调发展研究［J］. 兰州学刊，2013（1）：116 - 121.

［83］陆玉麒，董平. 区域竞合论——区域关系分析的新视角［J］. 经济地理，2013（9）：1 - 5.

［84］陈秀山，流红. 区域协调发展要健全区域互动机制［J］. 党政干部学刊，2006（1）：26 - 28.

［85］汪毅. 我国城市群建设中存在的问题及其解决途径［J］. 城市问题，2012（9）：50 - 54.

［86］陈秀山，杨艳. 我国区域发展战略的演变与区域协调发展的目标选择［J］. 教学与研究，2008（5）：5 - 12.

［87］李广东，方创琳. 中国区域经济增长差异研究进展与展望［J］. 地理科学进展，2013（7）：1102 - 1112.

［88］贾卓，陈兴鹏，袁媛．中国西部城市群城市间联系测度与功能升级研究——以兰白城市群为例［J］．城市发展研究，2013（4）：71-76．

［89］陈秀山等．"十二五"期间我国区域发展格局的新走向［J］．山东经济，2011（4）：5-11．

［90］童中贤．城市群整合的理论审视［J］．郑州航空工业管理学院学报，2010（5）：64-68．

［91］李仙德，宁越敏．城市群研究述评与展望［J］．地理科学，2012（3）：282-288．

［92］陈玉光．从城市群形成的条件看我国城市群发展［J］．江淮论坛，2009（5）：22-27．

［93］张紧跟．从多中心竞逐到联动整合——珠江三角洲城市群发展模式转型思考［J］．城市问题，2008（1）：34-39，63．

［94］王东东．促进中原城市群融合发展的对策［J］．经济纵横，2013（4）：81-85．

［95］江曼琦．对城市群及其相关概念的重新认识［J］．城市发展研究，2013（5）：30-35．

［96］林森．多层次区域发展视角下城市群一体化的思考［J］．财经问题研究，2010（6）：28-31．

［97］李明，宗帅．多元主体下的城市群合作治理模式建构［J］．内蒙古农业大学学报（社会科学版），2012（6）：70-72．

［98］王小卫，陈克禄．发展中国城市群的经济分析与战略选择［J］．上海经济研究，2008（4）：21-25．

［99］李刚，周加来．共生理论视角下的区域合作研究——以成渝综合试验区为例［J］．兰州商学院学报，2008（3）：39-45．

［100］王兆宇．关—天城市群资源配置的内构性缺陷与调适［J］．西安交通大学学报（社会科学版），2012（5）：44-48，88．

［101］赵具安．关中—天水经济区城市群建设存在的问题与对策［J］．天水行政学院学报，2011（3）：124-128．

［102］国家发改委国土所课题组．我国城市群的发展阶段与十大城市群的功能定位［J］．改革，2009（5）：5-23．

［103］赵勇，白永秀．区域一体化视角的城市群内涵及其形成机理［J］．

重庆社会科学, 2008 (9): 34-38.

[104] 王开泳, 虞虎. 广西北部湾城市群的区域整合与关系协调研究 [J]. 亚热带资源与环境学报, 2013 (3): 1-9.

[105] 李红, 张平宇, 刘文新. 基于新区域主义的城市群制度整合研究——以辽宁中部城市群为例 [J]. 地域研究与开发, 2010 (5): 45-49.

[106] 张艳, 程遥, 刘婧. 中心城市发展与城市群产业整合——以郑州及中原城市群为例 [J]. 经济地理, 2010 (4): 579-584.

[107] 刘静玉, 王发曾. 我国城市群经济整合的理论与实践 [J]. 城市发展研究, 2010 (4): 10, 15-19.

[108] 向清华, 赵建吉. 基于区域经济联系的中原城市群整合发展研究 [J]. 经济论坛, 2010 (1): 70-72.

[109] 齐鲁平, 孙晋山. 辽宁省中部城市群发展战略初探 [J]. 经济地理, 1984 (3): 209-214.

[110] 杨兰桥. 郑州建设国家中心城市的战略路径研究 [J]. 黄河科技大学学报, 2018 (5): 55-61.

[111] 杨兰桥. 推进我国城市群高质量发展研究 [J]. 中州学刊, 2018 (7): 21-25.

[112] 王乃静. 国内外城市群发展模式与经验借鉴——兼论山东半岛城市群双阶段发展战略 [J]. 经济学动态, 2005 (12): 28-31.

[113] 林先扬, 陈忠暖, 蔡国田. 国内外城市群研究的回顾与展望 [J]. 热带地理, 2003 (1): 44-49.

[114] 龚果. 国内外典型城市群发展中的政府协调机制述评 [J]. 湖南工业大学学报 (社会科学版), 2009 (3): 17-20.

[115] 杨强, 王知桂. 海峡西岸城市群发展的制约因素及其消解 [J]. 福建财会管理干部学院学报, 2011 (1): 1-4.

[116] 杨青山, 张郁, 李雅军. 基于DEA的东北地区城市群环境效率评价 [J]. 经济地理, 2012 (9): 51-55.

[117] 魏勇. 我国欠发达省域竞争力提升研究 [D]. 成都: 四川大学博士学位论文, 2003.

[118] 张虎春. 城市产业竞争力研究 [D]. 南京: 河海大学博士学位论文, 2005.

［119］刘华军，裴延峰，贾文星．中国城市群发展的空间差异及溢出效应研究——基于 1992—2013 年 DMSP/OLS 夜间灯光数据的考察［J］．财贸研究，2018（1）：1-12.

［120］黄妍妮，高竣，魏守华．中国城市群空间结构分布与演变特征［J］．经济学家，2016（9）：50-58.

［121］齐讴歌，赵勇．城市群功能分工的时序演变与区域差异［J］．财经科学，2014（7）：114-121.

［122］王新涛．基于国家中心城市识别标准的郑州发展能力提升研究［J］．区域经济评论，2017（4）：75-81.

［123］Andersen P. , Petersen N. C. A procedure for ranking efficient units in data envelopment analysis［J］. Management Science, 1993, 39（10）：1261-1264.

［124］Malmquist S. Index numbers and indifference curves［J］. Trabajos de Estatustica, 1953, 4（2）：209-242.

［125］Tobin J. Estimation of relationships for limited dependent variables［J］. Econometrica, 1958, 26（1）：24-36.

［126］Charnes A. , Cooper W. W. , Li S. Using data envelopment analysis to e- valuate efficiency in the economic performance of Chinese cities［J］. Socio - Economic Planning Sciences, 1989, 23（6）：325-344.

［127］黄金川，林浩曦，陈明．2000—2013 年中国城市群经济绩效动态实证分析——基于 DEA 和 Malmquist 生产率指数法［J］．地理科学进展，2017, 36（6）：685-696.

后　记

改革开放以来，我国逐步形成了以上海为中心的长江三角洲城市群，以广州、深圳为中心的珠江三角洲城市群，以北京、天津为中心的京津冀城市群，以西安为中心的关中城市群，以郑州为中心的中原城市群，以济南、青岛为中心的山东半岛城市群，以沈阳为中心的辽宁半岛城市群，以武汉为中心的长江中游城市群，以成都、重庆为中心的成渝城市群，以福州为中心的海西城市群，以哈尔滨为中心的哈长城市群等城市群，这些城市群有力地带动了全国区域经济的发展，已成为我国参与国际经济竞争的战略高地。以我国城市群为研究对象，探讨城市群高质量发展问题，既是城市群发展的本质要求，也是城市群发展的客观需要，对于城市群自身的发展壮大和支撑全国经济社会发展大局，具有十分重要的意义。

本书用全局的眼光、系统的思维和区域经济的理念，在深刻阐释推进我国城市群运行效率测度评估架构的基础上，系统分析了我国城市群发展的历史考察和运行效率现状，阐述了我国提升城市群运行效率的成功经验借鉴，建立了我国城市群运行效率的测度模型并进行了测度分析，梳理了我国城市群运行效率的影响因素，论述了我国城市群运行效率的提升路径。同时，以中原城市群、中原城市群核心城市国家中心城市郑州市、中原城市群副中心城市洛阳市、中原城市群地区性中心城市南阳市、中原城市群县级城市偃师市为案例，论述了提升中原城市群以及郑州市、洛阳市、南阳市、偃师市高质量发展的思路举措，并在此基础上提出了提升我国城市群运行效率和我国城市群高质量发展的对策建议，以期为我国城市群高质量发展提供理论和决策参考。

本书为国家社会科学基金项目"我国城市群运行效率的综合测度与提升路径研究"（14BJY059）结项成果。本书由河南省社会科学院研究员杨兰桥担任主编。杨兰桥提出了本书的基本框架和基本思路，主持讨论确定全书的写作提纲，组织协调撰写工作，修改审定了全部书稿。河南省信豫规划设计有限公司总规划师、河南省村镇规划建设协会副秘书长王洪星，河南省应急管理科学技术研究院副院长周朝晖，河南省社会科学院副研究员彭俊杰担任副主编，协助主编做了大量工作。参与本书撰稿的同志有：第一章，杨兰桥、赵西三；第二章，彭俊杰；第三章，赵执；第四章，王元亮；第五章，张永恒；第六章，赵西三；第七章，杨兰桥、杨志波；第八章，杨兰桥、杨志波；第九章，王新涛、王洪星；第十章，潘涛；第十一章，杨兰桥、周朝晖；第十二章，彭俊杰；第十三章，杨兰桥、杨建锋。

本书在写作过程中参阅了河南省社会科学院王玲杰研究员、王新涛副研究员、王元亮副研究员、赵执副研究员、吴旭晓副研究员、郭志远助理研究员、李建华助理研究员、韩鹏助理研究员、金东助理研究员、易雪琴研究实习员等的部分研究成果，得到了河南社会科学院创新工程的资助出版，在此一并谢过。

本书研究探讨的我国城市群运行效率和高质量发展是当前中国区域经济发展面临的一个热点问题，由于水平所限，书中难免存在不足之处，敬请广大读者批评指正。

作　者

2020 年 4 月于郑州